토론의 전사 3 - 토론, 교실에서 꽃피우다

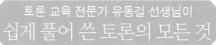

토론 교육 전문가 유동걸 선생님이
쉽게 풀어 쓴 토론의 모든 것

토론의 전사

| 유동걸 지음 |

3

DEBATE

토론, 교실에서 꽃피우다

한결하늘

민주주의의 보루, '토론의 전사'를 응원합니다

　대한민국 현대사에 짙은 어둠이 내리고 있습니다. 민주주의가 후퇴하는 소리가 여기저기서 들립니다. 깨어있는 시민의 자각이 어느 때보다 강하게 요청되는 지금 한국사회의 민주시민성을 회복할 공간이 보이지 않습니다. 그나마 유일하게 가느다란 빛이 비추어지는 곳이 있다면 바로 학교입니다.

　학교라고요? 교사도 학부모도 어둠에 많이 지쳐있습니다. 학생들도 점점 힘들어합니다. 그런데 입시와 비교와 경쟁과 자살로 아이들이 죽어가는 학교가 희망의 길이라고요? 이런 반문을 하시는 분들이 많을 줄 압니다.

　그래도, 학교입니다. 기성 세대들이 탐욕과 전쟁과 이기심으로 살인적인 자본주의의 극한을 만들어가는 이 시대에 그나마 살아있는 생명이 숨쉬고 깨어날 미래의 공간은 학교입니다. 아직, 아이들은 어른들만큼 때묻지 않았고 가능성이 살아있는 미완성의 존재로 활짝 열린 생명이기 때문입니다. 우리가 처한 이 척박한 자본과 경쟁의 현실에서 민주주의의 싹을 틔우고 배우고 체험하고 실현해나갈 유일한 대안 공간이 아이들이 살아있는 학교이기 때문입니다.

학교에서 자율과 민주주의를 실현하는 길은 무엇일까요? 협력과 소통의 문화를 일구어나갈 철학과 방법이 있을까요? 있습니다. 바로 토론입니다. 직접민주주의, 숙의민주주의를 참여와 실천으로 만들어나가는 길이 바로 토론입니다.

토론에는 자율과 참여와 민주주의가 있습니다. 학교에서의 토론 주체는 교장뿐만 아니라 교사와 학생과 학부모가 있습니다. 모든 주체들이 상호 주체성으로 서로를 존중하며 토의와 토론을 통해 현실의 문제를 해결하고 스스로 삶의 주인되는 경험을 할 때 비로소 국가의 주권은 국민에게 있다는 헌법적 가치를 실현합니다. 하지만 안타깝게도 대부분의 학교 역시 토론을 통한 민주주의의 길은 멀기만 합니다.

아직 토론의 철학과 가치와 방법이 체득되지 않은 우리 학교 현장을 누비며 토론의 길을 전파하는 유동걸 선생님을 만났습니다. 유선생님이 길을 열어 온 〈토론의 전사〉는 이미 지난 8년간 전국의 학교에서 뿌리를 내리고 토론의 싹을 틔워왔습니다. 그는 최근 민주주의를 위한 토론 지침서인 〈강자들은 토론하지 않는다〉라는 책을 쓰기도 했습니다.

민주주의를 지향하는 학교 토론 교육의 길잡이를 자임해온 그가 다시 〈토론의 전사 1, 2〉에 이어 〈토론의 전사 3〉권을 출간합니다. 토론의 철학과 방법에 이어 이번에는 교실에서 꽃피우는 토론 수업의 풍경을 자세하게 보여줍니다.

토론의 바탕이 되는 용기와 지혜와 사랑의 마음을 바탕으로 대립토론과 원탁토론을 두 축으로 하는 토론 수업에 대한 자상한 안내는 토론 수업을 주저하는 많은 선생님들께 나도 할 수 있다는 실천의 기운을 불어넣어 줄 것입니다. 토론의 주제에서 입론을 거쳐 판정에 이르는 토론의 전 과정에 대한 자세한 해설도 토론을 잘 모르는 초심자들에게는 토론을 깊이 이해하는 데 큰 도움이 되리라 믿습니다.

계몽에서 소통으로 패러다임이 변해가는 시대에 토론은 민주주의와 학교 자치를 위한 거대한 뿌리입니다. 유동걸 선생님이 전사의 길을 계속 걸으면서 〈토론의 전사〉를 통해 학교토론 교육의 새 길을 내는 앞걸음이 되기를 기원합니다.

곽노현 - 전 서울시교육감, (사)징검다리교육공동체 이사장

세종대왕과 또물또 토론대왕 유동걸

사람다움을 지향하는 문화, 문학, 예술, 과학 등을 꽃피운 시대를 흔히 르네상스라 부른다. 서양의 르네상스는 대략 14세기 후반부터 17세기까지 진행되면서 중세의 암흑시대를 끝내고 근대화의 발판이 된다. 그런데 동양의 조선에서는 15세기에 놀라운 일이 벌어진다. 세종대왕이 22세에 임금 자리에 오른 뒤 54세에 운명할 때까지 대략 30여년 간 서양 르네상스에 버금가는 사람다움을 지향하는 음악, 과학, 복지 등 온갖 업적을 꽃피우다 통치 막바지에 사람다운 세상을 여는 가장 중요한 문자 혁명인 훈민정음 창제 반포가 이루어진다.

세종대왕이 지금 시각으로도 상상하기 힘든 이런 거대한 업적을 남긴 이유가 뭘까? 임금으로서의 절대 권력이 매우 중요한 토대가 된 것만은 분명하지만 그것만이 정답이 아닌 것도 분명하다. 그 대답은 세종실록 163권에 고스란히 실려 있다. 구체적으로는 '질문'과 '토론'이었다. 세종은 끊임없이 질문과 토론을 통해 학문을 하고 정치를 했기에 그런 위대한 업적을 남길 수 있었다. 그 가운데 두드러진 사례는 1440년 1월 30일자 기록에 나오는 용에 관한 질문이었다. 제주도 한 노인이 용 다섯 마리가 승천하는 것을 보았다는 보고를 보고 세종은 대략 10가지 정도의 질문을 노인에게 내려 보냈다. 한 나라의 임금이 시골 촌부에게 던진 질문, 바로 세종의 그런 질문 태도에서 세종 르네상스의 답을 찾을 수 있다.

토론과 질문의 중요성을 강조하려다 보니 새삼 세종대왕의 업적을 다시 되새겨보았다. 유동걸 선생은 토론과 질문의 중요성을 일찍이 깨닫고 그야말로 토론의 전사로 교육 현장을 누벼왔다. 오랜 현장 경험을 바탕으로 〈토론의 전사〉라는 명저로 그 보람을 나누는 걸 보고 책을 통해 자신의 열정을 나누려는 세종대왕을 떠올렸다. 〈질문하는 교실〉을 통해 질문하는 나라를 만들려는 것을 보고 질문을 통해 새 시대를 열고자 했던 세종대왕의 이미지를 더욱 굳히게 되었다.

필자도 질문하는 교육을 위해 또 묻고 또 묻자는 뜻을 담은 '또물또' 교육 운동을 펴왔지만 이미 현장에는 유동걸 선생이 있었다. 이번 세 번째 〈토론의 전사〉가 그야말로 현장 선생님들이 궁금해 하고 부딪히는 토론의 속살을 담아낸 것을 보니 이제 질문과 토론을 통해 새 세상을 열고자 했던 세종대왕의 큰 뜻이 교실 곳곳에 퍼질 수 있겠구나 하는 가슴 벅찬 희망을 품고 감히 추천하는 붓을 든다.

김슬옹 - (Washington Global Univ 한국어과 주임교수,

〈세종대왕과 훈민정음학〉 저자)

〈토론의 전사〉, 그 역설

나는 강원도의 유일한 민통선 북쪽 학교에서 교사 생활을 시작했다. 전교생 10명, 그중 내가 담임교사로 만난 학생 5명과 즐거운 나날을 보냈다. 그런데 우리 학교 학생들은 안타깝게도 낯선 사람들 앞에서 이야기하는 것에 큰 부담을 느꼈다. 친밀감이 낮은 사람들 앞에서는 시선을 회피하고 말을 하지 않는 '소통거부'가 뚜렷했다. 그때부터 나는 좀더 의미있는 교육과 의사소통을 위해 토론, 그리고 토론교육을 공부했다. 나는 이 과정에서 유동걸 선생을 만나 이런저런 이야기를 나눴고, 지금도 교류하고 있다.

대부분의 사람이 그렇듯, 나도 유동걸 선생을 책으로 먼저 만났다. 〈토론의 전사〉를 읽었고, 〈강자들은 토론하지 않는다〉도 접했다. 토론이라는 주제로 역사, 철학, 정치 등 넓은 세상을 만나는 느낌이었다. 유동걸 선생의 가장 큰 미덕은 역사와 시사, 매체를 넘나드는 넓은 보폭이다. 깊은 사유를 통해 쉽게 접근하지 못할 여러 이야기를 소개한다. 책을 읽기만 해도 내가 교양있는 사람이 되는 듯한 느낌이 들 정도다.

유동걸 선생은 부산, 강원 전국 곳곳을 다니며 토론교육을 하고 있다. 주로 교사들을 만날 것으로 추정한다. 내가 유동걸 선생을 만난 것은 지난 2014년 여름에 강원도 원주의 한 연수원에서 열린 1박 2일짜리 토론연수에서였다. 두 번째 강사로 나선 유동걸 선생은 유홍준 선생님의 책 부제를 인용해 '인생도처유상수(人生到處有上手)'라는 표현을 했다. 유동걸 선생이 갖춘 또 하나의 미덕은 수도권 이외의 지역에서 활동하는 사람들을 높게 존중한다는 것이다. 이런 존중이 〈토론의 전사3〉에서도 묻어나는 것이 기분 좋다.

나는 〈토론의 전사〉라는 책을 처음 접할 때 '전사'라는 표현에 거부감이 있었다. 마치 토론으로 전투를 해야 할 것 같은 그런 두려움 때문이었을 것이다. 지나고 보니 '토론의 전사'라는 말을 선택한 것은 굉장히 의도적이었던 것 같다. '민주주의를 수호하는 전사'를 키운다는 의미이기도 했지만, 다른 한편으로는 토론이 결코 전투적이지만은 않다는 것을 보여주려는 듯 말이다. 특히 〈토론의 전사2〉에서는 '이것이 과연 전사와 무슨 관계란 말인가!'라는 느낌마저 들었다. 혹시 궁금해하는 독자가 있다면 미리 말씀드리니, 절대 '전사'라고 붙였다고 무서워하지는 마시라.

〈토론의 전사3〉은 〈토론의 전사〉 시리즈 중 '실천편'에 해당한다. 아마도 많은 독자들로부터 〈토론의 전사1〉, 〈토론의 전사2〉에 소개한 철학과 방법을 어떻게 적용해야 하는지 질문이 있었을 것이다. 나는 그에 대한 해답이 바로 〈토론의 전사3〉에 담겨있다고 생각한다. 토론을 위해 어떤 가치가 필요한지, 구체적으로 토론 과정이 어떻게 이뤄

져야 하는지 말이다. 특히 유동걸 선생이 특히 중요하게 생각하는 원탁 토론과 대립 토론을 비교하면서 구체적인 과정을 소개한다. 아마 대립 토론이나 원탁 토론을 널리 사용해야 할 중학교, 고등학교 교사인 독자들에게 큰 도움이 될 것이라 생각한다.

사실 나는 '협력 토론'에 보다 많은 관심을 갖고 있는 사람이다. 초등학교 교사로 근무하는 나는 대립 토론보다 협력 토론을 많이 활용하기 마련이다. 여러 학생이 함께 공부하는 교실에서 '동시성의 원리'는 굉장히 중요한 원칙이어야 한다고 본다. 나는 협력 토론을 '형식이 있는 수다'라고 규정하고, 토론을 통해 총체적 언어교육을 실현하려 한다. 무엇보다 가르침 중심에서 '배움 중심'으로 전환하는 과정에서 토론은 매우 중요한 원리이자 방법이라 여긴다. 나는 특히 토론의 철학을 유동걸 선생을 통해 깊이 사유할 기회를 얻었다. 이 점을 추천사에 담을 수 있어 기쁘다.

초등학교라고 대립 토론이 불필요한 것은 아니다. 교육과정상 3학년부터 협력 토론이 이뤄지고, 초등학교 5학년 2학기부터 대립 토론을 본격적으로 소개한다. 또한 중학교, 고등학교로 진학할수록 대립 토론의 비중은 커질 수밖에 없다. 특히 정책 토론을 위해서는 대립 토론에 대한 충분한 연습이 필요하다. 그러나 대립 토론을 시작하기가 그리 녹록치 않다. 무엇보다 교사의 용기와 부지런함이 필요하다. 자유학기제의 도입과 확산에도 불구하고 여러 가지 어려움으로 인해 토론이 갈 길이 멀어 보인다. 다행히 〈토론의 전사〉 시리즈는 토론교육의 불모지에 씨앗을 뿌리는 역할을 해왔다. 이번에 세상과 만나는 〈토론의 전사3)을 통해 토론교육의 지평이 보다 확장되기를 기대해 본다.

　이 책을 처음 읽는 독자라면 앞서 발간된 책을 읽어볼 것을 권하고 싶다. 특히, 토의와 토론, 회의를 균형있게 공부하려는 독자라면 〈토론의 전사1〉, 〈토론의 전사2〉, 그리고 〈토론의 전사3〉을 함께 읽는 수고로움이 필요해 보인다. 그러나 그 수고로움을 통해 토론에 대한 보다 깊은 이해가 가능할 것이다.

- 강원에서 최고봉(홍천 오안초 교사)
* 강원토론교육연구회를 결성, 3년간 회장으로 활동했다.
『이야기가 꽃피는 교실 토론』(공저),『들꽃, 학교에 피다』등을 썼다.

'토론의 전사' 성장기

2009년 봄, '토론의 전사'로 첫 발을 내딛어 어언 7년의 세월이 흘렀습니다. 1, 2권 각각 1만부 넘는 책이 독자를 만났고 학교 현장에서 큰 도움이 되었다는 목소리를 많이 들었습니다. 그 성원에 힘입어 한걸음을 더 내딛습니다. 그 사이 쓴 〈강자들은 토론하지 않는다〉, 〈질문이 있는 교실〉을 통해서 토론의 외연을 넓히는 데 기여했다면 〈토론의 전사〉 3권은 다시 토론 내부로 돌아와 토론의 속살을 더 깊에 파헤치는데 주력했습니다.

흔히 〈토론의 전사〉 1권은 토론의 철학과 마음가짐, 2권은 토론의 방법으로 분류합니다. 그런 기준이라면 〈토론의 전사〉 3권은 교실에서 토론을 진행하는 다양한 응용 방법과 알아야 할 절차들로 채웠습니다.

이 책의 1부 고민, 용기, 지혜, 사랑, 질문은 그 동안 제가 토론 수업에서 강조해온 고갱이들이 집약된 글입니다. 〈성균관 스캔들〉의 명장면은 이미 여러 지면을 통해 소개한 바 있지만 이번 책에서 더 깊고 자세하게 의미를 살렸습니다. 이 글을 쓴 시기는 2013년인데, 책으로 다듬는 과정이 늦어져 오히려 다른 책에 쓴 내용과 일부 겹치거나 재서술한 부분이 있는 점을 양해 바랍니다.

　이 책의 핵심인 2부는 교실에서 벌어지는 토론 수업의 다양한 양상들을 소개하면서 문제점과 고민들을 정리했습니다. 보통 교실에서의 토론하면 모둠토론을 떠올리거나 대표토론을 생각합니다. 각자 따로 토론하거나 반대로 소수의 대표만 토론하는 방식인데, 이번에는 30명 안팎의 학생들이 다 같이 참여하는 토론 모델을 몇 가지 소개했습니다.

　현장에서 들려오는 어려움의 호소 가운데 학생들이 승패에 집착하거나 싸움과 상처로 토론 수업이 끝난다는 의견이 많았습니다. 토론은 논리의 싸움이지만 승패를 넘어서 협력으로 나아가야 한다는 철학을 교사가 먼저 체화하지 않으면 토론 교육은 기껏 논리의 검투사를 길러내는 도구적 인간 양산에 그치고 맙니다. 쪼개져서 싸운다는 디(devide)-베이트(battle)를 뒤집어서 베이트(싸움을)를 디하는(없애는) 평화로 나아가는 토론 교육이 필요한 시대입니다. 디베이트에 맞서는 이름으로 다소 모순되지만 협력적 토론(코베이트)라는 용어를 만들었습니다. 그런 의미에서 한국형 토론은 디베이트보다는 원탁 토론이 교육적 가치나 방식에 있어서 훨씬 바람직하다는 게 제 생각입니다. 이번 책에는 특히 원탁토론에 대해서 심도 깊은 방법과 철학을 소개했습니다. 뉴욕 타임즈에 2015년, 올해의 인물로 선정된 앙겔라 메르켈을 통해서 우리가 배울 중요한 토론 정신이 원탁에 담겨 있습니다.

　그밖에 교실 토론 수업 영화로 널리 알려진 〈돼지가 있는 교실〉을 마이클 샌델 방식과 비교하면서 소개하고, 토론 즉문즉설에서는 토론 수업의 여러 고민들을 문답 형태로 풀어서 실었습니다. 마지막으로 오랜 세월 토론의 벗으로 토론 수업에 매진해온 황성규 선생님의 토론 수업 10계명을 이 지면을 통해 공유합니다. 저는 수업의 원칙을 따로 두지 않는 사람이지만, 율법처럼 얽매이지만 않는다면 원칙이란 그 자체로 존재할 가치가 있겠지요. 토론 수업을 처음 고민하시는 분들에게 큰 도움이 되리라 믿습니다.

3권의 3부는 토론대회를 준비하시는 분들을 위한 세밀한 준비 과정을 안내합니다. 아무리 협력 토론을 강조해도 현실 속의 토론 대회나 치열한 논리 공방 과정을 무시할 수 없기에, 토론과 대회에 참여하는 학생들이 준비할 사항을 하나의 흐름으로 엮었습니다.

시작은 토론 주제 설정과 논리 구성 등 토론 수업을 위한 준비에서 부터 입론에서 반론, 반론꺾기, 최종변론으로 이어지는 토론의 절차를 상세히 소개했습니다. 토론마다 달리 나타나는 판정에 대한 고민을 다루었고, 토론대회의 진행에 대한 경험도 자세히 적었습니다.

다시, '입의 욕망'을 버리고 '귀의 겸손'을 배우자는 전사의 초심을 생각합니다. 혹세무민의 요설과 극악무도한 독설이 난무하는 혼돈의 시대에 교실만은 토론을 통해서 차분히 사랑의 논리와 용기의 감수성을 배워가기를 기원합니다.

2016년 1월 유동걸 두손 모아

토론의전사 차례 3권

1

고민, 용기와 지혜, 사랑, 질문의 토론교육

1

고민
- 피할 수 없다면 즐겨라

장안의 화제가 된 드라마였던 〈성균관 스캔들〉의 한 장면. 새로 부임한 교사 정약용이 학생들과 뜻 깊은 수업을 하는 내용이 나온다. 부임 후 첫 수업. 우리는 부임 첫 수업은 아니지만 토론 수업을 처음 하는 사람으로서 고민하는 마음으로 이 수업을 살펴보자.

대부분의 교사라면 이런 고민을 하지 않을까? 일단 '무엇'을 가르칠까? 당연히 교과서나 문제집 혹은 교사가 가르치고 싶은 내용이다. 교사 자신의 관점 즉 세계관이나 인생관 혹은 문제의식이 결국 무엇을 가르칠까를 결정한다. 무엇의 경우는 어느 정도 정해져 있으므로 크게 고민하지 않을 수도 있다. 굳이 토론에 대입하자면 '주제'의 부분인데, 토론 수업을 하려는 교사라면 응당, 고민하지 않을 수 없는 영역이다.

두 번째는 '어떻게' 가르칠까 하는 문제다. 세상에 차고 넘치는 수많은 교수법들. 문제는 체화다. '어떻게 그걸 내 삶으로, 나의 교육 방식으로 녹여내서 내 수업에 적용할까'가 다음 고민이다. 토론으로 치자면 다양한 형식의 토론 과정들, 예를 들면 원탁토론이나 대립토론 혹은 쉽고 가볍고 재미난 토의 형식이나 아니면 토론을 응용한 협상, 모의재판극 형식의 토론 등을 어떻게 익히고 적용할까 하는 문제다.

마지막 고민은 '왜' 가르치려 하는가의 문제다. 교사로서의 정체성을 담은 문제이고 (토론) 수업이라는 과정을 통해서 어디에 도달하려 하는가에 대한 교사 자신의 성찰이 담긴 부분이다. 시대의 흐름이, 혹은 수업의 대세가 토론이라 나도 그냥 토론 수업에 한 번 도전해보자? 이건 아니다. 아니, 물론 그래도 좋다. 가볍고 쿨하게, 그냥, 한번 도전해보는 것도 하나의 의미다. 인간 삶에서 '왜'라고 하는 문제제기를 가둘 그릇은 어디에도 없으니까, 없어야 하니까.

결국 우리는 무엇을 가르치는가? 그 무엇을 어떻게 가르치는가? 그리고 왜 나는 그런 가르침을 내 삶으로 선택해서 살아가는가? 하는 문제다. 토론수업 하나 소개하면서 너무 거창하다고? 그렇다. 거창할 뿐 아니라 심오해야 한다. 아니, 심오까지? 물론, 농담이다^^

자 그럼 앞에서 수업을 한번 살펴보자.

수업종이 치자 성균관 유생들에게 논어를 가르치러 들어갈 준비를 하는 정약용 선생님. 희한하게도 교재는 간 데 없고 커다란 요강단지를 준비한다. '아니 교재는 어디가고 요강 단지를 챙기느냐'며 의아해하는 옆 선생님의 질문에 아랑곳 않고 그게 '자기의 수업교재'라고 천연덕스럽게 말한다.

학생들이 다 들어오기도 전에 교실에 먼저 들어가(아, 이 교사 아주 모범적이다.) 유생들을 기다린다. 그날은 늘 수업을 거르던 문제아인

'문재신'조차 수업을 빼먹지 않고 출석한다. 아마도 정약용의 명성을 익히 들어왔던 듯. 드라마의 주인공으로, 여자이지만 남장을 하고 수업에 참여하는 김윤식. 늘 꼿꼿한 배움의 자세로 수업에 임하는 이선준 등 많은 학생들이 새로 온 선생님의 말씀을 기다린다. 헌데 모처럼 수업에 참석한 문재신. 교실에 자리를 잡자마자 자리에 길게 눕는다. 보나마나 늙다리 선생이 떠들어댈, 뻔한 수업 내용 따위는 안중에도 없다는 태도다.(아마도 선행학습으로 이미 다 떼논 책이기 때문에 논어 정도는 우습다는 만만한 태도일지도!) 이를 본 정약용 역시 아무 말도, 특별한 지적도 없이 '니 멋대로 하라'는 표정을 짓고는 바로 수업을 시작한다.

"오늘 무슨 시간이지?"
"논어재 시간입니다."
"오늘부터 논어재 강의를 맡은 정약용이다."
"성적 처리는 어떻게 하실 생각이십니까?"
학생 가운데 하나가 대뜸 성적부터 묻는다. 당황한 옆의 학생.
"야 첫날부터 성적 이야기는 …"
"그럼 성적이 중요하지 뭐가 중요해!"

예나 지금이나 성적지상주의는 변함이 없음인가. 성적 처리 방식을 질문하는 학생들의 대화에 마치 사전에 준비라도 한 듯 자리에서 일어난 정약용은 역공을 펼친다.

"맞는 말이다. 내 수업 시간에 '불통'이 다섯이면 낙제. 낙제하면 출재와 동시에 청금록 영삭인 것은 잘 알고 있을 테고, 그래서 준비했다. 성의껏들 채워주기 바란다. 내 성적에 적극 반영하지."

헐, 너희가 그렇게 성적에 관심 많아? 그래? 그렇다면 한 마디로 성적 잘 받고 싶으면 촌지(寸志)를 많이 내라는 이야기다. 그러면서 '미리 알고' 준비해온 항아리를 학생 책상 위에 올려놓는다. 갑자기 돈을 건다는 교사의 말에 학생들은 불만 가득한 얼굴이다. 울며 겨자 먹기로 자신이 가진 돈과 반지 등을 항아리에 담는 유생들. 어리둥절해 하는 김윤식과 '이게 무슨 선생답지 않은 수작이냐'며 한심하다는 듯 외면하는 이선준. '에잇 더러운 놈, 먹고 떨어지라'는 표정으로 항아리에 촌지를 넣는 나이든 유생도 눈에 띈다. 교실 전체가 술렁이는 와중에 항아리가 한 바퀴 돌자 그 속에 돈과 패물이 한 가득하다. 우수수 책상 위에 촌지를 쏟아 붓는 정약용. 반지를 비롯 값비싼 물건들이 적지 않다. 좌중을 흐뭇한 표정으로 둘러보던 정약용이 새로 한 마디를 건넨다.

"감동적일세! 누군가에게 이 항아리는 요강으로 보일 걸세 나한테이 항아리는 화수분일세."
"화수분?"
"못 알아보는 이는 없겠지."

화수분이 뭔가 묻는 김윤식의 물음에 아랑곳 않고 학생들의 웃음

뒤에 이어지는 정약용의 수업이 수상쩍다. 코에 콧기름을 한 번 바르더니 항아리 속에서 형형색색의 천을 하나씩 꺼내는 게, 전혀 뜻밖의 신기한 마술 수업을 하는 것이 아닌가.

알다시피 '화수분'이란 돈을 퍼내도 퍼내도 분수처럼 한없이 쏟아지는 그릇을 말한다. 정약용이 요강 단지를 일러 화수분이라고 말한 뜻은, '자기는 그 그릇에서 무한히 많은 것들을 불러낼 수 있다'는 자신감의 표현이다. 마치 만지는 물건마다 황금을 만들어내는 마이다스의 손처럼 신명이 난 정약용의 마술. 학생들은 신기하고 재미난 광경에 손뼉을 치고, 흥에 겨운 정약용은 항아리에서 불꽃을 피워내기도 하고 사과를 꺼내 유생들에게 던져주며 흥미를 유도한다. 한 차례 박수소리가 끝나고, 보여줄 소재가 다 떨어졌는지 정약용, 마술 수업 레시피를 적은 쪽지를 몰래 훔쳐보며 어눌하게 말을 꺼낸다.

"다음엔 또 뭐가 있었더라 …"

그때 불호령이 떨어지듯 들려오는 이선준 유생의 목소리

"그만두십시오. 지금은 논어재 시간입니다."
"이런, 못난 스승이긴 하나 나도 그 정도는 알고 있네."
"한데 왜 이런 서역의 잡기로만 귀한 상유들의 시간을 낭비하시는 겁니까?"
"재미없었나?"

김윤식 유생을 비롯해 여기저기서 대답이 들려온다.

"재미있습니다."
"재미있습니다."
멀찍이 조그맣게 들려오는 목소리가 웃음을 자아낸다.
"너무나~ 재미있습니다^^."

스승이 체면머리 없게 학생들의 웃음을 유도해서 유머로 능치고 넘어가? 이런 촌스러운 풍경이 못내 못마땅한 이선준의 날카로운 2차 공격이 시작된다.

"실학을 중시하는 까닭에 경학과 고전은 필요 없다고 여기시는 겁니까?"

아싸, 옳지 너 그 질문 잘했다, 기다렸다는 듯이 정약용의 본격적인 반격이 펼쳐진다. 실은 여기까지 정약용이 그물을 펼쳐놓은 셈인데, 아니나 다를까, 뚝심좋고 굳센 이선준이 덜컥, 걸려든 것이다.

"그럴 리가, 자네도 말하지 않았나! 지금은 논어재 시간이라고!"

한 치도 양보 못 할 스승과 제자간의 불꽃 튀는 팽팽한 논박. 마침내 이선준이 돌직구같은 질문을 날린다.

"그런데 왜 서역의 잡기로만 귀한 상유들의 시간을 탕진하시는 겁니까?"

'서역의 잡기'라고? 짜식 너 말 잘 했다. 네 배움의 크기가 얼마나 되나 보자. 회심의 미소를 지으며 자리에서 천천히 일어서는 정약용. 항아리를 높이 들었다가, 바닥에 툭 떨어뜨린다. 마술을 하면서 뽑아낸 색색 천 위에 와장창 깨지는 요강 단지, 안에 들었던 귀금속과 패물들은 간 데 없다. 항아리 깨지는 소리에 유생들 모두 깜짝 놀란다. '어, 내 금반지' 하는 소리도 들린다. 정약용의 진짜 수업은 여기서부터 본격 시작이다.

"〈논어 위정편〉, '군자불기'(君子不器)에 대해서 강(講-강의)했네. 군자는 한정된 그릇이 아니라 편견에 치우치지 말라 강했네.
정약용이란 놈이 실학을 좀 했다 해서 고전을 무시할 거라는 무지몽매함은, 참, 용감하기도 하군.
〈논어 학이편〉, '학즉불고'(學則不固)에 대해서 강했네. 지식이 협소한 사람은 자칫 자신의 좁은 생각에 사로잡혀 완고한 사람이 되기 쉬우니 학문을 갈고 닦아 유연한 머리로 진리를 배우라 강했네. 왜? 너희는 더 이상 사부학당의 신동도 사랑채 책벌레도 아닌 국록을 받는 성균관 유생들이다."

(이쯤 되면 아무리 졸던 학생도 잠을 깨기 마련인가. 그 말에 자극을 받아 부스스 잠을 깨고 일어나는 문재신, 자다 깬 학생의 표정이

압권이다.)

"백성의 고혈로 얻어낸 학문의 기회다. 부지런히 배워서 갚아라. 이 땅 백성들의 더 나은 내일, 새로운 조선을 꿈꾸는 건 제군들의 의무다." (여기까지 언성을 최대한 높여가던 정약용, 마지막 대미를 장식하는 말은 아주 차분하게 맺는다)

"우리 제발 밥값들은 좀 하면서 살자.(아 감동~)"

교실 안은 숙연하다. 누워서 오불관언(吾不關焉), 강 건너 불구경하듯 하던 문재신, 확실히 잠을 깼는지 갸륵하다는 표정으로 씨익 웃으면서 다른 사람들 들으라는 듯이 한 마디 던진다.

"꼰대, 제법인데"

그렇다, 아무리 멋져 보여도 꼰대는 꼰대다. 계몽의 아우라, 멋지기는 하지만, 역시 가르치려는 자세 앞에서 학생들은 삐딱하기 마련이다. 어디든지 수업을 하다보면 꼭 이런 잘난 놈이 있다. 선생님의 수업을 품평하고 시비를 걸거나 도전을 하려는 학생. 실은 이런 학생이야말로 살아있는 감성과 지성의 소유자이기도 하다.

싸늘한 말투로 좌중을 제압한 정약용. 일방적인 정약용의 승리로 보이는 수업이 여기서 마친다면 오산이다. 이선준의 도전을 잠재웠으니 처음, 성적처리를 물어본 학생의 산통을 깨뜨릴 차례다. 응당 이날 수업의 성적 발표가 이어진다.

참고로 옛날 서당의 성적 체계는 5단계나 4단계이다. 조선시대에도 지금의 '수, 우, 미, 양, 가'처럼 학습수준을 평가하는 방법이 있었는데, 서원이나 서당은 물론, 최고학부인 '성균관'에서도 널리 사용했다.

5단계는 '대통(大通, 크게 통달함. 오늘날의 수나 A+에 해당)' '통(通, 수준이 높음. 오늘날의 우나 A학점에 해당)' '약통(略通, 대략은 알고 있음. 오늘날의 미나 B학점에 해당)' '조통(粗通, 수준이 조악함. 오늘날의 양이나 C, D학점에 해당)' '불통(不通, 수준 이하임. 오늘날의 가나 F학점에 해당하는 낙제점)'이다. 여기서는 간략하게 통과 불통으로만 성적을 구분한다.

"오늘 수업의 성적을 발표하겠다."
"김우탁 불통(不通)!"

수업 초반에 성적 처리는 어쩔 거냐고 물었던 학생이다. 불통 소리에 어이없어 좌절하고, 그 옆에 앉은 배혜원, 쌤통이라는 표정으로 비웃는다. 하지만 그러고 무엇이 다르랴. 이어지는 정약용 발표.

"배혜원 불통!"

금방까지 친구를 비웃었던 배혜원, 헉 나도? 하는 표정이 역력하다.

민망하게 헛웃음을 짓는 김우탁과 배혜원.

"안도현 불통!"

설마 하던 표정이 열받은 표정으로 바뀌며, 팔을 걷어붙이고 불만을 표현하는 안도현 유생.

"김윤식 불통!" "문재신 불통!"

흥겨운 수업에 시간 가는 줄 모르고 깔깔거리던 김윤식, 자다 깨서 한 마디 했던 문재신도 모두 불통을 면치 못한다. 이어 이강철도 불통, 그 뒤 약간의 뜸을 들이며 좌중을 훑어보던 정약용, 입에서 드디어 통이 떨어진다.

"이선준, (침을 꿀꺽 삼키는 소리가 들린다, 다들 한참 긴장하고 있는 상황에서 드디어, 힘겹게, 마침내) 통(通)!"

우우, 오~, 와! 여기저기서 낮은 탄식 소리가 들려온다. 이선준 상기된 얼굴로 무슨 영문인지 몰라 정약용을 바라본다. 궁금증을 참지 못한 김윤식 질문을 던진다.

"헌데, 스승님. 어째서입니까. 왜 수업 내용에 반대하는 이선준 유생에겐 왜 통을 주신 겁니까?"

"그래서다. 이 엉터리같은 수업에 불만을 제기한 유일한 학생이니까. 진리는 답이 아니라 질문에 있다!"(한참 뜸을 들인 후에)

아까 깨뜨린 항아리의 사금파리 한 조각을 손으로 들어 보여 주며, 한 마디 더 한다.

"내가 너희들에게 보여준 세상은 사라지고 없다. 스승이란 이렇게 쓰잘데기 없는 존재들이다. 허나 스스로 묻는 자는 스스로 대답을 얻게 되어 있다. 그것이 이선준이 통인 이유다."

답을 가르치지 않고 질문의 힘을 삶으로 가르치는 정약용의 멋진 수업 장면이다. 사실 공부란 배우고 답을 찾는 익히는 과정이기도 하지만 무엇보다 새로운 물음을 던지는 과정이다. 앞서간 사람들이 만들어놓은 답을 외우고 답습하는 것만으로는 진정한 공부라 하기 부족하다. 정약용 말대로 지혜란, 진리란 새로운 물음 속에서 싹트고 자라는 것이기 때문이다.

스승이 쓰잘데기 없다는 데에 대해서는 할 말이 많을 터이다. 랑시에르의 '무지한 스승'은 이러한 쓰잘데기 없는 교사상의 높은 성취를 보여준다. 우스운 말이지만, 학생들이 스스로 참여해서 자기들끼리 하는 수업에서의 스승이란 이런 무지하고 비어있는 텅 빈 중심같은 것인지도 모른다. 어쨌든 이 드라마의 수업 장면의 핵심은 여기까지다.

왜 이 드라마를 이리 자세히 소개하는가? 다시 고민으로 돌아가보

자. '무엇을, 어떻게, 왜' 이 세 가지 고민을 이야기 했지만 알고 보니 그건 지극히 주관적 고민이다. 이 드라마를 보면 초중고 급별, 혹은 고등학교도 외고나 과고같은 특목고에서 자사고, 자공고, 전문계고, 일반고에 이르기까지 학교마다 다르겠지만 공통적으로 다가오는 문제가 등장한다.

수업 참여 안하고 엎드려 조는 학생(여기서는 아예 대놓고 누워서 잔다-문재신), 성적 따기에 급급해서 교육의 의미를 몰각한 채 성적에만 목매다는 학생(김우탁), 교사가 하는 수업의 의미를 파악하지 못한 채 나름 원칙을 가지고 교과서에 충실하려는 학생(이선준), 그밖에 웃고 즐기면서 아무런 문제 의식을 느끼지 못하는 입만 헤벌어진 학생(김윤식 외 다수) 등등이 그들이다.

일단 교사가 먼저 파악해야 할 일은 학생에 대한 관찰과 고민, 배려이다. 내가 가르치는 학생들의 수준과 관심이 무엇인지를 알아야 그 속에서 내가 무엇을, 어떻게, 왜 가르쳐야 하는지 방향과 방법이 나올 테니까. (교사마다 다 다른 이 부분을 다룰 수는 없다. 그러므로 학교 급별로 비슷하게 느껴지는 요즘 학생들의 모습 정도를 우리가 공동의 과제로 인식하는 수준에서 살펴보도록 하자.)

2

용기
- 저지르지 않으면 평생 못한다

무엇을, 어떻게, 왜?

이 세 가지 고민을 풀기에 앞서 필요한 덕목은 '저지르는 용기'다. 특히 토론은 교사의 일방적 강의가 아니기 때문에 정치(精緻)한 준비 과정이 필요하다. 하지만 그보다 기존의 수업 틀을 깨고 새롭게 다가 가려는 용기, 새로운 시도에 대한 적극적 삶의 자세가 요구된다. 그 용 기를 어떻게 얻냐고? 내게 묻지 마시라 그대여, 정약용 말대로, 그 질 문의 답은 묻는 그대가 이미 더 잘 알고 있느니~*.

토론(討論, debate)은 기존의 학습(學習)과 다른 공부(工夫)다. 새로 운 공부(工夫)다. 공부란 무엇인가? 공부(工夫)란 공부(功夫)다. 공부 (功夫)란 쿵푸(kung fu)다. 쿵푸(kung fu)란 무엇인가? 쿵푸(kung fu)는 '온몸으로 하는 싸움(battle)'이다. 그러므로 토론(討論, debate)이 란 무엇인가? 결론은 '온몸으로 하는 싸움(battle)'이다.

토론 자체가 싸움인데, 싸움에 무엇이 필요한가? 당연히 용기와 배 짱이 필요하다. 이기느냐 지느냐의 승패 여부를 떠나 맞을 각오를 하지 않으면 싸울 수 없다. 나는 한 대도 맞지 않고 상대에게 이기는 싸움이 있는가? 있기는 있다. 절정의 최고수가 되면 된다. 하지만 그게 어디 쉬운가? 인간에게는 누구나 처음, 힘겹게 낯선 발걸음을 내딛어야 하는 초보(初步)의 시절이 있는데. 그러므로 토론(수업)은 매 맞을 각오와 용기를 발휘하는 데서부터 시작된다.

정약용은 이선준으로부터 신랄한 공격을 받았다. 물론 사전에 예상을 했겠지만, 그는 걸어오는 싸움을 피하지 않았다. 아니 즐겼다. 그보다 수업에 혁신을 가져오기 위해 과감한 시도를 마다하지 않았다. 교재를 버리고 요강단지를 택했다. 낭독과 암송, 강독을 하지 않고 마술을 시도했다. 학생들을 수업에 끌어들이기 위해 신선한 도구와 방법을 도입했다. 학생들 스스로 문제를 제기하도록 여백을 만들었다. 일부러 허술한 틈을 보여주어 공격적인 질문을 유도했다. 제자의 질문에 피하지 않고 맞서는 용기를 보여주어 자신에게도 제자들에게도 의미 있는 배움의 시간을 만들어냈다.

용기를 내는 일, 물론 부담스럽다. 하지만 성적을 밝히거나, 조는 아이들, 교과서에 충실한 수업만을 바라는 아이들을 변화시켜 참여하고 논쟁하고 성장하는 토론 수업을 원한다면 먼저 용기를 내야한다. 영화 〈올드보이〉에 나오는 오대수의 명대사, '모래알이나 바윗돌이나 가라앉기는 마찬가지다'라는 말을 기억하자. 이미 내 수업 자체가 혁신적이고 즐거우면 굳이 토론 따위 고민하지 않아도 좋다. 하지만 토론이라는 낯설고 새로운 수업으로 아이들과 소통하고 싶다면, 용기를 내라, 그게 토론수업의 초발심(初發心)이다.

용기를 내는 방법

♣ 지식 채널 : 〈토론의 달인〉, 〈이소룡이 이소룡에게 묻는다 1~3부〉, 〈180도의 진실 찾기〉, 〈68혁명〉 등을 본다. 몸으로 참여하면서 공부하는 수업과 교육의 의미를 다시 생각해본다.

♣ 영화 : 〈죽은 시인의 사회〉에 나오는 키팅처럼 책상 위에 올라가 본다. 그동안 교단에서 바라보던 아이들의 모습과 다른 새로운 교실의 모습이 보인다. 키팅처럼 아이들을 책상 위에 올라가보게 하면 더 좋다. 아이들의 반응이 두렵다? 그걸 미리 두려워하면 토론 수업은 언감생심, 꿈도 꾸지 않는 게 좋다.

♣ 노래 : 진도를 나가는 대신 학생들에게 노래를 불러준다. 물론 수업 내용과 관련된 노래면 더 좋다. 노래를 못 부르는 음치라면? 노래를 잘 부르는 학생에게 노래를 시키거나, 음, 그러니까, 음치니까, 음치임에도 불구하고 노래를 부르는 용기를 내본다. 파이팅~!

지혜
- 아는 것은 힘, 모르는 것은 약으로

자, 용기를 내려는데 겁이 난다. 이유가 무엇일까? 자아에 대한 집착, 좀 심하게 말하면 나에 대한 망상(妄想) 때문이다. 교사로서의 권위, 고결한 내 이미지기 망가지는 게 두려우니까. 이상한 수업을 시도하는 바보 취급을 당하기 싫으니까 그렇다. 이해한다. 하지만 조는 아이들 어쩌지 못하고 그냥 진도만 나가면서도 최선을 다해서 깨우거나 아이들이 듣거나말거나, 제대로 다 이해하거나 말거나 아랑곳없이 나 홀로 열심히 강의하는 모습은 정말 교사다운 모습인가? 권위가 살아나고 멋진 교사의 이미지를 보여주는가? 실상 그렇지도 않다. 나아가 내가 이래야 한다는 아상(我相), 그 자체를 깨지 않으면 새로운 수업을 시도하기도 쉽지 않다. 그러면 어떻게 아상을 버릴까? 부처님 제자가 되리라 결심하고 입산수도 면벽 9년을 할 처지도 못되는데?

그때 필요한 게 지혜다. 삶의 난관을 슬기롭게 풀어갈 지혜. 지혜는 어떻게, 어디서 얻을 수 있나? 이것도 어렵다.(후, 길 찾기가 이리 어렵다) 역시 답은 공부다. 지혜를 배우고 얻어내는 공부. 토론이라면 토론 관련 주제와 방법들을 몸으로 익히는 것이다.

우선 정약용을 다시 보자. 일단 준비가 치밀했다. 논어 수업 첫 시간. 학생들의 요구 사항을 읽어낸다. 보나마나 성적에 목맨 자식 있을 거다. 따끔한 훈계를 하기에는 뻘쭘하지 않을까? 성적으로 도전하면 성적으로 갚아주자. 촌지라는 아이디어를 활용해야지. 그러므로 수업 준비물을 촌지를 걸 때 활용할 요강단지. 그게 수업 교재이자, 토론으로 치면 일종의 개요서이고 입론서이다. 흔히들 토론의 성패는 준비에 있다고들 한다. 해 보면 알지만 준비가 핵심이다. 그러므로 한 차시 준비 없이 바로 토론 수업을 실시하면 잘 이루어지지 않는다. 블록 수업이 좋지만 그게 아니라면 2~3차시 정도는 최소한으로 생각해야 한다.

자, 그 다음에는 입론이다. 상대방의 입론성 공격인 성적처리에 촌지로 응수를 했으니 이번에는 내 측에서 입론을 할 차례. 나의 입론은 마술이다. 토론으로 빗대자면 상대방이 예측하지 못했던 새로운 논거랄까. 형형색색의 화려한 천들은 현란한 언변과 논리적 매끄러움이다. 불꽃을 피워내는 마술은 치열한 열정이다. 그리고 상대방에게 의미 있는 공부의 결실 그게 사과다. 대부분의 상대편이라면 거기에 매료되어 아웃이다. 하지만 일부러 허술한 틈을 보여 상대방으로 하여금 공격할 빌미를 마련하는 주도면밀함까지 갖추었다. 그러니 평소 강의를 할 때도 이게 진리다 하고 가르치기보다는 약간 모자라거나 엉뚱한 내용으로 학생들의 질문이나 반박 등을 이끌어내면 어떨까? 거꾸로 교실 수업에서 내용이 미비한 동영상을 올려놓으면 학생들이 알아서 반박하고 문제를 제기한다는 배방고 심대현 선생님 말씀이 떠오른다. '우리 선생님은 완벽하고 훌륭한 분이야' 하는 이런 모습보다는(실제로 우리는 완벽하지도 훌륭하지도 못하다. 그럴 필요도 없고!) 좀 빈 듯 아닌 듯 여백이 있는 교사의 모습. 그런 모습이 좀 더 따뜻하고 인간적인 교사의 모습 아닐지. (대교약졸/大巧若拙!)

그렇다고 허허로움 그 자체로 도사가 되면 안 된다. 상대방의 날카로운 공격을 다시 날카롭게 반박할 준비와 여유의 내용과 내공이 필요하다. 아니나 다를까 교실에는 성적만 밝히고 잠만 자는 학생만 가득 차 있지 않다. 그 가운데는 정말 배움의 열정 그득하고 열공으로 밤을 밝히는 범생이들도 있다. 그들의 요구에도 답을 해줘야 한다.

지금은 논어 시간인데 마술을 왜 하냐? 수업 하다 말고 왜 노래를 부르냐, 뭐 이런 도전이다. 교사 나름의 준비된 답이 필요하다. 여기서 왜 내가 무엇을 가르치는가에 대한 교사의 고민이 빛이 나는 대목이다. 그런 고민이 없다면 이런 수업은 다 무의미하다. 정약용은 〈논어〉에 나오는 공자의 말 가운데 '군자불기'와 '학즉불고'를 가르치고 싶었다. 고정관념에 사로잡혀, 학문의 테두리에 자아를 가두려는 학생의 부족함을 일깨워주고 싶었다. 절묘하게 군자불기(君子不器)에 어울리는 수업교재로 '그릇(器)'을 들고 왔다. 상대방의 교차질문에 대한 나름의 대안을 준비한 셈이다. 토론의 하이라이트다. 불꽃 튀는 대결이 벌어지는 논리적 공방의 시간. 토론은 정답 없는 싸움이지만, 근거 없는 황당한 주장이 난무하는 무지의 경연장은 아니다. 적어도 경청과 논리의 연속선상에서 아무도 기획하지 않은 자의 논리와 상상력이 꽃피는 마당이어야 한다.

그러려면 구체적인 전거(典據)를 마련해야 한다. 풍부한 배경지식과 객관적이고 전문적인 자료를 잘 찾아서 준비해야 한다. 논리적 쟁점이 어떤 것들이 있을지, 쟁점을 뒷받침해주는 주장과 근거는 무엇인지 미리 작성해본다. (용기 없는 사람들에게 두려운 수업 시간의) 여백은 두되 그걸 공허하게 흘려보내지 않고 빈 공간과 시간을 학생들이 채워나갈 수 있도록 폭 넓게, 그러나 치밀하고 꼼꼼하게 준비하는 교사의 노력이 필요하다 그게 지혜다.

지혜를 얻기 위해

♣ 독서 : 책을 날마다 읽어야 한다. 수불석권(手不釋卷)의 자세가 기본이다. 잡지나 인터넷 신문 등도 골고루 틈나는대로 본다. 바빠서 책 볼 시간도 없다? 그럼 토론 수업할 시간은 있나? 바쁘면 그냥 강의식으로 후다닥 진도만 나가시는 게 최고!

♣ 토론 이해 : '토론' 자체에 대한 공부가 필수겠다. 토론 관련 책(〈토론의 전사1,2〉, 〈토론 수업 레시피〉, 〈토의토론 56가지 방법〉, 〈신나는 디베이트〉, 〈토론하는 교실〉, 〈토론을 알면 수업이 바뀐다〉, 〈토론의 전략〉 등) 토론 관련 서적을 읽는다. 물론 머리로만 이해하기 때문에 삶으로 와 닿지 않는다. 그래도 조금은 도움이 되니 읽어두는 게 좋다.

♣ 토론 동영상 : 〈토론의 달인 세상을 이끌다〉와 영화 〈더 그레이트

디베이터스〉, 〈12인의 성난 사람들〉 같은 영화는 토론 감수성과 논리성을 익히는데 아주 좋은 영상이다. 책으로 느끼는 한계를 극복할 수 있다.

온라인 강의는 책보다 좀 더 실감나게 다가온다. '교원캠퍼스'의 직무연수 2학점 '소통을 꿈꾸는 교사들의 토론여행'을 추천한다. 유니텔과 티처빌에도 토론에 대한 강좌가 있다. 더 공부하고 싶다면 다양한 토론 연수 프로그램에 참여를!

♣ 실천 : 몸으로 하는 공부라 그래도 한계가 있다. 오프라인 연수 참여가 토론에 대한 내공을 키우는 데 최고다. 더 나아가 교사들끼리나 학생들이 참여하는 독서 동아리를 만들어 다양한 형식의 독서/토론 공부를 해보면 도움이 된다.

♣ 자기화 : 이미 기존에 본인들이 가지고 있는 수업 노하우에 토론의 형식이나 주제를 어떻게 연결시킬 것인지 고민하라. 정약용의 탁월한 토론 수업은 상대에 대한 이해와 자신 스스로 가진 내공의 결합이다. 우리는 정약용이 아니라고? 당연하다. 그게 오히려 다행이지 않은가? 정약용이라면 우리도 요강단지 들고 가서 마술을 해야 하는데, 아니니 얼마나 다행인가^^ 그러니 겁먹지 말고 나만의, 나만이 할 수 있는, 나만이 하고 싶은, 나만의 토론 수업을 기획해보자. 파이팅~

4

사랑
- 나, 너, 우리를 하나로 사랑하라

사랑 이야기를 하려니 낯이 간지럽다. 토론은 사랑이다. 토론에 대한 사랑이 없으면 토론 수업에 관심도 안 가고 별로 하고 싶지도 않을 테니까. 토론을 배우려고, 토론 수업을 해보려고 찾아온 시도가 토론에 대한 사랑의 첫걸음이다. 사랑이 별거인가!

〈만행, 하버드에서 화계사까지〉란 책으로 유명한 현각 스님. 그분의 사부로 널리 알려진 숭산 스님이 계시다. 도올 김용옥이 본 숭산스님 이야기가 재미있다 같이 한번 읽어보자.

내가 숭산의 이름을 들은 것은 하버드 대학에서 교수들의 대강을 하고 있을 때 내 학생 중에 한국불교전공을 지망하는 어느 참하고 예쁘장한 미국 여학생으로부터였다. 내 기억으로 그 여학생의 이름은 베키라 했고, 그녀는 하버드 대학 학부를 졸업할 때 하버드 대학 통틀어 전체 수석을 했으니까 무지하게 머리가 좋은 학생이었다. 그런데 베키는 당시 한국불교사를 가르치고 있던 나를 만날 때마다 '숭싼스님' 운운하는 것이었다. 베키의 '쏭싼스님'에 대한 존경은 가히 절대적인 그 무엇이었다. 그러면서 베키는 나보고 자기가 존경하는 학자인 당신이야말로 꼭 한번 '쏭싼스님'을 만나보라고 조르는 것이었다. 당신과 같은 훌륭한 한국의 학인이 '쏭싼스님'을 안 뵙는 것은 뭔가 잘못된 것이라는 것이다.

베키가 아무리 나에게 '쏭싼스님'을 만나보라고 권고했어도 나는 그를 만날 생각이 없었다. 주기적으로 여기저기 돌아다니시는데 어느 날 케임브리지 젠센터에 오셔서 달마토크를 하시니깐 그때 꼭 한번 만나라는 것이었다.

'쏭싼스님'의 달마토크 때는 하버드 주변의 학, 박사들이 수백명 줄줄이 모여든다는 것이다. 내가 사실 불교계의 인맥을 파악한 것은 최근의 일이므로 그때만 해도 누가 누군지를 전혀 몰랐다.

실상 속마음을 고백하자면 나는 '쏭싼스님'을 순 사기꾼 땡중일 것이라고 생각했다. 그 이유는 나에게 다음의 명료한 두 가지 생각이 있었다. 하나는 저 베키를 쳐다보건대, 저 계집아이를 저토록 미치게 만든 놈, 즉 저 계집아이가 쏭산이라는 개인에게 저토록 절대적 신앙심을 갖게 만들었다는 것 자체가 무슨 사교적 권위의식을 좋아하는 절대론자일 것이고 따라서 해탈한 인간으로 간주될 수는 없다. 자기는 자유로울지 모르지만 타인에게 절대적 복속과 부자유를 안겨주는 놈은 분명 사기꾼일 것이다.

또 하나는 달마토크의 사기성에 있었다. 숭산이 다 늙어서 미국엘 건너온 사람인데 무슨 영어를 할 것이냐? 도대체 기껏 지껄여봐야 콩글리시 몇 마딜 텐데, 영어로 말할 것 같으면 천하에 무적인 도사 김용옥도 하버드에 와선 벌벌 기고 있는데, 지가 무슨 달마토크냐 달마토크는? 하버드 양코배기 학박사들을 놓고 달마 토크를 한다니 아마도 그놈은 분명 뭔가 언어 외적 사술을 부리는 어떤 사기성이 농후한 인물일 것이다. 정도는 언어 속에 내재할 뿐이다.

그런데 베키의 간청에 못 이겨 케임브리지 젠센터 한구석에 쭈그리고 앉아 숭산의 달마 토크를 듣는 순간, 나는 언어를 잃어버렸다.

나는 그의 얼굴을 보는 순간 그동안 내 의식의 작용 속에서 집적해 왔던 객기가 얼마나 무상한 것인가를 깨달았던 것이다. 한 인간이 수도를 통해 쌓아올린 경지는 말과 말로 전달되지 않는다.

그것은 오로지 몸과 몸으로 전달될 뿐이다. 몸과 몸의 만남은 언어가 없는 것이기에 거짓이 끼어들 수가 없는 것이다.

나는 그의 얼굴을 처다보는 순간, 그가 해탈인이었음을 직감했다. 그의 얼굴에는 위압적인 석굴암의 부처님이 앉아 있는 것이 아니라 동네 골목에서 흔히 만날 수 있는 땅꼬마가 들어 있는 것이 아닌가?

몸의 해탈의 최상의 경지는 바로 어린애 마음이요, 어린애 얼굴이다. 동안의 밝은 미소, 그 이상의 해탈, 그 이상의 하느님은 없는 것이다. 쏭산은 거구는 아니라 해도 결코 작은 덩치도 아니다. 당시 오순 중반에 접어든 그의 얼굴은 어린아이 얼굴 그대로였다. 그의 달마토크는 정말 가관이었다. 방망이를 하나 들고 앉아서 가끔 톡톡치며 내뱉는 꼬부랑 혀 끝에 매달리는 말들은 주어 동사 주어 술부가 마구 도치되는가 하면 형용사 명사 구분이 없고 전치사란 전치사는 다 빼먹는 정말 희한한 콩글리쉬였다. 그러나 주목할만한 사실은 영어의 도사인 이 도올이 앉아 들으면서 그 콩글리시가 너무 재미있어 딴전 볼 새 없이 빨**려 들**

어갔던 것이다.

그의 달마토크가 다 끝나갈 즈음, 옆에 있던 금발의 여자가 큰스님께 질문을 했다. 내 기억으로 그 여자는 하버드 대학 박사반에 재학 중인 30세 전후의 학생이었다. 그녀가 물었다.

"What is love?"

큰 스님은 내처 그 여학생에게 다음과 같이 묻는 것이었다.

"I ask you, what is love?"

그러니까 그 학생은 대답을 잃어버리고 가만히 앉아 있는 것이었다. 그 다음 큰스님은 이렇게 말했다.

"This is love"

그래도 그 여학생은 뭐라 할말을 찾지 못하고 멍하니 앉아 있었다. 그 학생을 뚫어지게 쳐다보던 동안의 큰스님은 다음과 같이 말을 잇는 것이었다.

"You ask me, I ask you, This is love"

인간에게 있어서 과연 이 이상의 언어가 있을 수 있는가? 아마 사랑철학의 도사인 예수도 이 짧은 시간에 이 짧은 몇 마디 속에 이렇게 많은 말을 담기에는 재치가 부족했을 것이다. 나는 숭산 큰스님의 비범함을 직감했다. 그의 달마 토크는 이미 언어를 뛰어넘고 있었다. 그리고 이미 국경도 초월하고 있었다.

오로지 인간, 그것 뿐이었다.

(김용옥, 나는 불교를 이렇게 본다)

사랑이란 무엇인가? 그건 몸이다, 말이다. 몸이 육체나 정신의 형태를 빌어 만나는 과정 그게 사랑이다. 그 사랑의 일면을 보여주는 두 개의 화두가 물음과 소통이다.

물음, 물음 속에서 오고가는 대화와 관심 그것이 사랑이다. 토론이 사랑이라는 말은 무엇일까? 하나는 '질문(質問)'이고 하나는 '통(通)!, 소통(疏通)'이다.

정약용의 엉터리 수업에 아무도 문제제기 하지 않았다면 결과는 어떻게 되었을까? 아마도 군자불기나 학즉불고 대신에 다른 강의를 하고(정약용이 군자불기만을 준비해 갔다고 생각하면 우리의 착각이고 오만일지 모른다!) 결과는 모두 불통이겠지. 여하튼 어디까지 생각했는지 모르지만 이선준은 문제제기성 질문을 던졌고 정약용은 그걸 실마리로 해서 자신이 원하는 수업을 펼쳐나갔다.

학생들 가운데 공부를 가장 사랑한 학생은 누구인가? 이선준이다. 그는 학문을 좋아하고 스스로 즐길 줄 아는 학생이다. 〈논어〉의 가르침을 기대하고 왔는데 뜻밖의 마술 수업에 분노를 느끼고 교사에게 연속적인 질문을 퍼부었다. 합당한 문제제기다. 유일하게 〈논어〉와 학문을 사랑한 학생인 이선준, 그는 능히 통을 받을 자격이 있었다.

질문을 던지는 이선준의 근기를 알아본 정약용. 그는 이선준에게

통으로 화답했다. 그래, 네가 그 정도로 학문을 사랑하는 마음이라면 내 기꺼이 너에게 통을 주마! 그게 제자에 대한 정약용식 사랑이다.

토론에서 사랑은 세 가지다. 나에 대한 사랑, 이웃에 대한 사랑, 그 시대와 우주 만물에 대한 사랑.

토론을 하려면 나를 사랑해야 한다. 내가 건강하고 힘차게 잘 살아가도록(成功) 나를 북돋워야(扶-夫) 한다. 나를 아끼고 사랑하는 마음으로 나를 북돋는 행위 그게 공부(功夫이자 工夫)다. 그러므로 사랑한다면 공부하라!

이선준도 정약용도 자신을 사랑했다. 좋은 수업, 좋은 공부를 위해 치밀하게 공부하고 준비했다. 지극한 공부의 결실만이 사랑의 열매를 증명한다. 그 열매는 다름 아닌 통이다.

이웃에 대한 사랑은 바로 옆에 있는 동료, 친구에 대한 관심과 애정이다. 최고의 수업을 만들기 위해 고민하고 노력하는 두 사람. 그 수업으로 인해 가장 공부의 혜택을 받은 사람들은 본인 두 사람이지만 그 노력의 결실은 모두에게 돌아간다. 다들 불통을 받기는 했지만 왜 공부해야 하는지, 어떤 자세로 공부를 해야 하는지에 대한 배움을 모두 얻었다. 결국 한 사람의 사랑은 주변 모두에게 덕을 베푼다.

이 둘의 공부가 그 시대와 우주만물에 대한 사랑에까지 미쳤는지는 말하기 어렵다. 하지만 우리의 공부와 수업의 결실이 나만을 혹은 내 옆 사람만을 사랑하는 속이 좁은 결실이라면 그건 진정한 의미의 사랑이 아닐 터이다. 보이지 않지만 그 시대를 함께 살아가는 사람들에 대한 속 깊은 애정 그게 공부의 궁극적 도착지다.

백성의 고혈로 얻어낸 학문의 기회다. 부지런히 배워서 갚아라. 이 땅 백성들의 더 나은 내일, 새로운 조선을 꿈꾸는 건 제군들의 의무다.

민중에 대한 사명과 책임감. 민족에 대한 올바른 역사의식을 지니고 이 시대가 나아가야 할 방향에 대한 혜안을 갖고 실천하는 길, 그게 학문하는 자의 자세임을 일깨우지 않는가.

사랑하기

♣ 질문 : 끝없이 묻는다. '왜?' 이상의 스승은 우리에게 없다. 책과 사람을 찾아가 지속적으로 듣고 내 안의 질문을 만들어본다.

박학(博學)독지(篤志), 절문(切問)근사(近思) : 널리 배우면서 뜻을 돈독히 하고 가까운 일에서 문제의식을 가지고 간절히 물어라. 그러면 인(仁)에 가까워진다.

♣ 나눔과 베풂 : 해 아래 새 것이 없고, 애초에 내 것이 없다. (나란 존재가 없음인데, 내 것이란 것이 어찌 존재하겠는가!) 그러므로 나에게 다가온 좋은 인연들을 다시 다른 사람에게 베풀어 나누어주자. 가진 것이 없다면? 완벽한 공(空)에 이르렀으니 진심으로 축하ᄊ

5

질문
- 스스로 묻는 자가 답을 찾는다

사랑으로 끝난 이 글에 질문이 덧붙을지 몰랐다. 누가 알았으랴! 공부 중의 공부인 질문을 빠뜨릴 수 없다. 왜?

용기도 얻었고 지혜를 구했으며 사랑조차 이루었다. 그런데 무얼 더 바래? 하지만 그 모든 것이 어떻게 나타나야 하는가에서 아직 도달하지 못한 세계가 있다. 바로 질문이다. 정약용이 말한 바, 진리는 답이 아니라 질문에 있으며 스스로 묻는 자는 스스로 답을 얻게 되어 있다는 말, 그것!

사랑은 공부는 무엇으로 완성되는가? 그리고 무엇으로 다시 시작되는가? 바로 질문이다, 공부의 시작도, 그리고 완성도 질문으로 시작해서 새로운 질문으로 끝이 난다. 그러므로 질문은 세헤라자드의 〈천일야화〉나 미카엘 엔데의 〈끝없는 이야기〉처럼 시작도 끝도 없이 이어진다. 여기서는 정약용의 마지막 말, 질문에 대한 이야기를 정리해보자.

위 이야기의 결정판은 학생들의 성적을 불러주는 정약용의 평가 이유다. 학생들이 성적을 질문했으니 성적으로 마무리해야 마땅하지 않겠는가!

그 부분을 다시 살펴보자.

"헌데, 스승님. 어째서입니까. 왜 수업 내용에 반대하는 이선준 유생에겐 왜 통을 주신 겁니까?"

"그래서다. 이 엉터리같은 수업에 불만을 제기한 유일한 학생이니까. 진리는 답이 아니라 질문에 있다!"(한참 뜸을 들인 후에)

아까 깨뜨린 항아리의 사금파리 한 조각을 손으로 들어 보여 주며, 한 마디 더 한다.

"내가 너희들에게 보여준 세상은 사라지고 없다. 스승이란 이렇게 쓰잘데기 없는 존재들이다. 허나 스스로 묻는 자는 스스로 대답을 얻게 되어 있다. 그것이 이선준이 통인 이유다."

우리가 용기와 지혜와 사랑의 힘을 길러 토론을 해야 하는 이유의 결정판이 바로 질문에 있다. 정약용 말에서 얻을 몇 가지 의미.

그는 '진리는 답이 아니라 질문'에 있다고 했다. 왜? 답은 답이 주어지는 순간 고인다. 도가도 비상도. 그게 진리라고 외치는 순간 시간에 먹혀버린다. 진리는 시간과 함께 숨 쉬어야 하는데 답은 시간을 멈추게 만들고 공간을 가두어 버린다. 역사적 맥락과 흐름 없이 영원하고 고정된 진리란 것이 세상에 어디 있는가!

그러므로 답이란 진리가 아니라 진리의 그림자에 불과한 것들이다. 특히나 우리가 교육을 통해서 알려주려고 하는 정답들은 살아 있는 사람들의 심장을 뛰게 하는 열기와 안이한 상식에 젖은 골수를 쪼개는 날카로움이 없다. 이미 네이버 지식인이나 백과사전에 고요히 자리 잡은 죽은 지식들은 알면 좋고 몰라도 그만인 고만고만한 사실들의 모음집이다. 거기 어디에 인간의 운명을 걸고 싸워서 얻을 지혜가 있으며 내 모든 것을 바쳐 간절히 구하고자 하는 깨달음이 있던가. 그런 점에서 진리는 답에서 구해지지 않는다. 석가모니 말씀이건 예수의 경전이건 그런 책들이 다 진리의 외피를 뒤집어쓰고 인간들을 미혹하는 것도 그런 이유다. 예수를 만나건 부처를 만나건 다 죽이라는 어느 스님의 말씀도 같은 이유다. 진리는 예수나 부처의 말씀에 있지 않다. 소크라테스나 공자도 마찬가지다. 이 말은 그들을 부정하라는 말이 아니다. 제대로 긍정하기 위해서 그들을 답으로 삼지 말고 질문으로 변화시키라는 의미다. 그들이 말하는 대로 노예처럼 따르면 깨달음을 얻고 구원을 받고 그런 것이 아니다.

왜, 그들은 우리에게 끝없는 싸움을 요구하는가? 목숨을 걸고 살아갈 만한 너의 진리는 무엇인가? 너는 오늘도 깨어서 어제의 과거와 치열하게 싸우고 있는가? 십자가든 독배든 깨어 있는 자는 무릇 죽음의 그림자가 가만히 두지 않을 텐데 목숨을 걸고 진리와 대면할 수 있는가?

인류의 성인들은 우리에게 질문을 던지는 자들이지 답을 주는 자들이 아니다. 그들이 던진 질문을 답이라고 받아드는 순간 그건 독이 된다. 답은 함정이고 지옥이다. 공자가 이렇게 말했으니 응당 공자님 말씀을 따라야 한다. 그건 노예들의 교육이지 자유인의 교육이 아니다. 정답은 노예를 길러내는 교육이고 질문은 자유인을 길러내는 교육이다. 예수가 말했다. 진리가 너희를 자유케 하리라! 그렇다면 그 말은 다시 이렇게 말해져야 한다. 질문이 너희를 자유케 하리라!

그런 점에서 스승이란 내게 무엇을 가르쳐주는 자가 아니다. 전문적인 지식을 습득해서 배우고 익히라고 훈련시키는 자는 스승이 아니다. 영화 〈위플래시: 회초리〉의 선생 플레처는 위대한 예술가를 탄생시키는 교육을 위해 학생들을 매우 가혹하게 몰아붙인다. 분노를 일으키고 열등감을 자극하고 동기와 성취 욕구에 불을 붙여 더 열심히, 뜨겁게 훈련하라고 자극한다. 〈서편제〉에서 딸의 득음을 위해 눈을 멀게 한 아비가 훌륭한 선생일까? 예술가는 위대한 작품과 연주를 위해서 고통을 만들어야 할까? 그렇게 해서 만들어진 훌륭한 연주는 정말 훌륭한 것일까?

스승이란 이렇게 쓰잘데기 없는 존재들이다. 정약용의 이 말은 스승의 보잘 것 없음과 무의미함, 정말 쓸모없는 무용함을 가리키는 말이 아니다. 아니 어쩌면 이 시대의 학생들에게 스승이란 이미 사라진 존재이며 교사조차도 그런 쓰잘데기 없는 존재로 전락했는지 모른다. 교사들 스스로 질문을 잃은 까닭이다. 질문을 잃었다는 말은 무엇을 의미하는가? 학생들을 사랑하지 않고 존중하지 않는다는 말이다. 믿지 못한다는 말이다. 모든 학생들이 지닌 타고난 바탕, 누구나 잘 할 수 있고 질문할 수 있고, 찾아 움직일 수 있다는 믿음을 잃은 탓이다. 믿지 못하면 질문하지 않는다. 어차피 질문을 던져봐야 소용없다고 생각하는 무시감. 그렇다. 〈무지한 스승〉의 저자 랑시에르 말대로 중요한 것은 무지가 아니라 무시다. 실상 우리들은 모두 무지하다. 이 드넓은 우주의 진리와 법칙을 알아야 얼마나 알 수 있겠는가, 어쩌면 소크라테스 말대로 '우리는 모른다는 사실만을 알 수 있을 뿐'이다. 그게 스스로의 무지를 인정하고 나와 남을 무시하지 않으면서 진리 앞에 겸손해지는 태도다.

학생들이 교사들에게 질문을 하지 않는 이유도 무시하기 때문이다. 내 질문을 받아줄지, 질문을 해보았자 제대로 대답이나 할지. 자기 자신을 불신하고 무시하며 교사에 대해서도 불신과 무시의 마음이 가득 차 있으니 질문하지 않는다. 질문은 마음속에 불꽃이 일 때 나타나니까. 그러므로 '스승이란 쓰잘데기 없다는 말'을 명심하고 내 안에 있는 쓰잘데기 없는 자존심과 지식욕, 권력욕을 내려놓자. 선생이란 지나가는 자, 먼저 태어나서 걸어가는 자일 뿐, 배우는 이들에게 그 어떤 진리도 권력도 아니어야 한다. 그저 무지의 힘으로 학생 스스로 일어서서 걸을 수 있도록 지혜의 마당을 쓸고 진리의 길을 열기 위해 몸부림치는 자이다.

그리하면 정약용의 마지막 말, '스스로 묻는 자는 스스로 답을 얻는다'는 말이 가까이 다가온다. 교사 자신이 먼저 절실하게 질문을 던질 때 길이 조금 보이기 때문이다.

너무 상식적인 말이지만 질문은 스스로가 답이다. 서울 중심 국어교사 모임 신규 선생님들의 카톡방에 올라온 대화다.

[혜옥♡] [오전 11:41] 표현기법(비유, 강조, 변화)는 어떻게 해야 재미있게 가르칠 수 있을까요....

[송00] 아이들의 생활을 여러 기법으로 표현해보세요. 학생들이 겪는 고민을 갖고 표현하면 감탄사가 나오기도 해요. 참고서 자료를 보고 인용하면 지루해요.

[조00] 부적절한 자료일 수도 있는데... 예능 자막이나 각종 짤방에 해당 표현법이 나온 경우를 모아뒀다가 활용하기도 했었어요^^;;;

사진자료로 적당한 것을 못 찾으면 유명한 대사나 표현들을 그냥 글로 써주기도 하구요. 어느 정도 제시한 다음에 만들어보라고 하고 발표시키면서 그것이 해당 표현법에 맞는지 아닌지 애들에게 판단해보라고 하고 오류가 있으면 제가 고쳐주기도 하구요.

[문00] 저는 학생들에게 작은 종이 세장 나눠주고 친구나 선생님에게 쪽지 한 장씩 쓰라고 했어요. 쪽지 하나 당 하나의 표현기법을 사용해서요. 그리고 그거 다 걷어서 제가 읽으면서 어떤 표현기법이 쓰였는지 묻고 답하며 수업했어요. 그리고 수업 후에 쪽지는 전달해주었습니다. 간혹 비밀이니까 읽지 말라고 하는 애들도 있는데 그런 애들건 그냥 안 읽고 전달만 해줬습니다. 생각보다 반응이 좋았습니다.

[현정] 예시를 들어 여러 표현법을 설명해주고 모둠별로 표현 기법을 죄다 넣어 짧은 글짓기를 하라고 해서 발표시켜요~. 개그욕심 있는 애들이 종종 있어서 생각보다 재미있어요. 애들이 만든 표현법 중 괜찮은 것들을 다시 종이에 뽑아주면서 분류시키는 것도 생각보다 나쁘지 않은 활동이 되었던 것 같아요~

[혜옥♡] 역시 모르면 물어보는 게 정답이네용

질문 하나에 쏟아지는 답들. 무수한 답들 속에서 질문을 던진 선생님의 깨달음은 바로 이것이다.

'물어보는 것이 바로 정답이네용!'

광주에서 선생님들이 모인 자리에서 '정약용 - 질문'에 대한 영상을 보여주고 강의를 했다. 마치고 나서 한 선생님이 토론 수업에 대한 고민이 많았는지 질문을 한다. 용감하게. 매우 소중하고 절실한 문제이니 질문을 던진 것이다.

"저는 그 동안 방과 후 수업 시간에 열 명 이내의 학생들만 가르치다가 스무 명이 넘는 학생들과 토론 수업을 하게 되었습니다. 그 가운데 영상 속에 나오는 문재신처럼 수업에 전혀 참여하지 않고 호기심을 갖지 않는 아이가 있는데 어떻게 해야 하나요?"

그 답을 누가 더 잘 알겠는가! 나는 그 학생을 본 적도 없고 얼굴도 모르고 성격이나 평소의 수업 태도도 모르는데. 그리고 수업 환경과 주제 등 그 학생이 함께 하는 수업의 목표나 공간도 모르는데. 내가 그 선생님께 줄 수 있는 답은 이것이었다.

"사랑하면 질문하게 되고 질문하면 답을 찾게 되나니, 스스로 묻는 자는 스스로 답을 얻게 되어있다고 합니다."

정약용은 수업 시간에 가지고 들어간 요강 단지를 화수분이라고 했다. 무슨 뜻일까? 화수분이란 돈을 퍼내도 퍼내도 돈이 계속 쏟아져 나오는 항아리이니 그 항아리 하나로 평생 먹고 살 수 있다는 말인가?

수업의 관점에서 보면 정약용은 항아리 하나로 무슨 수업이든지 잘 할 수 있다는 말로 들린다. 정약용은 그 항아리를 형형색색 천을 뽑아 내거나 불꽃을 피우고 사과를 꺼내는 마술 수업에도 유용하게 썼지만 논어의 군자불기(君子不器), 학즉불고(學則不固)를 가르치는 데도 적절하게 활용했다. 다시 말하자면 요강 단지 하나로 논어를 가르치는 데도 마치 돈이 쏟아져 나오는 화수분처럼 적절하게 사용했다는 말이다. 하물며 이 항아리로 맹자나 중용인들 못 가르칠까! 정약용에게 있어서 이 항아리는 그 어느 경전이든지 가르칠 수 있는 소재가 된다. 중요한 것은 항아리(답)가 아니라 그 항아리를 활용해 어떤 주제든지 다룰 수 있는 바탕, 근기(질문)의 힘이기 때문이다.

토론이 그렇고 질문이 그렇다. 하브루타와 거꾸로 수업, 배움의 공동체 등의 학생 활동 토론 수업 등에서 정약용이 말한 화수분의 역할을 하는 것, 그것이 바로 질문이다.

상대를 바라보고 말을 듣는다. 제시된 글을 읽고 생각을 한다. 내 마음을 열어 이 우주와 세상의 소리에 귀를 기울이면 어찌 질문이 다가오지 않겠는가! 질문이 피어날 때까지 기다리고 자극을 하자. 무시하지 말고 믿고 열어놓자. 문(問)은 입이 문을 여는 것이다. 아무 것도 없는 무(無)의 구멍(口)에서 진리의 문(門)을 여는 소리가 들릴 때까지 우리는 하염없이 기다리고 기다려야 한다. 지금 질문을 기다리는 나는 누구인가, 끝없이 질문을 던지면서.

2

토론, 교실에 꽃피우자

1

30명 넘는 학생과
디베이트 수업하기

- 다인수 학급에서 전체가 참여하는 토론

토론을 공부하고 이름이 조금 알려지고 난 뒤 토론 연수를 하러 가장 자주 가는 곳은 전라도 광주다. 왜 광주에서 나를 자주 부르는지 이유는 잘 모르겠다. 독서, 토론 교육이 활성화되는 전남 지역도 자주 초청을 받았다. 김남주, 김지하, 고정희 등을 좋아하는 나의 정서나 사상이 전라도와 맞아서 그런가 하고 생각을 해보는 정도지만 그 이유를 아직도 정확히는 알지 못한다.

몇 해 전 광주에서 '대문톡'이라는 이름으로 모인 10여 명의 선생님들과 토론 공부를 했는데, 그 중에는 독서교육을 토론과 접목하면서 꾸준히 활동을 하시는 강태숙 선생님이 계시다. 학교 교사는 아니지만 방과후 토론 교실을 전남 곳곳에서 운영하고 무엇보다 후배들을 길러내면서 독서토론교육의 한 길을 닦아가는 훌륭한 분이다.

2년여의 시간동안 후배들을 길러온 강선생님 초청으로 광주 강의를 간 적이 있다. 〈토론의 전사〉 책을 통해 공부를 한 덕분인지 같이 공부를 하는 선생님들이 나를 몹시 보고 싶어 하고 나와의 만남을 매우 기대한다는 전언이었다. 약속한 날이 되어 내려갔더니 저녁 식사에서 강의 듣는 자세까지 대하는 태도가 남달랐다. 소박한 저녁 식사와 두 시간 남짓한 강의 그리고 가벼운 뒤풀이에 깨끗한 숙소까지 정성스레 준비해주어 내가 무슨 복에 이런 호사를 누리나 싶었다. 만남 내내 상대를 배려하는 지극한 환대에 몸 둘 바를 몰랐는데, 그 분들은 책의 저자를 직접 만나 같이 밥을 먹고 공부를 한다는 사실만으로도 감동이 온다고 했다. 나도 유명한 작가들을 만나 가슴이 설렌 경험이 없는 바는 아니나, 내가 그렇게 유명한 사람도 아니고 대단히 뛰어난 토론 능력을 갖춘 것도 아닌 터라 속으로 적잖이 부담이 된 것도 사실이다.

강의 시간은 두 시간 남짓, 20명 정도 사람들이 모였는데, 그 많은 내용 가운데 무엇을 해야 할지 가늠하기 힘들어 쉽고 재미나게 참여하는 가벼운 토론과 영화 〈더 그레이트 디베이터스〉 등을 소개하고 마무리로 자주 활용하는 성균관스캔들의 질문 부분을 보여주며 마무리를 하였다.(휴~)

화기애애한 분위기 속에서 공부를 마치고 가벼운 질의응답이 이어졌다. 그 중 한 분이 다수 학생들과 토론 수업하기가 매우 어렵다는 고충을 토로하시면서 대안을 알려달라고 질문을 하시는 게 아닌가! 어느 중학교에 방과 후 토론 교실을 운영하는데 학생 수가 적으면 분위기도 좋고 학생들도 잘 따르는데 학생 수가 많으니 집중이 잘 안되고 토론 운영을 어떻게 해야 할지 모르겠으니 해결 방안을 알려달라는 질문이었다. 구체적인 토론 방법이나 토론 자체에 대한 이론적인 이야기라면 어느 정도 답을 주겠으나, 그 상황은 사실 내가 풀 수 없는 문제였다. 그동안 그 선생님이 학생들과 토론을 이끌어 온 방식이나 분위기도 모르고, 그 아이들이 어떤 아이들인지는 더더욱 모르는데 내가 어떻게 답을 한단 말인가!

정직하게 모르겠습니다 하고 끝낼 수도 있는 상황인데, 폼을 좀 잡겠다고 강의 말미에 보여준 동영상의 마지막 부분을 다시 틀어줬다. 시간이 모자라 보여주지 못한 대목인데 거기 보면 정약용의 이런 대사가 나온다.

"스스로 묻는 자는 스스로 답을 얻게 되느니라."

그렇다. 답은 제3자보다 본인이 가장 잘 아는 법이다.

"그 상황에서의 고민은 본인이 가장 치열하게 해온 터이고, 누구보다 그 아이들과 수업 문제점을 잘 아실 터이기에 그 답은 아마 저보다 선생님께서 더 잘 알고 계시리라 생각합니다."

이렇게 해서라도 어려운 문제를 피해 넘어가려는 내 마음이 통하였음인지, 그 선생님은 '우문현답이네요' 한 마디를 하시고는 더 이상 묻지 않았다.(진짜 휴~)

그날의 만남을 인연으로 그분들과는 종종 만나는 사이가 되었다. 광주에 일이 있어 내려갈 때는 같이 약속을 정해서 만나 살아가는 이야기와 토론 공부에서 느끼는 고민과 보람들은 나누곤 했다. 그분들끼리 함께 공부하는 온라인 카페가 있는데 거기 가입을 허용해주어 온라인상에서 자료를 공유하거나 토론 공부를 진행했다.

그러던 어느 날 전에 질문을 했던 송미화 선생님으로부터 전화가 왔다. 송미화 선생님은 광주 민간 토론 공부모임 대문톡의 선생님으로 아이들에게 토론을 가르치려는 교육에 대한 열정과 지혜가 남다른 분이다. 고민이 풀리지 않아 다시 묻는다는 것이다. '30명 정도 안팎의 아이들이 있을 때, 토론 진행 방법이 궁금하다'고.

그 간절한 물음에 어찌 감동을 받지 않으랴! 한두 마디 대화로 해결될 상황이 아니라 전화를 걸어 자세하게 상황을 물어보고 내가 생각하는 최선의 대안을 제시해주었다.

32명 가운데 토론 준비를 착실하게 한 친구들은 7, 8명. 그럼 모든 학생들이 어려운 디베이트를 하기는 어려우니 그 학생들을 대표로 하는 대표 토론을 진행하자. 방식은 일반적인 2:2나 3:3의 대립 토론을 활용하되 주토론자를 4+4의 8명 정도로 배치하고 나머지 학생들은 최대한 토론에 참여하는 방향으로 기획했다.

대표 토론에 참여하지 않는 학생들도 일단 팀을 나눈다. 22명이 각각 11명씩 팀을 나누어 자기 입장을 갖고 토론을 지켜본다. 그 다음에는 그냥 바라보거나 기록만 하지 않고 중간에 반박이나 질문에 참여하는 순서를 넣었다.

그 가운데 한두 명에게는 감독이나 코치 역할을 맡긴다. 축구나 야구를 보면 감독이나 코치는 시합에 나가 직접 뛰지 않지만 전체의 흐름을 보면서 작전을 구상하고 선수들에게 필요한 조언을 한다. 토론 수업에서도 팀별로 감독 코치 역할을 한두 사람에게 지정한다. 이들은 토론 전체의 흐름과 판을 읽어나가면서 작전 타임 시간에는 토론자들에게 적절한 조언을 해준다.

참관자들에게는 적당한 크기의 메모지를 나누어주어 작전 타임 시간에 좋은 의견이 떠오르면 적어서 토론자들에게 전달하여 장외에서 개입하는 방법을 도입한다. 당연히 토론의 내용을 받아적고 그 가운데 상대방에게 반박을 하거나 교차조사를 할 내용이 있으면 적어서 주토론자들에게 전달한다.

그 중에 한 사람에게 전달자 역할을 맡긴다. 전달자는 장외 학생들의 질문지를 받아다가 토론자들에게 전달하는 일을 한다. 때로는 주토론자들의 교차조사, 즉 일문일답의 질의응답 대신에 장외의 학생들에게 질문권을 주어서 교차조사 과정을 장외-장내를 오고가면서 진행해도 좋다. 흔히 대표토론을 하면 앞에 나와서 말하는 학생들만 주인공이라 생각하기 쉬운데 그런 고정관념을 깨뜨리는 것이다.

장외의 학생들 가운데 특별히 2명 정도는 토론이 끝난 뒤 토론에 대한 논평을 하거나 기사문을 작성하게 하면 토론자 각자가 맡는 역할이 늘어난다. 모두가 다 한 가지씩 역할을 맡기면 좋겠지만 그렇지 못하다 하더라도 이 정도면 대충 1인 1역 정도는 되지 않을까. 상황에 따라서는 5명의 토론자를 진두지휘하는 감독이나 코치를 선임해도 좋고 토론장 주변을 정돈하고 물을 공급하는 깔끔 도우미도 둘 수 있다. 일시적으로 금기어를 정해서 벌칙으로 얼굴에 스티커를 붙이는 터부 토론을 도입한다면 토론 자체가 훨씬 흥미롭게 진행되지 않을까?

전화로 한 설명이 얼마나 소통이 되었을까? 메일을 보냈다는 문자를 보고 메일을 확인하니 다음과 같은 구성안이 만들어져 있었다.

토론 배치와 절차

칠 판

사회자   타이머

〈찬성측〉

〈반대측〉

강사

찬성측 방청석 - 10명
(가로4명+세로3줄)
메신저1명

반대측 방청석 - 10명
(가로4명+세로3줄)
메신저1명

순서		토 론 절 차	발언시간
입론	1	찬성측 첫 번째 토론자의 입론	2분
	2	반대측 첫 번째 토론자의 입론	2분
	3	찬성측 두 번째 토론자의 입론	2분
	4	반대측 두 번째 토론자의 입론	2분
		숙의시간	2분
반론	5	반대측 세 번째 토론자의 반론	3분
	6	찬성측 세 번째 토론자의 반론	
	7	반대측 네 번째 토론자의 반론	3분
	8	찬성측 네 번째 토론자의 반론	
		숙의시간	2분
방청객질의응답	9	찬성측 방청객 질의 - 반대측 응답	4분
	10	반대측 방청객 질의 - 찬성측 응답	
		숙의시간	2분
최종변론	11	반대측 토론자 전원 최종변론	4분
	12	찬성측 토론자 전원 최종변론	4분
방청객평가단	13	평가단 평가듣기	3분
심사평	14	담임선생님 심사평듣기	2분
		시상	3분
		총 소요시간	40분

판 정 표

〈판정표〉

판 정 표	찬성? 반대?		이름( )	
논 제	두발규제는 폐지되어야 한다			
평가영역	평가항목		평 점	
			찬성측	반대측
입 론	주장에 대한 근거가 논리적이고 타당한가?		⑤④③②①	⑤④③②①
반 론	논점을 잘 정리해서 질문하는가?		⑤④③②①	⑤④③②①
	상대의 질문에 대해 적절하게 답변하는가?		⑤④③②①	⑤④③②①
방청석참여도	메모와 경청, 질의응답 등 적극적으로 토론에 참여하는가?		⑤④③②①	⑤④③②①
최종변론	오류를 수정하여 주장을 강화했는가?		⑤④③②①	⑤④③②①
태 도	토론의 예절을 잘 지키고 함께 협력하는가?		⑤④③②①	⑤④③②①
	분명한 목소리와 바른 자세로 발표하는가?		⑤④③②①	⑤④③②①
( )측 승리			총( )점	총( )점

〈메모〉

찬성측	반대측
중심근거1 중심근거2 중심근거3	중심근거1 중심근거2 중심근거3

〈판정소감〉

판정소감	

멋지지 않은가!

은근 흥분이 된 나는 약간의 피드백을 담아 수정안을 보냈다.

"예 훌륭하고요, 아까 제가 말씀 드린 부분을 반영해서 조정을 해보
았습니다. 입론만 다 하고 반론하기와 입론 반론을 계속 번갈아 하기
가 차이가 있어 장단점이 나타날 듯 합니다. 시간은 50분, 대신 방청
석의 참여를 최대한 늘려보았어요. 참고하셔서 조정하세요.

비교해보시고 머릿속으로 그림을 그려보시길(!) 시간 안배도 살피시고요. 선생님이 열정적으로 진행하는 토론의 그림이 선하게 그려지네요. 멋지게 잘 하실 겁니다~"

유동걸 드림

거기에 덧붙여 내가 보낸 수정안은 다음과 같다.

순서		토론 절차	발언시간
1차 입론 반론	1	찬성측 첫 번째 토론자의 입론	2분
	2	반대측 세 번째 토론자의 반론	2분
	3	찬성측 첫 번째 토론자의 입론	2분
	4	반대측 세 번째 토론자의 반론	2분
숙의시간			2분
방청객 반론	5	찬성측 방청객의 반론	2분
	6	반대측 방청객의 반론	2분
2차 입론 반론	7	찬성측 두 번째 토론자의 입론	2분
	8	반대측 네 번째 토론자의 반론	2분
	9	반대측 두 번째 토론자의 입론	2분
	10	찬성측 네 번째 토론자의 반론	2분
숙의시간			2분
교차 조사	11	반대측 토론자 질의 - 찬성측 응답	2분
	12	찬성측 토론자 질의 - 반대측 응답	2분
방청객 질의 응답	13	찬성측 방청객 질의 - 반대측 응답	2분
	14	반대측 방청객 질의 - 찬성측 응답	2분
숙의시간			2분
최종변론	15	반대측 토론자 전원 최종변론	4분
	16	찬성측 토론자 전원 최종변론 (반대와 찬성이 30초씩 번갈아 가면서)	4분
방청객평가단	17	평가단 평가듣기	3분
심사평	18	담임선생님 심사평듣기	2분
시상			3분
총 소요시간			50분

과연 이 선생님은 32명의 학생들을 데리고 토론 수업을 훌륭하게 잘 이끌어냈을까? 그 선생님의 수업 후기를 들어보자.

〈장성 32명과 세다토론〉

학생들과의 수업이란 마치 캐치볼같다는 생각을 한다. 한 손에 글러브 끼고 공을 주고 받는, 때론 쉬운 볼을, 때론 난코스의 볼을… 하지만 여수 48명(초5)수업은 내가 던진 공이 아이들에게 가기도 전에 중간에 공중분해되어 사라지는 느낌이었다. 그리고 나 또한 학생들이 내게 던진 공들을 어떻게 받아야 하고 또 되받아 던져야 할지 갈피를 잡지 못했다. 공이나 게임에는 관심도 없는 아이들에게 파이팅을 외칠 땐 절망스러웠다.

어떤 수업에서든 그러하겠지만 다수와의 토론수업에서 수업 분위기를 하나로 모으고 그것을 꾸준히 유지, 향상시키는 것이 가장 힘들다. 그런 면에서 한 선생이 다수를 상대하는 데는 구두로만 하기에는 한계가 있음을 느꼈다. 그리고 학생들의 능력 차이가 있어 수업을 진행하다 보면 잘하고 적극적인 아이 중심의 수업이 되기 쉽고 전체가 참여하는 수업이 잘 이뤄지지 않았다. 이것은 많은 아이들을 수업의 소외자나 방관자로 만들었다.

'여수 48명'완패!! 또 다시 주어진 '장성32명(중2)', '다수와의 토론'은 넘어가야 할 고개였고, 수행해야 할 미션이었다.

이번 수업을 준비하면서 유동걸 선생님 덕분에 토론에는 수많은 토론 형식들이 많지만 반드시 그 틀에 맞춰야 하는 것이 아님을, 인원과 목적에 따라 적절하게 틀을 조정할 수 있음을 알았다. 또한 방청객이

방관자가 아닌 토론의 한 주체가 될 수 있음도 알았다. 그리고 이번 장성 32명의 세다토론은 '다수와의 토론'의 가능성을 직접 확인하는 장이 되었다.

2014년 7월15일 장성 모 중학교 32명으로 찬반(세다)토론을 진행했다.

[논제 : 두발규제는 폐지되어야 한다]

도서관 크기에 맞춰 자리 배치를 한 후 이메일로 입론서를 작성한 학생 9명을 호명하여 칭찬과 선물을 주었다. 그리고 두 명씩 짝을 지어 가위 바위 보를 하여 팀구성과 찬반 입장을 선택했다. 남은 한명을 타임키퍼로 부탁했다. 자연스럽게 토론자 주위로 4명씩 8명이 앉아 있었기 때문에 평가 역할을 하게 했고 방청석은 양쪽으로 나눠 앉은 그대로 토론팀과 같은 팀으로 지정했다.

수업은 먼저 토론 순서를 익히기 위해 첫 번째는 개괄적으로 오늘 토론 순서를 말해주고 다시 자신의 순서에 일어나서 인사를 하게하여 자신의 역할과 순서를 각인시켰다. 그리고 토론에 앞서 찬반대립토론 총정리와 더불어 발성 연습, 팀워크를 겸하여 자신의 역할을 어떻게 해야 할지 자료를 보며 해당 역할자들이 큰 소리로 함께 읽었다.

본격적인 토론에 앞서 토론자의 자기소개와 각오를 듣고 입론 조정을 위해 토론자들이 숙의하는 동안, 반 전체 각 역할별 자기소개와 각오를 들었다. 입론과 반론의 교차는 긴장감을 늦출 수 없게 만들어 토론에 집중과 박진감을 더해 주었다. 하지만 입론이 끝나자마자 반론을 한다는 것은 토론의 꽃인 반론에 익숙하지 않은 학생들에게는 시간을 필요로 했다. 입론과 토론 사이에 2~30초 정도 정리 시간을 주면 어떨까 하는 생각이 들었다. 방청객 반론 시간에는 적극적인 반론이 없어 사회자가 '그럼 00방청객은 반론이 없다는 것으로 알겠습니다'라고 말하자 그 다음부터 방청객 교차조사 등 순서가 오면 의견이 있던 없던 한마디라도 하는 등 자기역할을 했다.

교차조사 후 전체 최종변론 그리고 평가단의 심사평 듣기 순으로 진행되었다. 거의 압도적으로 찬성팀이 협력을 잘했고 논리적으로 발표를 잘했다는 의견이 나왔다. 시상을 하고 나중에 집에 와 평가표를 보니 평가단 모두 적극적으로 처음부터 끝까지 집중하여 참여한 흔적이 있어 평가단에게 칭찬해 주지 못한 게 아쉬웠다. 늘 평가받는 입장에서 오늘은 평가하는 입장이 되어서일까? 아니면 평가서가 자기 생각을 쉽게 기입할 수 있도록 한 것이 도움이 된 것일까? 시간이 허락한다면 역할을 바꿔가며 해보는 것도 참 좋겠다는 생각을 했다.

한 번도 시도해 보지 않았고 인원이 많아 더 어수선해질 것을 우려해 포스트잇을 준비했지만 메신저 역할을 뺐다. 하지만 진행하다 보니 이 역할이 토론자와 방청객을 연결하여 더 활기찬 토론을 할 수도 있겠다 싶었다.

시간상 대표 토론자의 토론 소감만 들어 봤는데 '처음으로 토론하게 되어 많이 긴장되었고 입론서 준비했던 것이 막연했는데 막상 해보니 많이 와 닿았다. 나중에도 또 해보고 싶다', '내 입장에서만 생각했는데 상대팀 입장에서도 그리고 반론 또한 생각하며 준비해야겠다', '수업 시간에 잘 듣지 않았던 것이 아쉬웠다. 나중에 토론 수업이 있으면 더 적극적으로 참여하고 싶다', '두발규제의 좋은 점과 좋지 않은 점 등을 함께 생각해 볼 수 있었다' 등의 의견이 있었다.

이번 특강에 대한 전체의 생각을 듣고 싶어 간단하게 포스트잇에 소감을 적게 했다. 어떤 양식이 아니라 손바닥만한 포스트잇이어서 그런지 32명 모두 자신의 소감을 적어주었다.

'32명과의 세다토론'은 첫째 많은 사람도 함께 토론에 참여할 수 있다는 것을 알게 해준 토론이었다. 그리고 그 많은 사람들이 토론의 기본 복습은 물론 입론에서 소감나누기까지, 절차와 내용을 갖추어 토론했다는 점이 과제 수행을 해 냈다는 뿌듯함을 느끼게 해주었다. 내가 던진 공이 어디로 가고 있는지 제대로 받았는지 어떻게 받았는지 확인할 수 있다는 것은 나 또한 그들과 한 게임 안에서 함께 했음을 의미하는 거라 기뻤다.

앞으로 좀 더 즐겁고 활기찬 수업을 위해 ppt나 영상 활용으로 수업 접근 방법을 다양하게 해야겠다. 장편으로 독서토론을 할 땐 논의할 부분들을 지문으로 만들어 자기 생각을 써보게 함으로써 미처 책을 다 읽지 못하더라도 토론에 참여하도록 해야겠다. 발문지나 활동지는 가능한 학생들이 쉽게 자기 생각을 표현하게 만들고 적절한 활용방법을 효과적으로 제시해 주어야겠다.

무엇보다 토론의 목적과 의의를 일깨워주는 수업이 되도록 먼저 내 스스로에게 답하도록 해야겠다.(나의 즐거움이 사명이 될 수 있도록, 나의 깨달음이 누군가의 불빛이 될 수 있도록)

- 송미화 선생님 글

다인수 참여 토론에 대한 노하우를 배운 것은 대구에 계시는 김미향 선생님 덕분이었다. 교직생활 10년이 채 안되시지만 거의 모든 수업을 학생 참여로 이끌어간다는 그 기백과 노하우에 놀란 적이 있다. 공개토론 형식에 코치나 메신저를 도입하는 건 그분으로 배웠다.

대개의 경우 3대3, 4대4 토론 수업을 나는 모둠 형태로 진행한다. 보통 4명 정도면 4, 5개 정도 모둠으로 구성하고 동시에 진행이 가능하기 때문이다.

(모둠별 토론자들 역할이 다 정해져 있으므로 공통된 순서만 알려주면서 진행하면 모둠별로 입론부터 최종변론까지 그 순서와 흐름에 따라 토론이 이루어진다)

문제는 모든 학생들이 참여하는 동기 유발이다. 주제에 흥미가 없거나 토론 수준을 너무 높게 기대하면 준비하는 과정에서부터 겁이 나고 지친다. 학생들이 하나 둘 떨어져나가고 나면 더 힘들어지는 것은 다름 아닌 교사다.

2

대립토론에서
협력토론으로
- 갈등의 토론을 넘어 토론의 갈등 해소하기

뜨거운 땡볕이 내리쬐는 7월의 마지막 날. 경기도 안산의 한양대 캠퍼스에서 경기국어교사 1정 연수 강의를 하고 나오는 길이었다. 성남 쪽에서 전에 토론 연수를 받으신 적이 있는 선생님 한 분이 나의 건강을 걱정해주시면서 말을 걸어왔다.

"전국으로 다니면서 강의하시느라 힘드시지 않으세요? 전에 다리를 다치셨다고 들었는데 아직도 조금 불편해보이시네요. 저희 연수 담당 선생님께서 걱정 많이 하셨어요. 선생님 안 계시면 우리 나라 토론 교육 누가 하시느냐고요."

걱정도 팔자시다. 세상에 토론을 잘 알고 하시는 분이 나뿐일까. 어쨌든 고마운 마음에 답례 인사를 한다.

"예 덕분에 조금 나아졌고요, 그럭저럭 여기저기 다닐 만은 하답니다. 김선생님은 잘 계시지요?"

"예, 그분이야 늘 생기 왕성하신 분이시잖아요. 참 아까 강의 시간에는 질문을 못 드렸는데 이런 경우에는 어떻게 해야 하나요?"

의례적인 인사를 하시는 줄 알았는데 그게 아니었다. 음~ 무언가 토론에 대한 고민이 있으셨구나.

"왜요 무슨 일이 있으셨나요?"

"아, 학생들이 3대3으로 토론을 하잖아요. 교실에서 아이들이 토론을 하는데 두 명은 잘하고 한 명이 못해서 판정결과 그 팀이 졌어요. 상대팀은 세 명 중에 특출나게 잘 하는 아이는 없지만 골고루 비슷하게 잘했는데 이쪽은 두 명이 아주 뛰어난데도 한 명이 잘 못해서 결국 지고 말았어요. 그랬더니 잘한 두 명의 아이가 토론을 잘 못한 이 한 명의 학생을 막 공격하더니 나중에는 왕따를 만들어버리더라고요. 원래 토론을 한 목적이 이런 게 아닌데 이런 일이 벌어지니 놀랍고 내가 뭘 잘 못한 건가, 이럴 때 어떻게 해야 하나 당황스럽더라고요."

디베이트에서 흔히 나타나는 문제점이다. 디베이트 교육을 하시는 분들은 판정을 중시한다. 토론의 판정을 통해서 학생들의 토론 역량을 키워주고 정당한 승패의 현장을 몸으로 겪게 하려는 취지는 십분 이해한다. 하지만 교육 현장의 곳곳에서 생기는 이런 문제는 참으로 난감하다.

"예, 그래서 제가 아까 강의를 할 때, '토론은 논리가 있는 싸움이지만 이기기 위한 싸움이 아니라 멋있게 잘 지기 위한 싸움이다' 이런 말씀을 드렸잖아요. 저는 디베이트 토론에 앞서서 늘 이 이야기를 해주는 것이 중요하다고 생각해요.

그래서인지 저는 토론 뒤에 판정을 잘 안 하는 편입니다. 디베이트를 선호하시는 선생님들은 꼭 판정을 해주시더라고요. 토론 대회처럼 때때로 판정이 필요할 때도 있지만, 저는 교실 토론에서는 가급적 우열을 가리는 활동을 하지 않으려고 합니다. 대신 피드백은 필요하고요. 피드백은 어느 쪽이 이겨서 훌륭하다거나 우리가 져서 창피하다 이런 게 아니라 누구는 어떤 점이 돋보였고 누구는 이런 면이 좀 아쉬웠다 그 정도 수준이라 크게 상처받는 아이들이 없거든요."

토론의 판정 결과나 승패 때문에 상처받는 아이들에게 과연 이기기보다 멋있게 잘 지라는 말이 얼마나 마음속에 와 닿을까마는 이 이상의 말을 나로서도 하기는 힘들었다. 아이들을 사랑하지만 대립 토론이 상처를 주기 때문에 섣불리 교실에서 활용하기 어렵다는 선생님의 마음이 아프게 다가온다.

세상은 왜 이렇게 이기기 위해서 안달이고 심지어는 전쟁까지 일으키며 무고한 목숨을 앗아가는가?

방송이나 신문을 보자. 류현진이 등판하는 시합을 비롯해서 국내외 프로야구와 세계적인 축구팀들의 경기가 하루도 거르지 않고 사람들의 마음을 사로잡는다. 어제도 이스라엘은 가자 지구를 침공해서 노인과 어린이들에게 무차별 사격을 가해 수천 명의 목숨을 앗아갔다. 선거 결과를 놓고 누구는 사퇴하고, 어느 당은 비대위가 구성되고 이긴 한쪽에서는 의기양양 국민 따위는 안중에도 없는 독설과 망언을 일삼는다. 한 사람 한 사람의 인격이 말살된 채 기계와 노예로 전락하고 학교와 직장에서 보내는 일상이 전쟁이 된 오늘 날 과연 디베이트는 세상을 아름답고 평화롭게 바꾸는 의미 있는 교육이 될 수 있을까?

아직 풀리지 않는 숙제. 마음 속 한가득 의심을 품고 다음 시간 중·고등학교 선생님들이 나뉘어서 실습을 하는 분반 토론 교실에 들어갔다. 토론에 대한 열정적인 강의를 한 터라 다들 기대감으로 이제 어떤 방법을 가르쳐주시려나 기대하는 눈빛이 초롱초롱하다.

두 시간이라는 짧은 시간. 과연 어떤 토론 방법으로 선생님들의 기대를 충족시켜줄까?

연수에 나가서 선생님들을 만나서 교육하는 토론의 방법과 종류는 많다. 토론 교육에 정해진 순서나 단계는 달리 없지만 내가 선호하는 과정은 '자신 있게 말하기 - 가벼운 토의 - 본격적인 대립토론 - 원탁토론 - 모의재판과 협상의 응용토론 - 연극토론' 등의 순서이다. 한 과정 당 두세 시간 정도의 시간이 걸리기 때문에 하루아침에 다 공부하기는 힘들지만 한 번 정도 몸으로 배우고 나면 어느 정도 토론 수업에 대한 감각과 자신감을 얻을 수 있다.

1정 연수에 참여하신 선생님들은 5년차 정도의 젊은 국어선생님들. 모두가 고등학교에서 학생들을 가르치는 날카로운 이성과 풍부한 감수성을 지닌, 언어에 대한 절정의 감각을 지닌 최정예 선생님들이다. 나는 50분씩 두 시간 동안 디베이트 핵심과 원탁 토론을 둘 다 해보리라 마음을 먹었다.

첫 시간, 디베이트

먼저 주제를 정한다. 주제는 '미혼모 보육권'에 대한 찬반 논쟁이다. 보통 토론은 준비 없이 잘 이루어지지 않는다. 제대로 준비하지 않고 토론을 하면 중언부언하거나 동어반복, 배가 산으로 가거나 한두 마디 하면 할 말이 없어 꿀 먹은 벙어리처럼 침묵을 지키거나 상대방의 말에 아무런 반박도 하지 못하고 고개를 숙이기 일쑤다. 그래서 토론 실습을 하고나면 모든 사람들이 하는 말, 토론의 준비가 정말 중요하다는 걸 깨달았다고 말한다. 실질적인 토론자가 되어 토론을 안 해본 대부분의 선생님들도 예외 없이 준비 또 준비를 강조한다.

하지만 날마다 새로운 공부에 여념이 없는 1정 연수 선생님들께 숙제를 내주어서 부담을 줄 수는 없다. 토론의 질은 준비한 시간과 노력만큼이지만 오늘은 토론의 질이 중요한 것이 아니라 '토론' 그 자체가 중요한 날이다.

대립 토론의 준비 과정으로 개요서를 작성하고 논제를 설정하는 법은 이미 전체 강의 시간에 말씀을 드렸다. 이제는 실전 시간이다. 논제를 미혼모 학습권(보육권 포함)으로 잡은 첫 번째 이유는 읽기 자료 가운데 이미 그 주제로 토론을 한 녹취록이 있기 때문이다. 치밀하게 논리적으로 정리된 자료는 아니지만 이미 동일한 혹은 유사한 주제로 토론을 한 자료들이 있어서 적어도 쟁점은 쉽게 정리할 수 있다. 쟁점보다는 근거자료 찾기가 더 어렵지만 그건 오롯이 전문성을 지닌 토론자들의 몫, 이들은 우리나라 국어교육의 최전선에 서 있는 1정 연수 국어교사들이다.

이 가운데 어떤 폭탄이 있는지 모르지만 그건 터지고 난 다음에 고민할 일. 교사의 첫 번째 임무는 믿음이다. 첫째도 믿음 둘째도 믿음. 아무런 의심과 고민 없이 참여자들을 믿기, 그게 토론 수업을 운영하는 교사가 지녀야할 첫 번째 미덕이다.

혹 시간이 된다면 국가인권위원위에서 나온 〈릴레이〉라는 20분 분량의 매우 재미난 영화를 보여주면 효과가 만점이다. '미혼모 학생 보육권'이라는 추상적인 개념이 명확하게 이해되기 때문이다. 인권 영화지만 유명 영화배우 문성근, 박보영 등이 나오는 흥미만점의 영화다. 그럼 말이 나온 김에 머리도 식혀 갈 겸 천천히 영화를 더듬어 짚어보고 가자.

영화가 시작되면 이쁘장한 학생 하나가 터덜터덜 학교를 향해 걸어간다. 가방은 당연히 들거나 메고 가야하는데 이 학생, 오른쪽에 속이 보이지 않는 커다란 무언가를 들고 학교 앞에 도달한다.

교문에는 학생부 지도교사가 학생들 복장이나 지각을 관리하느라 한창이다. 아침이면 볼 수 있는 우리나라 중고등학교의 일상적인 아침 풍경. 어디선가 망을 보던 학생 하나가 학생부 선생님께 달려가며 '바바리맨이 나타났다'고 소리친다.

'뭐야' 하며 달려나가는 선생님. 교문 주변을 얼쩡대던 바바리맨은 부리나케 도망친다. 교사가 정문을 비우는 틈을 타서 무언가를 들고 있던 여학생은 교문을 아무런 제재 없이 통과한다. 물론 바바리맨은 선생님을 따돌리기 위한 작전 수행자다. 결과는 멋지게 성공!

속이 보이지 않는 커다란 무언가에는 아기가 들어 있다. 교문을 무사히 통과한 학생들 과연 아기에게 젖을 먹이고 돌보는 일도 잘 할까? 물론 아니다. 음악 실기 시험을 보는 시간. 오 솔레미오~ 가창 시험을 보는 동안 두 명의 학생이 아기 우유를 타주기 위해 물도 끓이고 애를 쓰지만 쉽지가 않다. 결국 한 학생은 시험을 보러 가고 다른 한 명의 학생이 겨우 우유를 타서 아기에게 가지만 거기에는 이 학교 상습 문제아가 담배를 피고 있다.

'담배를 끄라느니, 여기가 학교에서 가장 따뜻하니 여기서 먹이라'는 둥 둘이서 약간의 옥신각신이 이어지는데 학생부 선생님이 문을 빼꼼히 열고 들어온다. 이런, 급 당황. 하지만 아기를 들고 도망가기에는 불가능하다.

교무실로 불려온 여학생. 아기의 엄마가 누구냐는 추궁에 아랑곳없이 비밀을 지켜줄 것을 결심한다. 할 말을 잃어버린 담임. 양호 선생은 학생들의 나이가 최적의 가임시기라며 학생 임신의 불가피성을 언급한다. 윤리선생은 모랄 해저드(도덕적 해이)의 대표적인 사례라며 개탄을 금치 못한다. 체육선생은 체육 수업 시간을 늘려서 아이들의 성욕을 해소시켜야 한다고 엉뚱한 주장을 늘어놓는다.

급기야 교감선생님이 교무회의를 소집한다. '학교에 애가 있다는 게 말이 되냐며 아기를 보육 시설에 맡겨버리라'고 명령한다. '친모 동의 없이 맡겨도 되는지' 반문하는 담임. 이 때, 양호 교사는 모유 수유를 이유로 가슴 검사를 제안하지만 윤리교사는 윤리적으로 반대를 외친다.

결국 교실에서 학생들의 가슴 검사가 시행된다. 남교사인 담임은 생물 여교사를 따라가서 무안한 듯 얼굴을 돌리고 서있고 생물선생님은 한 명씩 나오라고 명령한다.

"제 가슴이요 34요. 너무 큰가?"
"선생님 너무하세요. 우리 생각은 눈꼽만큼도 안하시나요?"
"그러니까 빨리 누가 아기엄마인지 말을 하라고~"

선생님과 학생들의 갈등이 심해지는 가운데 가슴 검사는 무의미하게 끝난다. 아기를 보호하는 양호실에 갑자기 배 아픈 학생들이 몰려온다. 당황한 양호 선생님. 무슨 집단 식중독이 발병한 거 아닌가 걱정 가득한 가운데 처음 아기를 돌보던 학생들이 몰래 와서 아기를 들고 도망을 간다. 학생부의 체육 선생님이 문을 나오다 우연히 발견하고 학생들을 쫓아간다.

이 영화의 가장 인상적인 대사가 여기서 등장한다.
선생님에게 쫓겨 한창 도망가던 여학생의 입에서 나오는 말.

"영화를 보면 이런 장면에서 남자가 짠하고 나타나서 여자를 구해주잖아.
왜 미혼모만 있고 미혼부는 없는거야."

한 명의 학생이 따라오는 선생님을 막아서고 둘은 도망간다. 그리고 다시 따라오는 선생님은 두 번째 학생이 소화기까지 동원해 막아보나 역부족이다. 선생님들을 막을 수 없어 한 명 두 명 젖혀지고 마지막 옥상에서 아기를 안은 학생과 선생이 대면한다. 우르르 올라오는 여학생들, 아기를 안은 학생 주변에 몰려선다. 이때 여러 선생들을 대동하고 올라오는 교감 선생님. 학생들과 교사들의 대치 형국이 벌어진다.

"학교는 보육원이 아니야"
"그럼 아기를 키우는 학생들이 가야할 곳은 어디죠. 아기를 보육원에 맡겨야 하나요"

"짜식들 그럼 피임이나 잘 하든지."
"흥, 사랑에 나이가 어디 있어요?"
"더 이상 긴 말 하고 싶지 않고 부모님 오시라고 해라. 너희들하고 길게 토론할 마음 없다."

이쯤에서 영화를 멈추고 토론에 들어간다. 왜? 우리는 길게 토론을 해야 하니까. 그리고는 토론 준비에 들어가면 무언가의 상황에 깊이 몰입하거나 공감한 학생들이 열심히 토론에 임한다. 물론 토론의 논거를 얼마나 깊이 잘 준비할지는 미지수지만. (참고로 영화의 마지막은 아이 엄마가 나타나 아기를 안고 쓸쓸히 학교를 떠나는 걸로 마무리된다.)

시간이 없어 영화를 다 보여주지는 못했지만 취지 정도는 충분히 공감했다. 배경 설명을 간단히 하자면 영화의 사례처럼 '일반 학교에 다니는 학생이 임신을 하고, 출산도 했는데 자기가 낳은 아기를 학교에 데리고 와서 키우면서 수업에도 참여하고 싶다. 그럴 경우 학교에서는 양호실을 활용하든지, 보육교사를 고용하든지 어떤 방법을 써서라도 이 학생이 수업을 받는 시간에 아기를 돌봐주어야 한다.' 이게 논제의 핵심이다. 과연 선생님들은 어떤 입장을 지지할까?

애석하게도 토론은 자기의 본심에 따라 진행되지 못한다. 앉은 자리에서 토론에 참여하는 사람들이 기계적으로 찬성과 반대의 숫자가 같지 않기 때문이다.

그럼 입장 정하기부터 어떻게 들어가는지 살펴보자. 일반적인 토론 대회라면 제비뽑기를 한다. 하지만 사전에 기획되고 준비되지 않은 토론에서 찬성과 반대를 정하는 제비뽑기는 무의미하다. 그냥 연습 삼아 하는 토론이니까 토론 강사가 그냥 정해준다. 퍼블릭 포럼 디베이트라면 동전던지기 시범을 보일 수도 있다. 하지만 그 역시 이 상황에서는 필요한 과정이 아니다. 그보다는 입장에 충실하도록 몰입을 유도하는 것이 중요하다.

'토론의 달인 세상을 이끌다'에 나오는 김주환 교수의 말을 살짝 변형한 말을 들려준다.

"내가 미혼모 보육권의 입장을 찬성한다. 그러려면 나는 한 평생 미혼모 보육권 보장을 위해 살아왔다. 그렇게 생각해야 합니다. 그렇게 마음을 먹어야 무언가 자료를 찾고 논리를 만들어야 하겠다는 생각이 이어집니다"

　여기저기서 가벼운 웃음이 터진다. 중고생이 학교에 아기를 데리고 와서 키워? 나는 미혼모 보육권을 죽어도 반대하는 입장인데 찬성측에서 그것도 평생을 신념으로 삼고 살아온 사람처럼 토론하라니 어이 웃음이 아니 나오랴!

　입장을 일방적으로 교사인 내가 정해준다. 앞에서 나를 기준으로 오른쪽은 찬성, 왼쪽은 반대. 3대3으로 앉아 있는데, 그 다음은 역할을 정해준다.

　"앉은 상태에서 교사가 있는 앞쪽의 첫 번째 사람은 입론, 가운데 두 번째 사람은 반론, 마지막 세 번째 사람은 최종 변론. 그리고 그 중간에 있는 반론꺾기는 교차조사 시간인데 이건 전원이 다 하는 걸로 하겠습니다. 왜냐하면 교차 조사는 약간의 훈련이 필요하고 어렵기 때문에 한 번에 익히기가 쉽지 않습니다. 선생님들은 잘 하실 거라 믿지만 일단 혼자에게 역할을 맡기지 않고 모두가 협력해서 공방을 주고받도록 진행하겠습니다."

　"자 그럼 지금부터 팀별로 3분 정도 시간을 드리겠습니다. 주어진 참고 자료와 스마트폰 등을 활용해서 입론과 반론 역할 등을 준비해주세요. 디베이트는 철저하게 팀 토론이니까, 먼저 같은 팀끼리 악수 한번 하시고 친하게 옆에 계신 분과 의논하면서 토론 준비해주세요."

고요한 시간이 흐른다. 아직 친하지 않은 사람과 낯선 주제의 자료를 가지고 토론 준비하기가 쉽지 않다. 그래도 선생님들은 모범생답게 옆의 분과 도란도란 이야기를 나누기 시작하면서 토론 준비에 들어간다. 그리고 5분 정도의 시간이 흐른다. 입론을 맡은 토론자는 입론 준비에, 반론 역할자는 상대방 입론 분석에, 최종 변론자는 토론의 전체 내용을 대략 예상하면서 마무리 발언 준비를 한다. 물론 토론의 흐름과 내용에 따라 얼마든지 달라질 가능성이 있다.

땡! 종을 한 번 친다.

"자 그럼 지금부터 토론을 시작하겠습니다. 양측의 토론자들 각자 자기 소개해주세요. 소개할 때에는 번개토론을 활용하겠습니다. 미혼모 하면 떠오르는 말을 한 단어로 말하면서 자기 역할과 이름을 말씀하시면 됩니다.

예를 들면 저는 미혼모하면 미숙아라는 단어가 떠오릅니다. 저는 찬성측 입론을 맡은 유동걸입니다. 이런 식으로 말씀해주시면 됩니다. 이때는 입론 내용을 말씀하시는 건 아니고 소개만 하시는 겁니다. 지금 토론하는 모둠이 여섯 모둠인데 진행은 제가 동시에 할 테니 소개를 모두 마친 모둠은 제 발언을 기다려주세요."

다시 한 번 종을 쳐서 시작을 알린다.

"각 모둠의 찬성 측 토론자부터 자기소개를 시작해주세요."

모둠별로 웅성웅성 첫 번째 사람부터 자기 소개를 시작한다. 대략 2분 정도면 5, 6명 소개를 마친다. 전체 분위기를 보아 다음 단계로 넘어간다.

"오늘의 토론 주제는 '일반 학교에서 미혼모 보육권을 보장해야 한다.'입니다. 그럼 각 모둠의 찬성측 입론자 2분간 입론 시작해주세요."

땡~

이런 과정으로 반대측 입론, 1차 숙의 시간, 반대측 반론, 찬성측 반론, 2차 숙의시간을 거쳐 반론꺾기에 이어 최종변론까지 교사가 모둠별 전체 진행 대립토론을 이끌어간다.

이 과정을 자세히 볼 수 있도록 표로 정리해보면 다음과 같다. 여기서 시간은 주체에 따라 얼마든지 가감 조정이 가능하다. 초등학생이면 시간을 줄이고 고등학생이면 조금 더 늘려도 된다. 또 갑을병을 표처럼 나누어도 좋고, 갑을병 세 명이 모두 입론과 반론 교차조사 최종발언을 시간을 쪼개서 하는 방법도 가능하므로 적절하게 조절해도 좋다. 갑을병 모두 입론 반론을 나누어서 하면 자기 차례가 자주 돌아오기 때문에 참여율이 높다. 초등학교 저학년일수록 그렇게 적용하는 것이 효과적이다.

〈서울 중학생 토론대회의 교실 적용 사례 - 토론조직도〉

논제 : 일반학교에서 청소년 미혼모 보육권을 보장해야 한다.

찬성 측 토론자		반대 측 토론자	
토론자 각자 자기소개	30초 정도	토론자 각자 자기소개	

1	갑 입론 (3분) 용어정의와 핵심근거 1, 2, 3	갑 입론 (3분) 용어정의와 핵심근거 1, 2, 3	2

- 작전회의(1분) -

4	을 반론 (2분) 반대 갑의 주장, 근거에 대한 반박	을 반론 (2분) 찬성 갑의 주장, 근거에 대한 반박	3

- 작전회의(2분) -

6	갑을병 전원 교차 조사에 대답 (4분) 성실히 대답만	갑을병 전원 교차 조사에 (4분) 지속적으로 질문만	5

5~6은 즉문즉답 형식으로 동시진행됨

7	갑을병 전원 교차 조사 (4분) 지속적으로 질문만	갑을병 전원 교차 조사에 대답 (4분) 성실히 대답만	8

7~8은 즉문즉답 형식으로 동시진행됨

- 작전회의(1분) -

10	병 최종발언 (2분)	병 최종발언 (2분)	9

12	갑을병 소감 나누기 (2분)	갑을병 소감 나누기 (2분)	11

이제 토론이 끝났다. 모둠별로 토론에 대한 평가에 들어갈 차례다. 각 모둠별로 입론을 맡은 사람이 한 번 더 수고해주시길 부탁한다. 여섯 명이 돌아가면서 한 사람씩 소감나누기를 하고, 찬성측 입론을 맡은 분이 정리해서 발표해주기를 부탁한다.

"이제부터는 미혼모나 임신은 모두 잊어주세요 우리한테 중요한 건 미혼모가 아니고 대립토론입니다~."

여기저기서 웃음이 터진다. 한창 미혼모 보육권에 열을 올리고 토론을 하다보니 토론을 공부한다는 사실조차 잊었는데, 갑자기 확 깨는 소리이기 때문이다. 교직 5년차 정도의 선생님들이 토론에 대해서 갖는 관심이 어떠할까. 적극적으로 시도해본 분들은 많지 않지만 그래도 마음속에 한 가닥 도전의식과 실천의지는 자리잡고 있다. 진지했던 토론만큼이나 소감과 평가의 의견도 다양하다. 어느 자리에서나 토론 소감과 수업 적용에 대한 고민을 들어보면 비슷한 반응들이 나온다.

"준비 없이 토론에 임하니 합리적인 논거를 찾기 어렵네요. 아이들에게 충분한 시간을 주고 자료검색 기회를 많이 갖게 할 필요성을 깨달았습니다."

"입론, 반론, 최종변론 이렇게 자기 역할을 나누어주니까 무임승차를 효과적으로 방지할 수 있어 좋습니다."

나도 한 마디 거든다.

"예, 선생님들은 입론, 반론, 최종 변론 이렇게 입장을 정했잖아요. 학생들이 저학년이라면 입론도 세 사람이 나누어서 하면 훨씬 더 부담이 적고 효과적입니다. 입론1, 입론2, 입론3 이렇게 30초 정도씩 나누어서 하면 자기 차례가 자주 돌아오니 학생들 활동이 더 활발해지지요. 반론도 마찬가지고요."

"숙의 시간을 좀 더 늘릴 필요가 있습니다."

나 : "예, 입론과 반론 발언 시간에 비해서 시간이 좀 짧게 느껴지실 겁니다. 토론에서는 순발력이 중요하죠. 하지만 토론을 처음 시작하는 학생들에게 그런 순발력을 기대하긴 어렵겠지요. 그래서 팀별 디베이트를 진행할 때는 발언시간과 숙의 시간 조정을 잘해야 합니다. 토론의 초보이고 저학년일수록 발언 시간을 짧게, 숙의시간은 길게 그리고 점점 토론 실력이 향상되면 발언 시간은 길게 늘려나가고 숙의 시간을 줄이면서 수준을 높여갑니다."

"팀으로 토론을 하니까 혼자 준비할 때보다는 좀 위로가 되었습니다."
"준비를 충실하게 못하니까 반론을 순발력 있게 하는 게 얼마나 어려운지 알겠습니다. 학생들을 너무 괴롭히지 말아야겠어요."

그 밖에도 '논제에서 벗어나지 않도록 하는 지도 방법, 학생들의 수준에 맞는 주제 선정의 고민, 반박이 제대로 진행되지 않을 때의 지도 방법, 찬반논쟁이 될 수 있는 주제(균형있는 주제) 선정이 중요함, 토론을 통해 자신의 고정관념의 변화를 느낄 수 있었음, 다양한 의견이 자유롭게 오고갈 수 있도록 중립자로서의 교사 역할이 중요함' 등이 의견으로 제시되었다.

다양한 토론 소감이 진행되는 가운데 이런 발표 내용이 나와 강의실에 들어오기 전에 나누었던 고민을 한층 더 심화시켰다.

"저희 모둠에서는 무척 즐겁게 토론을 마쳤습니다. 팽팽한 긴장감 속에서 상대방과 논리적인 공방을 벌이기가 쉽지 않았지만 몸으로 직접 해보니 대립토론은 감각적으로 이해할 수 있었다는 의견이 나왔습니다.

토론 후에 판정을 해야 하는지에 대한 고민을 말씀하신 선생님이 계셨는데, 그 학교에서는 토론 수업 후에 아이들이 감정싸움에 휘말려 나중에는 주먹 싸움으로 비화되고 결국 학교 폭력 사태를 불러와 학폭이 열리는 경우까지 있었다고 합니다."

세상에, 학폭이라니. 아니 토론에서 이기고 진 문제가 학교 폭력 사태까지도 불러일으킨단 말인가? 도대체 토론이 뭐길래! 여기서 이 문제를 풀 수는 없었다. 아주 우연적인 사건인지, 디베이트 교육 현장의 보편적인 모습인지 확실하게 가늠은 안 되지만, 어렴풋이 느낌이 온다. 디베이트의 본성 속에는 대립과 갈등, 우열과 승패의 과정에서 문제를 일으킬 잠재성이 적지 않아서 이 부분은 가급적이면 긍정적이고 생산적인 형태로 해결되어야 한다는 점.

디베이트의 장점은 셀 수 없이 많다. 하지만 대립과 갈등의 심화 나아가 왕따와 폭력 유발이라는 한 가지의 문제를 풀만한 철학이나 바탕이 없다면, 누구나 함부로 디베이트에 도전하는 것은 일종의 사회적 모험일지도 모른다. 물론 모험을 회피하고 두려워하라는 말이 아니다. 현명하고 지혜롭게 풀어나갈 토론의 정신과 자세를 함께 익히자는 말이다. 그 문제를 풀어줄 열쇠가 코베이트(cobate) 즉 협력토론, 현재 우리 사회에 널리 알려진 토론 개념으로 말하자면 원탁 토론에 있다고 나는 생각한다.

원탁토론 응용하기
- 원탁 토론의 다양한 활용

모서리, 공개토론, 주도토론

〈토론의 전사〉 2권에서 원탁토론의 취지와 방법을 자세히 소개한
바 있다.

원탁토론은 디베이트와 크게 다른 점이 몇 가지 있다. 팀토론이 아
니라 개인토론이라는 점. 즉문즉답을 허용하지 않고, 중간에 입장을
바꾸기가 가능하며, 토의와 토론의 경계를 넘나들기가 가능하다는 점
등이다.

이 정도 수준의 원탁토론을 어느 정도 이해했다면 다음은 원탁토론
의 몇 가지 응용 방법을 공유하자. 우선 원탁토론 대표단 공개 토론의
양식들을 공부해보자. 대표를 뽑아서 하는 원탁토론에는 6~8명 정도
의 평범한 대표단 공개토론과 부산민주공원 토론대회 결승전 양식인
주도토론 등이 있다.

가. 대표단 공개 토론

먼저 일반적인 형태의 공개 토론은 원탁의 모둠 토론을 거의 유사한 형식으로 반복하되 대표를 4~8명 선정해서 진행하며 그 중간 과정에서 최대한 많은 청중들의 참여를 이끌어내는 방식이다.

순서는 마찬가지로 공개토론자들의 전원 1차발언 입론, 2, 3차의 반박, 질문, 재반박, 대답 등을 적절하게 배치한다. 모둠 토론과 마찬가지로 1차에서는 입론을 한 뒤, 2차는 반박, 3차는 재반박, 4차는 정리발언을 하거나 1차 입론, 2차 질문, 3차 대답, 4차 정리발언의 순서로 이어가도 된다.

완결된 형태의 원탁토론에서는 토론자들이 2, 3차에서 질문, 대답, 반박, 재반박의 어느 특정한 형식을 제한하지 않고 주어진 시간 범위 내에서 자유롭게 여러 토론자들을 상대로 발언을 한다. 보통의 공개형 원탁 토론은 3차 발언 뒤에 방청석 토론을 진행하는 것이 일반적인 특징이다.

앞에 나온 대표 토론자들이 3차 발언을 마치면 사회자는 청중들에게 '수고한 토론자들을 향해 힘찬 손뼉을 치라'고 부탁하며 토론자들을 격려한다. 그리고는 자리에서 일어나 청중들을 향해 걸어가 토론자들과 청중 사이의 적절한 공간에서 청중들을 향해 다음과 같이 말을 한다.

"~라는 주제로 진행된 열띤 토론 잘 들었습니다. 지금부터는 방청석 토론을 시작하겠습니다. 방청석에 계신 분들 중에서 앞서 토론자들이 말씀하신 토론 내용에 대해서 질문이나 반박하실 분이 계시면 손을 들고 말씀해 주시기 바랍니다.

방청석 토론의 경우에도 논의의 공정성을 위해 시간은 1분 내외로 규정하겠습니다. 다음 발언자들을 위해서 간결하고 명료하게 말씀해주시기 바랍니다.

질문이나 반박의 대상은 특정한 토론자 한 명을 지정해서 말씀하실 수도 있고 아니면 그 입장을 가지신 분 혹은 토론자 전체에게 던지는 질문도 좋습니다. 원탁 토론의 목적은 생산적인 논의를 창조해나가는 것이므로 앞서 나오지 않은 새로운 문제제기를 해주셔도 좋습니다."

100분 토론을 보면 사전 주제를 가지고 참가자들이 적절한 시간 동안 토론을 한 뒤에 패널 뒤에 앉은 참관자들에게 발언권을 주어 장외 토론을 이어가거나 전화를 받아 다양한 의견을 수렴하는 시간이 있다. 원탁 공개 토론은 3차 발언 뒤에 이러한 시간을 갖는다.

사회자의 말을 듣고 방청석 여기 저기서 의사 표현을 하는 사람들이 나온다. 차례대로 앞에 나오거나 자리에 일어서서 발언을 한다. 이 때 몇 가지 주의할 사항은 다음과 같다.

첫 번째는 한 사람이 3분 이상 발언권을 독점하지 않도록 한다. 토론장의 분위기에 따라 다르지만 간혹 공개 토론회 장소에서 지나치게 오랫동안 마이크를 잡고 자기 주장부터 하소연까지를 쉼 없이 늘어놓은 분들이 계시다. 원탁의 정신은 평등! 기계적이다 싶을만큼 냉정하게 발언의 횟수나 시간을 공정하게 운영하는 것이 중요하다. 발언자가 기분 나쁘지 않게 적절히 배려하는 말을 하면서 발언을 정리시킨다.

두 번째는 즉문즉답을 하지 않는다. 원탁 토론에서 즉문즉답 금지 원칙은 모둠 토론에서 자세히 설명한 바 있다. 만약 공개토론에서 즉문즉답을 실시하게 되면 그 원칙이 무너지게 된다. 토론자들 가운데 소수 질문을 받은 사람들만 더 많은 발언을 하는 현상이 나타나기 때문이다. 만약 즉문즉답을 허용한다면 패널로 나온 모든 토론자들에게 동등하게 질문을 받을 기회를 주어야 한다.

방청석의 의견을 방청석에서 반박, 질문하는 것도 가능하다. 토론의 현장은 얼마든지 다양하게 펼쳐진다. 따라서 패널 토론자들의 논의가 풍성하고 깊게 진행되는 경우가 대부분이지만 때로는 장외 토론, 방청석 토론이 더 재미있고 활발하게 진행되는 경우도 있다. 원탁의 정신은 '한 사람이 열 권의 책을 읽는 것보다 열 사람이 같은 한 권의 책을 읽고' 다양한 의견을 나누면서 창조적이고 생산적인 논의를 만들어가는 데 있다. 따라서 방청석의 다양한 논의가 패널의 수준을 뛰어넘는다면 얼마든지 활발하게 장외 토론을 진행하되 이때 역시 주의할 점은 방청석에서도 발언 독점 현상이 일어나지 않도록 적절히 조정해야 한다는 점이다.

10~15분 안팎의 방청석 토론이 끝나면 다시 대표들에게 발언권을 준다. 방청석에서 질의응답이나 다양한 의견 제시가 이루어지고 나면 토론자들은 최종 발언을 한다. 발언의 초점은 토론자들 내부적으로 3차 발언까지 진행된 내용도 좋고, 때론 방청석에서 제기된 문제여도 상관없다. 토론자들이 판단하기에 더 중요하다고 여겨지는 내용을 중심으로 간단한 반박이나 대답을 하고 마지막 최종 발언을 한다.

토론을 마치면 토론자들의 토론 소감을 차례로 돌아가며 듣는다. 다른 토론자들의 토론 내용에 대한 소감이나 평가를 곁들여 피드백을 동시에 시행해도 좋다. '누구 토론자의 어떤 내용이 가슴에 와 닿아 공감이 되었고, 누구 토론자의 이런 부분은 조금 아쉬움이 남는다' 등등.

원탁 공개토론은 토론자와 청중 사이를 사회자가 아우르며 적절한 참여를 이끌어내고 상호 간에 토론의 호흡을 조절해나가는 데 묘미가 있다. 청중들의 참여를 더 확대하려면 1차나 2차 발언 뒤에 방청석 토론을 한 번 정도 더 넣어도 된다. 반드시 그렇게 해야만 하도록 규정된 형식은 없기 때문이다. 그 목적과 취지가 대표 중심이면서 청중들을 소외시키지 않고 최대한 자연스럽게 참여시킨다는 점을 잊지만 않으면 된다.

나. 원탁형 주도토론

부산 민주공원에서 진행하는 주도토론은 원탁토론의 창조적 개발 형태라 할 수 있다. 각 개인이 원탁처럼 토론자 중의 한 사람으로 참여하면서도 기계적인 회차 반복이 아니라 보다 역동적이고 창조적으로 토론을 이끌어가도록 진화한 형태이다.

주도토론의 성격은 주도자 역할을 맡은 사람이 문제를 제기하고 토론을 이끌어간다. 말 그대로 주도하는 것이다. 토론이 시작되면 주도자가 다른 토론자에게 발언권을 준다. 주도자는 단순히 토론을 '조율하는 사회자'가 아니라, '토론을 주도하고 참여하는 사회자'가 된다.

주도토론에서 주제는 진행되고 있는 소주제에 상관없이 대주제가 있으면 그 안에서 연관된 어떤 소주제든지 제기할 수가 있다. 예를 들어 '돈'이라는 큰 주제에 관련되면 소주제는 '자본주의든, 돈과 사랑의 관계'이든 무엇이든 가능하다. 주도자의 문제제기가 주도토론의 핵심 주제가 된다. 즉, 주도토론 시간에는 8명의 주도토론자에 따라 8개의 토론 주제가 나온다. 이 가운데는 비슷한 주제가 반복되는 경우도 있고 모두가 다 다른 주제로도 운영이 가능하다.

주도토론의 순서는 주도토론 의사를 먼저 밝힌 순서대로 하되, 그 외에는 심사위원(사회자)이 토론자들의 동의를 얻어 선정한다.

한 사람이 토론을 주도하고 나머지는 질의나 토론의 대상이 되는데, 주도자 외 7명의 토론자 누구라도 상관없다. 모둠토론에서 주도토론을 운영할 때에는, 특정한 1~3명의 토론자를 지명하여 집중적으로 토론하되, 그 외의 다른 토론자를 토론에 참여시킬 수 있다. 공개적인 주도토론 때에는, 특정한 1~2명의 토론자를 지명하여 집중 토론하되, 그 외의 다른 토론자를 토론에 참여시킬 수 있다.

시간의 배분은

(1) 모둠토론의 주도토론자 한 사람 당 총 10분의 시간을 준다.

(2) 최종토론의 주도토론자 한 사람 당 총 8분의 시간을 준다.

(3) 주도토론자 외 토론자의 발언 시간은 주도토론자가 설정해 준다.

(4) 총 시간을 넘기면 강제 종료한다. 시간 내에 주도토론을 마무리 할 경우 감점하지 않는다.

〈※ 위 (2), (3)항은 역동적인 토론을 위하여 설정하였으므로, 짧은

시간에 많은 인원이 단순하게 의견을 교환하는 형식의 진행을 경계해야 한다.〉

시간도 사전에 정해진 총 시간 내에서 활용하되 개별 토론자의 시간은 주도자가 철저하게 관리하고 운영한다.

그럼 실제 사례를 한번 살펴보자.

(예1) 주도토론자가 특정한 토론자 한 명에게 질문 "···에 관해 2분 이내에 말씀해 주십시오" / 답변 후, 다시 같은 토론자에게 질문 "그 부분에 대해 저는 다른 생각입니다···어떻게 생각하시는지 1분 30초 정도 말씀해 주십시오"

(예2) 주도토론자가 자신이 제기하는 주제에 관해 토론할 참가자를 지명. "○○○님과 ◇◇◇님에게 묻습니다. ··에 관하여 각각 1분 이내에 답변해 주십시오" / 이후 반대 또는 지지 의견 피력한 다음, 특정 토론자 한 명에게 질문 "그러면 ○○○님에게 다시 묻겠습니다···1분 이내에 말씀해 주십시오"······

(예3) 주도토론자가 특정 주제의 토론에 참가할 토론자를 모집. "저는 △△△△ 문제를 생각해 보았으면 합니다. 이 주제를 갖고 함께 토론하실 분 계십니까?" /

이 경우 4명이 참가 의사를 밝힌다면 그 중 3명까지 선택하여 토론을 진행할 수 있다.

주도토론에서 심사위원의 역할은 어떨까?

(1) 주도토론 시 심사위원(사회자)은 가능한 한 개입하지 않되, 시간을 관리하거나 큰 틀에서 주제의 범위를 벗어나지 않도록 조정한다.

(2) 한 사람 당 할당된 총 시간이 완료되면, 즉시 토론과 발언을 중지시킨다.(5초 이내의 오차 범위는 둔다)

(3) 참가자 8명이 주도하는 토론을 마친 후, 심사위원(사회자)이 필요한 주제로 마무리 토론을 진행한다.

주도토론에서 자원봉사자는 다음과 같은 역할을 한다.

(1) 주도토론 시간을 관리하여 심사위원(사회자)과 토론자들에게 적시에 통보해야 한다.

(2) 주도토론자 1명이 각각 주도토론을 진행할 때 경과 시간을 알 수 있게 한다 : 손 팻말(5분 경과 시, 종료 1분 전) / 종 소리(시간 완료)

주도토론의 심사 기준은 다음과 같다.

(1) 주도토론자 문제제기 내용의 적합성과 창의성.

(2) 주도토론자의 자세 : 토론을 이끌어가는 주체로서 상대방 존중, 주제와 맥락의 일관성 유지 등.

(3) 주도토론자의 자기 주제 토론에 대한 정리 능력 : 여러 의견의 단순한 취합이 아닌, 토론 과정에서 나타난 생각의 발전과 과제 등의 도출.

(4) 주도자 외 토론자의 자세 : 주도자의 사회권 존중, 다른 토론자에 대한 존중 등.

(5) 나머지 부분은 기존 모둠토론이나 최종토론의 심사 방식에 준함.

그럼 이와 같은 주도토론의 효과는 무엇인가?

기존의 토론은 사회자와 주최측이 정한 형식에 따라 진행하고 토론자들은 그 규칙에 따라 토론자의 기능만 충실히 하면 된다. 하지만 주도토론에서는 진행과 논제 설정 등 토론 전부는 아니지만 주어진 시간 내에서 내 자신이 주인이 되어 철저하게 토론을 기획, 운영하는 상황이 가능하다. 토론자 한 사람씩 돌아가면서 이 토론의 온전한 주인 역할을 한다. 한 마디로 인간이 자기 역사의 주인공이 되듯, 토론에서 철저하게 자기 주도의 토론을 경험해보는 데 의의가 있다. 철학자 이진경, 시인 김선우 등 간혹 유명인을 만나 책 앞에 사인을 받다보면 그분들이 자주 써주는 글귀가 있다. 바로 '수처작주 입처개진'이다.

수처작주 隨處作主
입처개진 立處皆眞

가는 곳마다 주인이 되어서 서는 곳마다 모두 진리를 실행하라는 뜻이다. 우리는 늘 삶의 주인이 되기보다 무언가에 얽매인 노예에 가까운 삶을 살아간다. 우리가 살아본 시간들은 기나긴 인류사에 비하면 한갓 먼지나 점의 점도 안 되는 짧은 기간이다. 우리의 감각, 지성, 욕망, 감정 역시 아주 미미한 틀을 벗어나지 못한다. 그럼에도 우리는 나의 경험을 마치 우주의 모든 것처럼 생각하고 살아가지는 않는가. 그런 점에서 수처작주와 입처개진은 작은 나의 욕망과 지성, 감정, 감각

등의 한계를 인정하고 대우주를 받아들여 자유로워지라고 주문한다. 그 때서야 비로소 인간은 자유로운 존재로 태어나고 진정한 자기 자신으로 거듭난다는 뜻이다.

주도토론은 자기화의 경험이다. 내가 청중들 앞에서 하나의 세계를 만들어보는 경험. 의제설정과 시간 분배, 토론의 흐름 유도 등 모든 과정이 내게 달려있다. 그 과정을 매끄럽고 아름답게 만들어가려면 무엇보다도 내 자신이 자유로워야 한다. 특정 논리에 얽매이지 않고, 승부의 욕망으로부터 자유로워야 하고, 상대방 토론자에 대한 열린 감각과 즐거운 마음으로 토론에 임하는 자유의 정신을 발휘해야 한다.

그런 의미에서 주도 토론은 진정한 주인의 자세를 배우고 새로운 삶을 창조해나가는 매우 멋진 토론으로 발전할 수 있다.

4

원탁토론 5문 5답
- 알수록 재미나고 다채롭다

소인은 동이불화(同而不和), 군자는 화이부동(和而不同)

〈토론의 전사〉 2권에서도 언급했지만 원탁 토론을 생각하면 늘 가장 먼저 떠오르는 말이다. 오늘날 한국 사회에 펼쳐지는 수많은 토론의 양상이 기득권에 기반해서 상대방을 물어뜯는 말싸움에 가깝다 보니 안타까움이 그치지 않는다. 말싸움을 넘어 개싸움의 양상을 보여준 대표적인 토론은 '사망유희 토론'이다. 자타가 공인하는 한국사회의 대표논객 진중권과 변희재. 두 사람의 일라운드로 시작된 토론은 치열하게 물어뜯는 토론의 진수를 보여줬고 급기야 진중권, 황장수 토론에서는 진중권이 '저런 인사와 토론 못하겠다'면서 토론 도중에 자리를 뜨는 황당한 일까지 벌어졌다. 그런 토론 조차도 '토론'이라는 이름을 붙여주어야 하는지 의구심이 들지만, 어쩌랴 아직 우리 한국사회의 토론이 토론의 얼굴을 한 야만에 불과한 것임을.

앞서 디베이트에 대한 많은 이야기를 했다. 자연의 역사와 문명에서부터 인류의 사랑 아니 인간의 지극히 내적인 욕망에 이르기까지 대립은 불가피하다. 만물이 움직이고 변화하기 위해서는 다름이 존재하기 때문이다. 그 다름이 조화와 공존으로 이루어지는 세계도 많지만 아직 인류 역사는 그 깊은 지혜를 배우지 못했다. 아니 오히려 갈등과 투쟁의 피바람이 난무하는 시대로 추락하고 있다. 토론은 그 날선 검들의 피를 씻어내고 평화의 손을 잡는 교육의 무기가 되어야 하지만 경쟁적 디베이트 교육은 그 가치와 의미가 의심될 만큼 불안한 요소를 보인다.

나는 옳고 너는 틀리다는 이분법적 사고, 절대주의적이고 환원적인 사고가 바탕에 또아리를 틀고 있다. 그러다 보니 토론을 더 잘하는 쪽에서 사냥꾼이 사냥하듯 논리의 총을 집어들고 상대방을 향해서 마구 쏘아대는 모습들을 종종 본다. 차분한 논리 싸움에 감정까지 가세하여 얼굴이 붉으락푸르락 하는 경험들 한 번쯤은 대개 하지 않았을까. 이런 모습을 일러 공자는 '동이불화(同而不和)'라 칭했다.

모두가 하나로 같아야 한다. 그러나 화합하지 못한다는 말이다. 너의 논리는 나를 따라야 한다. 그러나 '우리는 조화를 추구하는 게 아니라 네가 나한테 굴종하는 거야'라는 패권자의 논리, 그게 동이불화다. 지금으로부터 삼사십 여년 전. 군인이 통치하면서 명령과 복종이 일상화된 시대에는 총화단결(總化團結)이나 일사불란(一絲不亂)이라는 말이 국민들의 머릿속에 박혀 있었다. 획일적인 반공 이데올로기를 주입하고 경제발전의 환상 속에 모두를 몰아넣고 동일한 방향으로 끌고가려는 국가시책 때문이다. '뭉치면 살고 흩어지면 죽는다.' 이 말처럼 동이불화의 정체성을 잘 나타내는 말이 어디 또 있을까! 지금도 사회 곳곳에서는 내부자들끼리의 단합을 강요하며 타인과는 한 치 양보 없는 대결의 전선이 그어지고 있다.

그렇다. 그래야만 사는 세계가 있다. 뿔뿔이 흩어져 적으로부터 사냥을 당하기 쉬운 약자들의 입장에서는 뭉쳐야 산다. 그 말을 전면 부정해서는 안된다. 하지만 인류의 역사와 문화가 꼭 뭉쳐야'만' 사는 것은 아니다. 특히 지금처럼 세계 각국의 인간들과 문화들이 빛처럼 빠른 속도로 오고가는 시대에 뭉쳐있기만 하다가는 길을 잃고 헤매다 다같이 가라앉기 십상이다.

세상은, 뭉쳐도 살고 흩어져도 사는 세계가 더 나은 세계가 아닐까? 흩어지면서도 서로를 존중하고 보이지 않는 끈으로 서로가 소통하고 교감하는 사회 그게 화이부동(和而不同)의 세계이고 대동단결(大同團結)의 세계다. 요즘처럼 소통이 강조되는 시대라면 대동단결의 시대라고 불러도 무방하다. 많은 사람들이 대통령(大統領)이 아니라 대통령(大通領)을 원하고 남북 간에도 통일(統一)이 아니라 통일(通一)을 꿈꾸듯 말이다.

토론에 많은 종류가 있지만 대립을 넘어서 화합을 이루고 다자간의 소통을 동시적으로 해내는 토론이 바로 원탁토론이다.

서양 중세의 원탁의 기사. 원형으로 둘러 앉아 테이블 위에 문제를 올려놓고 토의하고 토론하는 하크니스(harkness) 테이블. 각 부족의 대표들이 모여 만장일치로 삶의 지혜를 모으던 화백(和白)제도나 왕과 신하들이 경전을 읽고 토론하는 경연(經筵) 등 원탁 토론의 기원은 다양하다. 최근에는 세월호 문제를 해결하기 위해 시민들의 지혜를 모으는 '노란 테이블'까지 등장했다. 이름은 원탁이지만 원모양의 탁자나 그 탁자 색깔이 중요하지는 않다. 모양이든 색깔이든 다 달라도 그 자체로 존중한다. 그게 원탁의 정신이다.

최근 유행하는 500인 원탁회의나 1000인 원탁회의 등 다수가 참여하는 대형 원탁회의의 진행방식으로 중간 조력자들이 10인 원탁의 활동을 도와주고 참가자 전체의 의견을 모아가는 흐름이 그려진다. 이처럼 원탁토론은 다양한 형식으로 변주되면서 교육 현장과 삶의 현장을 바꾸어나간다.

서양식 디베이트 방식의 토론과는 다른 원탁 토론 모델들을 충분히 고민하고 연구할만한 가치가 있음을 보여주는 대목이다. 누군가와 논리적으로 싸워서 이기기보다는 같이 머리를 맞대고 최선의 해결책을 찾아가는 토론, 멋지지 않은가?

사실 교육 토론 가운데 하나인 원탁의 모형은 간단하다. 원탁 토론의 흐름을 알 수 있는 표 한 장이면 전체의 흐름을 살펴볼 수 있을 정도니까. 하지만 그 과정과 깊이는 그리 예사롭지 않다.

그럼 이제 디베이트와 비교해서 몇 가지 형식적 특징을 살펴보겠다. 그리고 원탁토론 진행 시에 나타나는, 원탁만의 장단점을 가릴 수 있는 특징을 문답 형식으로 살펴보자.

원탁토론 녹취록(모둠토론)

장소 :　　　　일시 : 2015년　월　일
주제 : 결혼의 제일 조건은 돈인가 사랑인가?
사회자 :　　　　기록자 :

차시 \ 토론자	유동걸(사랑)	홍길동(돈)	김길동(사랑)	정길동(사랑)
1차 발언 입론				
정리시간				
2차 발언				
정리시간				
3차 발언				
정리시간				
정리발언				
토론소감				
토론피드백 — 자평				
토론피드백 — 타인평가				

　가. 논제를 보니 명제형이 아니라 의문문이네요. 꼭 그래야 하나요?

　아, 결혼의 제1 조건은 돈인가 사랑인가? 형식보다 주제에 눈이 먼저 갔네요. 보통 토론 주제는 명제형을 설정하고 거기에 대해 찬성과 반대의 입장을 취하는데 원탁 토론의 경우는 반드시 그렇게 하지 않고, 또 꼭 의문형을 취하지 않아도 좋다. 다양하게 선택이 가능한데 그 이유는 원탁의 성격상 날서는 대립 토론의 모습으로 이끌어갈 수도 있고, 둥글고 부드럽게 토의하는 모습으로 펼쳐질 수도 있기 때문이다. 그런 점에서 원탁의 경우에는 토론만 가능한 게 아니라 토의 형식으로도 얼마든지 진행이 가능하다.

또 위의 주제의 경우 전제 조건을 붙이는데, 돈과 사랑의 선택을 양자택일적으로 정하게 한다. 자세하게 말하자면 "돈을 선택할 경우 평생 이건희보다 부자로 살지만 늘 따스한 사랑을 받을 수 없고, 사랑을 선택하면 죽을 때까지 빚에 허덕여야한다. 이렇게 말이죠. 단, 밥은 먹고 살지만 일상생활에서는 늘 경조사 문제나 빚에 허덕이는 삶을 산다." 그냥 돈과 사랑의 선택에 대한 논제를 줄 때와는 매우 다른 토론 양상이 펼쳐진다.

대부분의 경우 이런 토론 주제는 비교적 화기애애한 분위기 속에서 이루어진다. 토론이 이래도 되나 싶을 만큼 형식으로부터 자유로워지려 하고, 주거니 받거니 토론이 종종 사랑방 이야기 꽃피우듯 진행된다. 논제의 성격이 정책 명제가 아니라 가치 명제이기 때문인데 그만큼 원탁 토론은 가치 명제를 다루기에도 적합하다. 물론 원탁으로 정책 명제를 다루면 자료와 객관적 근거에 충실한 토론이 되기 때문에 분위기는 한층 진지해진다.

논제 이야기가 나온 김에 원탁 토론 주제를 '결혼의 제일 조건은 무엇인가?'라는 주제로 바꾸었을 때 무엇이 달라지나를 생각해보자. 그럴 경우 토론이 더 어려워질까, 아니면 쉬워질까? 금방 생각해도 더 어려우면 어려웠지 쉬워지지는 않는다.

　이유는 단순하다. 선택지가 다양해지면 내가 상대해야 할 토론의 주제와 대상이 많아지고 그러면 자연히 내 머리 속은 몇 배로 복잡해진다. 돈인가 사랑인가 단순 흑백 논리로 생각하기도 골치 아픈데 거기에 돈과 사랑, 종교, 성격, 궁합 등의 입장을 지닌 토론자들 의견을 고루 들어야 하고 만약 질문꺼리가 있거나 반박 여지가 있을 때 반박하기가 그리 쉽지 않다. 따라서 대립토론을 공부하다 원탁토론을 해볼 때는 처음부터 자유토론 주제를 주기보다 디베이트처럼 찬반이 뚜렷한 명제로 시작하는 것이 좋다.

　예를 들어 남과 북 사이의 양자회담과 거기에 미국, 중국, 러시아, 일본이 결합하는 6자 회담의 진행과정을 상상해보라. 분명히 다른 양상의 토론이 이루어질 터인데 원탁은 다자간 토론이기 때문에 논제에 따른 선택과 입장이 많아지면 그만큼 복잡하고 어려워진다.

　주제가 극단의 양자택일이라 어렵다는 의견이 간혹 들린다. 대립토론 경우에는 늘 양자택일 아닌가? 둘 다 필요한데 극단적 하나를 선택하기 어렵다는 반론도 있다. 의도적인 주제설정이라 그렇다. 둘 다 필요하고 가능하다면 왜 토론을 하겠는가? 양자의 갈등 속에서 토론자들 내면의 욕망을 살펴보고자 하는 게 토론의 목적이라서 그렇다.

　참고로, 명제형 논제는 수렴적 사고와 내용의 전문성을 추구한다면 의문형 논제는 발산적 사고를 유도한다. 결혼의 본질, 사랑의 의미, 돈의 가치 등을 토론할 수 있다. 미시적으로 논점을 좁혀가는 토론도 좋지만 그 반대의 토론도 필요하고 가능하다. 원탁 토론은 두 가지 방향을 자유자재로 설정 가능하다.

나. 어? 입장 선택의 숫자가 고르지 않네요. 불평등한 거 아닌가요?

그렇다 사랑이 셋이고 돈이 하나다. 그래도 토론이 가능한가? 물론이다. 옛날 무협 영화를 보면 주인공은 늘 다수의 적과 싸운다. 소수가 꼭 주인공이라는 뜻은 아니다. 세상을 살아가다보면 입장에 대한 차이가 꼭 기계적으로 반반 나뉘는 경우는 거의 없다. 그 다양성을 그대로 존중하는 게 원탁의 정신이다. 소수자가 불리하지 않겠냐고? 주인공이 혼자라서 못 싸우는 토론은 없다. 자기가 소수파에 속하면 왜 그런지 생각해보는 게 원탁 토론의 의미다. 다수의 입장에서 어정쩡하게 맞느니 소수 측에서 화끈하게 실력을 보여주는 게 유리할 수도 있다. 삶은 늘 기우뚱하게 균형을 이루기 때문이다.

토론에 앞서 토론자들의 입장 분포를 확인해보자. 구성원의 특성에 따라 천차만별, 천양지차다. 나이 드신 분들이 많은 곳에서는 아무래도 돈이 많고(!), 미혼 남녀 청춘들이 모인 자리는 압도적으로 사랑을 선택한 사람이 많다(!!).

그럴 경우 토론자의 입장을 의도적으로 조정해서 수를 기계적으로 맞추어야 하는가? 답은 노! 원탁 토론은 진정성을 기반으로 하는 토론이기 때문에 절대, 의도적으로, 기계적으로 숫자를 같은 수로 배정하지 않는다.

원탁 토론은 일반적인 디베이트처럼 2대2나 3대3의 팀 토론이 아니다. 그러므로 같은 사랑 혹은 같은 돈의 입장이라 하더라도 비판이나 질문을 한다. 토론은 주장보다 근거의 싸움이기 때문에 입장은 같아도 근거가 다르거나 문제가 있으면 반박, 질문이 가능하다.

간혹 2대2나 3대3으로 입장이 정해지는 경우에는 본인들도 모르는 사이에 원탁토론이 일반 디베이트처럼 진행되는 경우도 있다. 미리 충분이 이런 특성을 알려주지 않으면 원탁 토론을 하고 나서도 디베이트와 별반 다르지 않다는 소감을 내놓는다. 주의해야할 부분이다.

다. 2차 발언부터는 반박이나 질문을 어떻게 해야하나요?

디베이트에 익숙한 사람이 원탁 토론을 처음 접하면 2차, 3차 발언을 어떻게 적용해야 할지 약간 혼동이 생긴다. 몇 가지를 나누어 설명을 해보겠다. 이점은 처음 토론을 배우는 사람도 마찬가지인데 온전한 원탁토론 적용이 어려울 수 있다.

우선 디베이트와 원탁의 중간형을 그려보자. 논제도 찬반 대립형 논제를 설정한다.

1차 발언 : 입론
2차 발언 : 반론
3차 발언 : 재반론
4차 발언 : 최종 변론

디베이트의 원형인 '고전식 토론'에서 찬성 측의 입론 뒤에 반론-재반론-재재반론 이런 식으로 반론이 계속 이어지는 형태를 원탁의 형태로 전환한 것이다.

1차 발언 : 입론
2차 발언 : 질문만

3차 발언 : 대답만

4차 발언 : 최종 변론

이는 세다토론이나 퍼블릭 포럼 같은 대립토론의 교차조사나 교차 질의의 형태를 접목한 원탁 토론이다.

이렇게 원탁을 기계적으로 단순화하면 적용하기 쉽고 빠르며 형태도 디베이트의 중간 형태라 익히기가 쉽다. 이 두 가지를 결합하면 다음과 같다.

1차 발언 : 입론

2차 발언 : 반박과 질문

3차 발언 : 재반박과 대답

4차 발언 : 최종 변론

그러나 실제 토론을 하다보면 2, 3차 발언이 기계적으로 나뉘지 않는다. 최종 변론도 마찬가지로 3차 발언에서 받은 질문에 대한 답을 간단히라도 하고 최종 변론에 들어갈 상황이 발생한다. 또 어떤 이는 1차발언에서부터 다른 토론자의 입론을 듣고 약간의 질문이나 반박에 들어가기도 한다. 토론은 흐름이 중요하지 규칙이 중요한 게 아니다. 그러므로 앞 사람들이 주장을 펼치는 논의의 흐름을 잘 파악하면서 규칙을 적용한다.

대체로 2차부터는 자기 자신에게 주어진 시간 내에서 상대방의 숫자에 상관없이 질문, 반박을 해나간다. 그 대상은 한 사람일 수도, 여럿일 수도 있다. 때에 따라서는 토론 참여자 전체에게 새로운 논제를 던지면서 토론을 이끌어갈 수도 있다. 그 뒤의 사람도 마찬가지. 자신에게 들어온 질문이나 반박이 있으면 대답할 거 대답하고 자신도 누군가에게 반박이나 질문 등을 펼쳐나간다.

원탁 토론에서 자기에게 질문 반박 등이 없어 한 사람도 답변이나 재반박의 기회를 주지 않으면 어쩌나 하는 상황이 생기기도 한다. 그런 경우에는 굳이 자기에게 질문이 들어오지 않았다 하더라도 자기와 유사한 입장의 사람이 받은 질문에 대해서 자기 의견을 말하면 된다. 혹은 자기 입장에서 다른 토론자들에게 새로운 문제제기를 던지는 걸로 평가를 받는다. 질문에 질문으로 답을 하듯 자신은 계속 새로운 질문으로 토론에 참여한다.

라. 순서가 정해지지 않으면 천방지축이 되지 않나요?

디베이트의 입론, 반론, 교차조사 등의 순서에 익숙한 사람들은 원탁토론의 순서 없음이 매우 낯설다. 그럼 누가 먼저 하는지 궁금하고, 토론을 먼저 하는 사람이 유리할까 불리할까를 따지는 마음이 당연히 든다.

보통의 디베이트는 입론을 하는 사람이 정해져 있으나 원탁은 모든 사람이 돌아가면서 입론을 한다. 어차피 한 번씩 하는 입론이기 때문에 먼저 할지 나중할지를 스스로 결정한다. 먼저 입론을 하는 것이 유리할까 불리할까? 그건 누구도 알지 못한다. 논점을 형성하면서 토론의 흐름과 방향을 이끌어가는 것이 유리하기도 하고, 앞 사람의 입론을 들으면서 거기에 자기 생각을 보태 한 걸음 더 나아가는 논의의 진전이 더 돋보이기도 한다. 그렇기에 순서를 따로 정해주지 않고 희망자가 발언에 대한 의사표현을 하면 그때 그때 발언을 이끌어나간다. 단, 1차 발언을 모두 마쳐야 2차 발언으로 넘어가는 규칙 때문에 1차 발언에 한 사람이 두 번 발언을 하지 못한다.

만약 아무도 말을 하지 않고 순서를 기다리면 어떻게 하나. 이때는 가장 최근에 발언을 한 사람이 다음 사람을 지명한다. 그러면 자연스럽게 토론의 흐름이 이어진다. 토론 대회의 경우에는 맨 처음부터 서로 눈치를 보면서 토론이 지연되는 경우가 있다. 경기도 김포시의 중고생 토론대회 경우에는 1차 발언만 사회자의 오른쪽으로 돌아가면서 발언을 하고 2차부터는 순서없이 진행하기도 한다. 어떤 토론이든 '반드시'라는 규칙은 없다. 주최측에서 어떤 필요에 의해서 규칙의 변화가 필요하다면 바꾸면 된다.

마. 왜 '즉문즉답'을 허용하지 않나요?

교차조사와 교차질의. 여기서 발생하는 일문일답은 디베이트의 꽃이다. 토론에서는 상대방의 주장 근거를 반박하는 묘미도 쏠쏠하지만, 파바바박 비수처럼 찔러가는 질문을 통해서 녹다운을 시킬 수 있는 기회가 있어 토론이 더 긴장감이 넘치고 재미나다.

원탁 토론에서도 상대방에게 질문을 던지고 대답을 듣는다. 그런데, 질문은 아까 했는데, 답은 한참 지나서야 듣는다. 이거 답답한 사람 숨막히고 파이팅 넘치는 기운이 답 기다리다 힘 쪽 빠질 일이니 왜 이런 규칙을 넣었는지 알다가도 모를 일이다. 그래서인지 원탁 토론이 여유롭고 느긋한 점은 좋은데 긴장감이 떨어져 토론 맛이 덜 난다는 사람들을 종종 만난다. 그렇다. 그래서다. 지나친 긴장과 파이팅 넘치는 기운을 은근슬쩍 빼기 위해서 즉문즉답을 막는다. 토론이 제대로 되겠냐고? 그건 판단하기 나름이다.

즉문즉답 금지의 첫째 이유는 시간의 평등성 때문이다. 원탁은 발언 횟수와 시간을 엄격하게 조정해서 모든 토론자들이 동등한 시간 활용을 하는데 두 사람만 따로 즉문즉답을 하다보면 발언 시간의 평등성이 깨진다. 이는 원탁모둠토론뿐만 아니라 원탁공개토론에서도 동일하게 적용된다. 방청석에서 들어온 질문에 대해서 즉문즉답을 허용하면 마찬가지로 평등성이 깨진다.

둘째 이유는 의도적인 느슨함이다. 질문을 받고 바로 답을 하면 두 사람 사이에 긴장감 넘치는 공방이 이루어지지만 원탁은 둘만의 토론이 아니기에 다수, 다자간의 소통이 중요하다. 아무래도 여럿이 논의에 참여하다보면 긴장감이 덜하다. 물론 토론자들이 팽팽하고 치열하게 논점을 파고들어가면 다수의 토론이라 해도 흥미롭게 진행된다. 의도적 느슨함이란, 즉문즉답을 하지 않음으로써 한 박자 쉬는 여유를 갖는다는 말이다. 질문에 바로 대답하지 않아도 되는 마음과 시간의 여유가 동시에 확보된다. 심지어는 내가 대답할 말을 다른 토론자가 말해줌으로써 나는 거기에 더 진전된 나의 생각을 말할 수도 있다. 그런 의미에서 즉문즉답 금지는 공방의 치열함보다 논의의 생산성과 창조성을 고려한 규칙이다.

물론 즉문즉답 금지가 즉문즉답보다 꼭 더 좋다는 말은 아니다. 내 개인적으로는 디베이트보다 원탁토론이 더 협동적이고 상호존중의 자세를 배우기 좋은 토론이라서 선호하고, 즉문즉답 금지의 원칙도 그런 면에서 즉각적인 싸움보다는 여유를 갖고 기다리면서 상대를 존중하고 배려하는 마음을 키울 수 있는 게 장점이라는 점을 강조하고 싶다.

만약 원탁 토론에서 즉문즉답을 넣는다면 어떤 토론이 펼쳐질까? 그런 규칙을 이색적으로 집어넣어 만든 토론이 주도 토론이다. 이 부분은 원탁 토론의 응용부분에서 자세히 살펴보았다.

바. 중간에 입장을 바꾸는 게 어떻게 가능해요?

극히 드문 사례지만, 원탁 토론에서는 중간에 입장 바꾸기가 허용된다. 아니 상대방과 치열한 논리 싸움을 하는 과정에서 갑자기 내 무기를 모두 버리고, 아니 무기뿐만 아니라 진지까지도 다 버리고 상대방의 진영에 들어가 안착해서 토론한다. 그게 가능한가?

가능하다. 어떻게? 이 부분은 좀 설명이 길기 때문에 다음에 한 꼭지를 할애해서 다루어보고자 한다. 메르켈이라는 독일의 수상 이야기로 넘어가보자.

원탁토론에서 입장 바꾸기

- 메르켈에게 배우는 원탁의 정신

앙겔라 메르켈. 2015년 뉴욕 타임즈는 올해의 인물로 메르켈을 선정했다. 대처와 힐러리에 이어 전 세계인의 머릿속에 그려지는 여성 지도자다. 남녀의 벽이 두터운 보수적인 독일 사회에서 총리에 내리 3선을 한 메르켈의 힘은 어디에서 나왔는가? 독일인들의 광범위한 지지를 받은 그녀의 정치적 승리는 무엇을 말하는가? 지식 채널에서 정리한 '승리의 비결'에 대한 질문을 들어보자

앙겔라 메르켈

유머감각도 없고 촌스러우며 말주변도 카리스마도 없다고 평가받던 한 정치인이 세 번째 승리를 거둔다. 2005년 독일 국민이 선택한 독일 최초의 여성 총리
독일의 대표적인 보수정당
기독교민주당의 당 대표

반대 입장에 서 있던 진보정당의 정책을 공개적으로 칭찬하며 총리
직 시작

전 정권이 추진했던 정책도 그대로 이어간다.

그리고 2011년 후쿠시마에서 원자력 사고가 발생하자

"후쿠시마가 내 생각을 바꿔놓았다. 우리에겐 안전이 무엇보다 소중
한 가치다."

원자력을 고집해 왔던 자신의 정책을 온 국민 앞에서 과감히 포기

하루아침에 말을 바꾼 총리

그러나 오히려 상승하는 지지율

덮어두고 싶은 독일 국민의 부끄러운 과거를 들춰내고

"나는 희생자들 앞에 무릎을 꿇고 사죄합니다."

독일 사회가 침묵해온 이민자에 대한 테러를 공개적으로 사과하는
총리

연속 세 번 메르켈과 메르켈의 보수정당을 선택하는 국민

대승리를 거둔 메르켈은 패자에게 손을 내민다

16개 장관 자리 중 핵심이 되는 6개 장관직을 맡기고

25.7프로가 선택했던 제1야당의 공약을 자신의 정책으로 수용

그 결과 패자로만 머물지 않게 된 25.7%의 국민

반대 입장이라도 상황에 따라 받아들이는 메르켈 때문에 차별성을
잃어가는 야당

"메르켈의 위상과 이미지는 정당과 정파를 초월한다. 메르켈은 모든
시민과 이해집단을 배려한다. 동시에 가식이 없고 겸손하다. 독일인들

이 그녀의 이런 면을 좋아한다."

　이미지는 정당과 정파를 초월한다. 메르켈은 모든 시민과 이해집단을 배려한다. 동시에 가식이 없고 겸손하다. 독일인들이 그녀의 이런 면을 좋아한다."

　- 미하엘 볼게무스 소장(오픈 유럽 베를린 연구소)

　번번이 주장을 굽히고 양보하고 사과해도 승리하는 메르켈
　세 번째로 총리가 된 그에게 세계가 던지는 질문

　"도대체 승리의 비결이 뭡니까?"
　- 지식채널, 승리의 비결

　일반적으로 토론에서 입장을 바꾸면 패배했다고 생각한다. 상대를 설득하는 자기 논리의 일관성을 유지하지 못하고 상대에게 굴복했다고 여기기 때문이다. 그러나 원탁 토론에는 다른 디베이트 토론에서 볼 수 없는 기이한 특징이 있다. 바로 중간에 입장을 바꾸기가 가능하다는 점이다. 물론 일부러 입장을 바꾸거나 애써 그럴 필요는 없다. 원탁 토론에서는 중간에 입장을 바꾸어도 졌다고 평가하지 않는다. 드물기는 하지만 입장을 바꾸면서, 즉 상대방의 입장을 수용하면서 새로운 입장과 기존의 자기 논리가 충돌하는 지점을 잘 포착해서 제3의 논리를 잘 만들어나간다면 상대방보다 더 토론을 잘 했다고 평가받는다. 원탁 토론의 취지인 화이부동, 바로 그 조화의 경지를 더 고차원적으로 보여준다면 말이다.

원탁 토론은 무조건적으로 자기 논리의 우위를 보여주고 타인의 논리를 깔아뭉개지 않는다. 의견의 차이를 간파하고 그러면서 누가 더 깊고 의미 있는 논제와 논점을 이끌어나가는가가 토론의 핵심이다. 그렇다면? 낡은 과거에 얽매여 기계적으로 자기 논리를 답습할 필요가 없다. 반드시 그런 것은 아니지만 그런 상황에서 벽에 부딪히고 한계를 느낀다면 창조적인 변신이 가능하다. 이게 카멜레온적 추락인지 아니면 호랑이에 날개를 다는 융합인지, 결국 다른 토론자들이나 심사위원들이 판단할 몫이다.

이렇듯 원탁 토론에서 입장 바꾸기의 특징을 생각하면서 메르켈이 떠오른 이유는 무엇인가?

앞서 말했듯 원탁 토론의 삼대 특징 가운데 하나가 토론 중간에 입장 바꾸기다. 토론을 하다가 입장을 바꾼다고? 그건 무조건 '내가 졌다'고 패배를 인정하는 것이 아닌가? 보통의 찬반토론이라면 그렇다. 팀을 나누고 상대방과 일대일로 실력을 겨루는 대립토론이라면 중간에 자기가 꾸준히 고수해오던 입장을 못 버린다. 버리는 순간 우리 팀의 패배를 인정하는 셈이니까. 하지만 원탁토론은 다르다. 입장을 바꾸더라도 상대보다 더 수준 높은 논의를 이어간다면 그것은 토론에서의 패배자가 아니라 성숙한 토론을 이끌어간 공로로 진정한 토론 승리자가 된다. 토론에서의 패배와 승리가 어떤 의미가 있는가는 여러 자리에서 논했다. 조화와 상생을 추구하는 원탁의 정신과 관련하여 독일 총리 메르켈을 통해 진정한 승리의 힘을 자세히 느껴보자.

2013년. 독일 총선에서 기독교 민주당이 압승을 거두었는데, 모든 언론들은 "당의 승리가 아니라 메르켈 총리의 승리다"라고 외쳤다. 메르켈이 누구인가. 동독 브란덴부르크 출신의 여자. 아버지는 보수적인 목사. 양자 물리학 박사로, 기독교민주당은 가톨릭이 주류인데 본인은 개신교이고, 이혼 경력이 있으며 재혼도 하고, 자녀는 없는 전형적인 비주류의 대표이다. 법학을 전공한 서독의 젊은 남자들이 주를 이루는 정당 내에서 모든게 마이너인 메르켈의 승리는 기적처럼 보인다.

독일에서 보수적인 국가, 여성 파워를 발휘하기 힘든 나라에서 거느린 조직도 없이 최초의 동독 여성 출신 총리가 되고 그것도 삼선을 내리 성공한 공대 출신의 이 여성, 메르켈의 강점은 어디서 나오는가?

우선 그녀의 성공요인은 권력을 과시하지 않아도, 정책은 힘을 발휘한다는 데 있다. 메르켈의 이런 성향을 '메르켈리즘'이라 부른다. 권력을 과시하지 않지만, 힘을 가진 정책 수행 역량을 보인다. 정책을 실현하는 힘은 없으면서 권력만 휘두르는 우리나라와 매우 대비된다.

또 독일인들은 돈을 아끼는 슈바벤 지역 주부 스타일의 검소함을 좋아한다면서 "권력을 가진 것을 특별하지 않은 일로 바꿔 놓았다"고 메르켈의 소탈한 성품을 높게 평가했다. (그녀를 부르는 독일인의 애칭은 '무티' - 영어로 마더 즉 어머니다) 자기와 반대되는 정당의 정책을 적극 수용하여 메르켈은 보수주의자들로부터 보수주의를 버렸고 기민당의 정체성을 모호하게 만들었다는 공격도 받지만, 그게 그녀의 강점이자 매력이다. 그녀는 동성애 결혼도 인정하는 자유 보수주의의 대변자이기도 하다.

독일 언론들은 메르켈의 수수하고 소박한 매력을 승리의 비결로 뽑았다. 우파 신문인 벨트는 '독일인들은 메르켈이 잘난 척하지 않는 것을 좋아한다'면서 '그녀가 일하는 방식에는 나르시시즘(자기애)이 없다. 자신의 사람들을 짜증나게 하거나 가르치려 들지 않는다'고 사설에 썼다. 또 다른 우파 신문인 빌트는 선거 결과를 '독일인 다수의 신뢰를 받는 여성의 경이적인 승리'라면서 '세금, 정의, 유로는 투표에서 중요한 요인이 되지 못했다'고 지적했다.

소탈하고 검소하고 친근한 주부 이미지로, 패션 열풍을 불러오는 우리나라 대통령과는 근본이 다르다. 메르켈은 외국인들에 의해 '프라우-나인(Frau-nein)이라는 별명을 얻었는데 양보할 때는 상대를 크게 끌어안아 양보하지만 본인의 철학과 가치와 어긋날 때는 확실히 안된다(NEIN)고 버티는 철녀이기도 하다.

그녀의 정치적 스승은 '헬무트 콜'이지만 재정 부패가 드러날 당시 헬무트 콜을 가장 앞서서 비판한 원칙주의자이기도 하다.

과학자답게 연구하고 분석해서 사람을 쓸 때도, 적재적소 인사로 유명하다. 그녀의 정치지도자로서 목표는 성공이다. 당연한 말 같지만 대부분의 정치 거물은 권력을 목표로 두는데 그녀는 독일자유민주주의의 부흥이 자기 성공의 목표라고 당당하게 밝힌다.

그녀의 행보는 철의 여인으로 신자유주의를 전면에 내세우며 자본의 편을 들고 노동자를 탄압했던 대처와 확연히 대비된다. 대처는 1984년 영국의 많은 탄광을 폐쇄하고 구조조정을 단행했다. 국영기업인 석탄공사를 민영화 하면서 수익성 나쁜 광산을 대거 폐쇄하고 노동자들을 해고하면서 노조와 전면전을 선포했다. 이른 바 신자유주의적 구조조정. 무노동 무임금을 관철하면서 노동자들을 억압했다. 결과 노조는 패배하고 영국의 빈부격차는 심화되었다. 하지만 결과는 노동자들만의 패배일까? 결과적으로는 영국사회 전체가 같이 무너지면서 영국 전체가 패배했다. 탄광은 기업의 일터일 뿐 아니라 노동자들에게는 마음의 고향이다. 근대 산업화의 시작이 이루어진 경제의 기반인데 그게 무너지면서 영국 사회 전반에 걸친 민주적 가치가 훼손된다. 영화 〈빌리 엘리어트〉나 〈블래스드 오프〉는 그 무너져가는 탄광촌을 배경으로 예술을 추구한 아름다운 사람들의 이야기를 감동적으로 보여준다.

메르켈은 또 전후 역사에 대한 철저한 사과와 반성의 모습을 보이며 전범국가로서의 사과에 인색한 일본의 아베와도 극명한 차이를 보인다. 전범 위패를 모아놓은 야스쿠니를 참배하는 아베의 역사인식은 전범으로서의 반성과 성찰이 없다. 하지만 메르켈은 달랐다. 신문 기사 하나만 살펴보자

〈朴대통령 만나는 아베와 메르켈의 상반된 역사행보〉
메르켈 침략전쟁 속죄행보…아베는 야스쿠니신사 참배

獨·日 전후 과거사 청산 대조적 행보 평가

(헤이그=연합뉴스) 신지홍 김남권 기자 = 박근혜 대통령이 네덜란드·독일 순방기간 만나게 되는 두 정상, 아베 신조(安倍晋三) 일본 총리와 앙겔라 메르켈 독일 총리는 여러 면에서 대조적인 정치 지도자이다.

같은 패전국의 '멍에'를 진 국가의 당대 최고 지도자라는 점에서 공

통점이 있지만 거기까지다. 이들이 국제사회에 보여준 행보는 극단적일 정도로 차이를 보인다.

메르켈 총리가 철저한 전쟁반성과 전범 추적 끝에 국가를 정상화한 독일의 정상답게 집권 후 늘 과거사를 정면으로 응시한 양심적 속죄의 발걸음을 보여준 반면, 아베 총리는 태평양전쟁 A급 전범이 합사된 야스쿠니 신사 참배에서 보듯 '보통국가화'의 완성이라는 미명 아래 몰역사적 행보로 주변국의 강한 비난을 샀다.

지난해 8월20일. 메르켈 총리가 현직 총리로는 처음으로 독일 뮌헨에서 16㎞ 떨어진 다하우 나치 강제수용소 추모관을 공식으로 찾았다. 이곳은 제2차 세계대전 당시 유대인과 동성애자, 전쟁포로, 집시 등 20만여명을 강제 수용했고 4만여명이 목숨을 잃었던 독일 내 최대 정치범 수용소다.

메르켈 총리는 이날 연설에서 "수감자들의 운명을 떠올리며 깊은 슬픔과 부끄러움을 느낀다"며 "독일인 대부분이 당시 대학살에 눈을 감았고 나치 희생자들을 돕기 위해 아무것도 하지 않았다"고 자책했다.

단순히 전범 가해자들의 비인도적 죄상의 고발을 넘어 평범한 독일 국민들의 야만적 전쟁 폭력에 대한 외면, 이른바 '악의 평범성'(유대인 여성학자 한나 아렌트)을 지적하면서 독일 국민의 처절한 자기반성을 대표한 것이다.

앞서 메르켈 총리는 2009년 6월에도 버락 오바마 미국 대통령과 함께 독일 부헨발트 강제수용소를 방문해 헌화한 바 있다.

여기에서 보이는 메르켈의 힘은 무엇인가?

나는 그 대답의 일면을 원탁토론에서 찾는다. 잘 알다시피 원탁 토론에서는 중간에 입장을 바꾸기가 가능하다. 토론 중간에 입장을 바꾼다? 그것이 어떻게 가능하지? 원탁 토론에서의 승패 혹은 승리는 상대방을 공격하고 깎아내리는 데만 있지 않다. 그런 경우는 극히 드물지만 원탁 토론에서는 상대방의 주장과 근거에 충분히 설득당할 마음자세를 가지고 토론에 임한다.

"메르켈 독일총리는 야당을 찾아가 새벽 5시까지 밤샘 토론하면서 설득하고 대화해서 문제 해결한다"(송호창 무소속 의원 29일 KBS라디오, 우리정치는 감사원장 임명 문제 하나조차 서로 머리를 맞대고 푸는 문제해결 능력이 없다며)

이는 충분히 자기 입장을 내려놓고 토론할 의지가 있다는 자세이며, 경우에 따라서는 상대 입장을 전면 수용할 의사가 있다는 적극성을 보여주는 것이다. 대부분의 대립 토론이 편가르기와 공격하기로 이루어져 진정성 있게 상대의견을 경청하며 수용하는 자세를 배우기 어렵다. 하지만 원탁 토론은 다르다. 충분히 자신을 버리고 새로운 가치와 인식을 수용하여 기존의 자기 자신을 변화시키는 훈련이 가능하다. 그게 원탁 토론의 또 다른 매력이다

실제 토론에서 중간에 자신의 입장을 바꾸는 경우가 있을까? 토론 분위기나 주제에 따라 다르기도 하지만 '결혼은 필수인가 선택인가?'

라는 주제의 경우 토론자의 생각이 바뀌는 비율이 높았다. 토론 전에는 많은 사람들이 결혼은 선택으로 꼭 할 필요가 없다는 입장이었으나, 토론 과정에서 결혼의 필요성에 설득당해 중간에 입장을 바꾸는 토론을 했다고 말한다.

입장을 굳이 버리고 바꿀 필요가 없지만, 할 수 있다면 그럴 수 있는 용기가 토론의 진정한 힘이다. 상대를 수용하고 나와 상대의 차이점을 인식, 결합하여 더 나은 대안을 제시한다면 독일 국민들이 반대 정당의 주요 정책을 수용한 메르켈에게 환호와 지지를 보낸 것처럼 진정한 승리자가 될 수도 있다.

"당신의 생각은 언제나 완벽하고 옳은가?"

원탁 토론에서 중간에 입장 바꾸어도 좋다는 정신은 이 질문에서 출발한다.

6

〈마이클 샌델〉식 토론과 〈돼지가 있는 교실〉
- 토론을 이끄는 교사의 역량은 어디까지인가?

무지한 스승의 교육

나는 신이 혼자서 스승 없이 스스로를 지도할 수 있는 인간 영혼을 창조했다고 믿는다.

- 조제프

본인은 정작 네델란드어를 모르면서 〈텔레마코스의 모험〉이라는 프랑스 - 네델란드어 대역판을 통해서 프랑스어를 모르는 네델란드 학생들에게 프랑스어를 가르친 조제프 자코토의 모험은 〈무지한 스승〉의 저자 랑시에르를 통해 제법 알려져 있다.

자기가 모르는 언어를 그 대상의 언어도 모르는 채 학생들에게 가르친다. 그것이 과연 가능할까? 어떻게 가능할까? 교육방송 입시 교재가 교육과정을 지배하고 인터넷 강의나 그 인강을 복제하는 선생님들이 교실 가득한 우리네 현실에서 이런 교육은 말 그대로 '모험'으로 다가온다.

흔히 협동학습과 토론식 수업을 하면 교사가 미처 생각하지 못한 상상불가의 아이디어들이 학생들로부터 쏟아져나온다고 한다. 학생 스스로도 자기가 미처 몰랐던 사실을 새롭게 알게 되고 내가 그런 말을 할 수 있다는 사실 자체가 무척 놀랍다고 말한다. 선생님이 지식을 주입하지도 않았는데 학생들 스스로 새로운 지식을 생성한다? 토론은 과연 랑시에르가 소개한 '무지한 스승'의 '해방적인 교육'이 될 수 있을까?

우선 하나의 사건을 소개한다.

마이클 샌델의 정의론

겨울 방학식을 며칠 앞둔 어느 날 오후 3시 반 경, 교무실에 앉아 있는데 전화가 왔다.

"거기 영동일고 교무실, 이, 죠……. 저…."

말꼬리를 흐려가면서 수그러드는 목소리는 말을 끝내 맺지 못하고 잠잠해졌다.

"네, 그런데요. 누구신가요, 무슨 일인데요?"
"저…, 영동일고 학생인데요."

"네, 왜요? 누구를 찾으시나요?"

"교감선생님 계신가요, 통화를 하고 싶어서요…."

'학생이 직접 찾아와 뵐 수 있는 교감 선생님을 찾는다는 건 무슨 비밀스런 이야기나 민원 사항이 있다는 뜻일텐데…' 나도 생각의 끝을 흐리면서 교감선생님 자리를 힐끗 돌아봤으나 자리에 계시지 않았다. 학생은 내게는 끝내 무슨 일인지 말하지 않을 것 같았는데,

"저 2학년 0반에서 지각비를 걷는데, 그게 문제가 많아서요. 십만 원도 더 걷어서…, (옆에 있는 친구에게 물어보듯이) 맞지?"

혼잣말인 듯 사위어가는 목소리는 학급에서 지각비로 걷은 벌금에 대한 부당함을 하소연하려는 것 같았다. '십만 원이면 꽤 큰 액수인데'라고 속으로 생각하면서 2학년 0반의 담임이 누군가를 살폈다. (내가 근무하는 1교무실은 교무부라 대형 칠판이 자리 바로 앞에 있고, 칠판에 담임 명단이 주르륵 기록되어 있다.) 법과 사회나 경제 과목을 가르치는 젊은 남선생님이었다. 무리하게 아이들에게 돈을 걷거나 할 분은 아닌데, 학급 운영의 원칙이야 사람마다 다 다르니, 그건 잘 모르겠고. 일단 교감 선생님 자리 번호를 알려주고 전화를 끊은 뒤에 그 선생님을 찾아 대화를 나누었다.

"지각비를 그리 과하게 걷는 게 사실인가요? 어쩌다가 학생한테서 이런 전화가 다 오나요?"

"안 그래도 그것 때문에 격론을 하다가 오는 중이에요."

"왜 다른 선생님들도 전화받았다고 선생님한테 이야기해요?"

"아니 그게 아니라 아이들이, 자기네들끼리, 걷은 돈을 어떻게 해야 하나, 그리고 계속 이렇게 걷어야 하나 등등을 논의하고 있어요. 전화한 학생은 이익 볼 건 다보고 자기 돈 아까우니 뒤늦게….".

"그럼 전체 걷은 돈이 십만 원이 아니라, 한 학생이 낸 게 십만 원이라고?"

다소 놀라면서 되물으니 '학생들 스스로 정한 규칙이고, 그렇다'고 한다.

어쩌다가 그런 규칙을 정했는지, 학생들은 왜 그렇게 했는지, 그 규칙에 동의하지 않는 학생은 어찌 하는지, 물었다. 게다가 이 선생님은 '학생 자치 법정'을 운영하면서 학생생활 지도도 매우 적극적이고 합리적으로 추진하는 선생님이라서 그랬지만 들려오는 대답은 말 그대로 '노답'이었다.

"저도 지각에 대해서 억압하는 데 반대하지만, 지각생을 방치하면 무능하다는 손가락질이 날아오고, 규제가 필요한데 본인이 거부하면 어찌할 도리가 없고, 그래서 학생들 스스로 해결하라고 맡긴 건데…, 처음에는 이런 문제가 생길지 몰랐어요."

약아빠지게도 학급비의 단물은 받았으면서도 자기가 낸 십 만원에 대해서 부당하다고 항의하고 싶어 하는 아이. 그 아이의 이중성이 느껴지면서도 자기가 동의하지 않는 집단의 규칙에 대해서 억지로 따라야 할 경우 공동체의 윤리는 무엇일까 고민이 생겼고 이는 개인의 자유를 보장해야 할지, 아니면 공동체의 규칙을 따라야 할지를 다룬 마이클 샌델의 〈정의란 무엇인가〉로 이어졌다. 마이클 샌델이 〈정의란 무엇인가〉에서 제기하는 개인의 자유와 공동체의 합의라는 문제가 여기서도 그대로 적용된 까닭이다. 개인의 자유주의와 공동체주의의 충돌.

마이클 샌델에 따르면

'칸트는 우리가 법에 복종하는 이유는 자율적 주체로서, 이성적 주체로서 우리 스스로 도덕법칙에 합의했기 때문이다. "자율적으로 행동할 수 있는 능력 덕분에 인간은 존엄할 수 있는 것'이라고 주장한다.([정의], 165쪽) 그러나, 샌델은 우리가 도덕을 수용하고, 공동체에 충직의 의무를 다하는 것은 "내가 합의했기 때문이 아니라 스스로 합의 하지 않았음에도 그 자체로 '옳기 때문'에 자신에게 주어진 의무를 다한다.([정의], 314쪽)

대화를 나누면서 샌델식 정의론이 떠올라, 해결 과정의 난점을 토로하는 모습이 안쓰럽기도 했지만 정작 궁금한 것은 격론을 벌인다는 아이들의 분위기와 토론과정이었다. 게다가 법과 사회 선생님은 전공 자체가 사회 갈등을 풀기 위한 합리적 의사소통을 가르치는 당사자가 아닌가! '나는 아이들의 격론을 보고싶다, 선생님이 그 부분을 어떻게 풀어가는지 궁금하다'고 참관을 요청했고, 그 선생님은 기꺼이 응했으나 아쉽게도 학생들은 본인들이 스스로 문제를 풀겠다며 제3자의 입회를 거절했다.

샌델식 강의는 소크라테스식 산파술로 널리 알려져 있다. 미국에서 십만 부 정도 팔린 〈정의란 무엇인가〉가 우리나라에서 백만 부 이상이 팔리는 기현상에 대해서는 여러 분석 요인이 있지만, 그 가운데 하나로 샌델식 질문 답변 수업이 참신한 반향을 불러일으켰다는 데 이견이 없다.

소크라테스와 샌델식 토론 모형은 어떠한가? 그들은 끝없이 상대에게 질문을 던진다. 하나의 정답을 상정하고 특정한 방향으로 논의를 몰아가지 않는다. 어느 하나의 견해에 대해서 예측가능한 문제를 던져 사고의 폭을 사방으로 넓혀나간다. 때론 논의의 초점이 흐려지면 다시 핵심을 잡아나가도록 이끌어간다.

주제 제시. 쟁점 정리, 논의 전개, 이견을 통한 대립 및 다른 방향으로의 사고 전환, 이견 충돌의 조정, 정리 등을 교사가 이끌어나가되, 답을 던져주지 않고 새로운 문제로 논리 구성을 촉발한다. 이런 토론에서 교사의 역할은 매우 중요하다. 아니 겉으로 내세우지는 않아도 절대적인 권위와 힘이 필요하다. 스스로를 드러내지 않으면서 전체를 아울러가는 힘, 그게 랑시에르가 말하는 '무지한 스승'의 경지다.

돼지가 있는 교실

토론의 과정을 상세히 다루는 일본 영화 〈돼지가 있는 교실〉은 초등학교에서 벌어지는 마이클 샌델식 토론이다. 여기는 오히려 교사의 주도성과 개입이 최소화 되어있다. 흔히 교사가 학생들 토론에 어느 정도 개입하나 질문을 많이 하는데 정답은 없다. 마이클 샌델식과 〈돼지가 있는 교실〉의 호시 선생 사례는 눈여겨 볼만하다. 이번에는 영화 속으로 들어가보자.

일본 어느 초등학교의 6학년 2반을 맡고 있는 호시 선생은 교실에서 돼지를 키우고 싶다는 엉뚱한-모험적인 제안을 한다. 가축을 기르는 농업학교도 아닌 도시의 초등학교에서 돼지를 키우다니! 명분이야 학생들로 하여금 생명이란 무엇인가 가르치려 하기 위해서라고 말하지만 그게 어디 쉽고 가능한 일인가!

20여년 전 오사카의 한 초등학교에서 있었던 실화가 바탕이 된 영화 〈돼지가 있는 교실〉은 당시에 크게 화제가 된 이야기를 기반으로 만들어졌다. 모험적인 제안을 한 선생님도 대단하지만 선선히 수락해준 교장 선생님도 보통이 아니다. 처음에는 학부모들의 반발이 작지 않았는데 그걸 막아준 사람도 교장선생님이니까.

"아이들 불만 있나요? 학교 수업은 담임과 학생 신뢰가 중요한데 학생들은 선생님을 잘 믿고 따릅니다."

교장은 '호시선생님이 젊지만 소중한 걸 가르치는 열정적인 생명

수업을 진행 중이고 본인도 교장으로서 호시샘을 지지한다. 그러니 학부형들도 아이들이 믿는 호시 샘을 지지해달라고' 설득한다.

과거 교장 선생님 본인도 생명에 대한 어떤 고민과 상처가 있었는지, 호시 선생님의 교육 취지에 백 프로 공감하는 분위기다. 그렇게 해서 진행되는 돼지를 키우는 교실 이야기. 자 가벼운 줄거리다.

"이 돼지를 함께 키우고, 다 크면 잡아먹자." 새끼 돼지를 교실에 끌고 온 6학년2반의 담임교사 호시의 말이다. 새 학년이 시작된 지 겨우 한 달, 갓 부임한 젊은 교사는 이 체험을 통해 학생들에게 생명이 무엇인지 가르치려고 한다. 마지막에 그들에게 닥칠 죄의식과 고통을 내다보지 못한 채 아이들은 무작정 신이 났다. 보는 것만으로도 귀여운 핑크빛 아기 돼지는 "P짱"이란 이름을 얻었고, 자연스레 그들의 친구가 됐다. 학교 안팎의 눈총으로 우여곡절도 겪지만, 2월이 될 때까지 아이들은 돼지와 함께 훌쩍 자라난다. 그리고 졸업을 한 달 앞둔 날부터 그들은 처음에 전제한 '잡아먹기'에 대해 고민하기 시작한다.

(시네21, 안현진)

교내에서 돼지를 키우는데 우여곡절이 없을까! 아이들은 돼지에게 P짱이라는 이름을 붙여주면서 관계맺기가 시작된다. 학교운동장이 P짱의 주거공간이 되면서 집을 만들어주고 먹이를 가져다준다. 비가 오거나 바람이 불면 P짱 걱정에 잠을 못이루고 행여 아플세라 열심히들 돌보기에 여념이 없다.

문제는 이 학생들이 6학년이라는 점. 학기 초에 결의(!)를 해서 열심히 키우지만 1년이란 시간은 어김없이 흘러가기 때문에 가을이 지나가면서 P짱의 미래, 단도직입적으로 말하자면 P짱의 처리, 더 단도직입적으로 말하자면 P짱을 잡아먹기로 한 약속에 대한 고민이 시작된다. 그리고 이 시점부터 학생들의 본격적인 갑론을박이 펼쳐진다.

호시 선생이 학생들로 하여금 생명의 본질과 먹거리와 인간의 관계 혹은 육식이란 필요하고 타당한가 등에 대해서 '배움'이 일어나도록 학습을 추동하는 교육 방법이 바로 '토론'이다. 물론 아이들에게 찬성과 반대의 역할을 정해주거나 입론과 반론의 과정을 거친다든지 상대는 왜 그렇게 생각하는지 따져묻는 등의 형식을 가르치지는 않는다. 토론이란, 말 그대로의 논리적인 싸움 그 자체면 충분하기 때문이다.

그 동안 아이들이 가져온 먹이를 먹으며 무럭무럭 자라는 P짱. 때로는 소리를 지르고 교실 안팎을 돌아다니면서 수업을 방해도 하고 같이 공을 차며 놀기도 한다. 아이들은 돼지집 청소도 즐겁게 하고 산책도 같이 하고 토마토도 가져다주면서 정이 들어가니 'P짱을 먹어야 하는가'라는 주제 앞에 망설이지 않을 수가 없다.

이제 졸업 149일을 앞둔 어느 날 토론이 벌어진다.

회의 주제는 〈P짱을 어떻게 할 것인가?〉

호시 : 여러분들이 먹는 것에 대해 어떻게 생각하고 있는지 속마음을 알고 싶습니다. 이 이야기에 대해서 누가 옳고 틀리다는 것은 있을 수 없습니다. 어떤 의견이 나와도 좋습니다. 그러니 여러분들의 속마음을 들려주세요. 그렇게 생각하면서 오늘 서로서로 이야기 해봅시다.

그럼 의견이 있는 사람은 손을 들어주세요. 그래 미노리

　미노리 : P짱은 6학년 2반 동료이지 애완동물이니까 먹을 수 없다 랄까, (여기 저기서 '나도!, 먹고 싶지 않습니다!' 외치는 소리가 들린다) 먹고 싶지 않습니다!

　4월에 선생님이 P짱을 데려오셨을 때 먹는다는 조건으로 키우기 시작했잖아. 그래서 그렇게 하는 편이 좋다고 생각하는데...

　리키야 : 그게 지금 상황에서는 어떻게 말해야 할지 잘 모르겠지만 저는 먹고 싶지 않습니다. 이유는 역시 지금까지 함께 지내며 즐거웠고 많은 일도 있었지만 그래도 왠지…. 왠지 즐거웠고 우리들과 함께 해온 동료니까 잡아먹는 건 이상하다고 생각합니다.

　유마 : 확실히 동료지만, 그 동료를 키우기 전에 약속을 하고 시작했으니 P짱은 동료지만 약속대로 잡아먹는 것이 좋다고 생각합니다.

　하야토 : 확실히 선생님은 처음에 잡아먹기 위해 키우자고 하셨지만 반년이나 키워오면서 왠지 모두들 가족처럼 대했는데 굳이 P짱을 잡아먹을 필요는 없다고 생각합니다.

　유이 : 이미 6개월이나 함께 하면서 점점 감정이 변해왔으니까, 감정이 변한 사람도 있으니까 먹지 말고 살려주는 편이 좋다고 생각합니다.

　카즈야 : 그렇게 기분이 쉽게 변하는 거라면, 왠지 심한 말 같지만 처음부터 안 키우는 게 좋았다고 생각합니다.

　(너무 심하다고 사방에서 야유 소리가 들린다)

　호시 : 자자, 의견이 있는 사람은 손을 들어.

　주기야 : 선생님은 P짱을 어떻게 생각하세요?

호시 : 그러게. P짱을 키우기 시작했을 때 선생님은 돼지를 키워서 나중에 잡아먹고 싶다고 말했지, 지금도 그 생각에 변함이 없습니다.

(학생들도 할 말이 많은지 여기저기서 저요! 저요! 손을 든다.)

뚱뚱한 학생 : 다른 돼지는 먹을 수 있겠는데 P짱은 먹고 싶지 않습니다

('하하하' 여기저기서 웃는 소리 들리고 '너무 먹었어'라며 놀리는 소리도 들려온다.)

호시 : 이야기가 옆으로 새고 있잖아, 조용히!

안경쓴 여학생 : 저는 P짱을 먹으면 P짱이 제 몸의 일부분이 되어줄 것 같은 기분이 들기 때문에 그러고 싶습니다.

(어디선가 '먹으면 싸야되잖아!')

호시 : 내가 처음에 말했지. 어느 의견이든 틀리고 맞는 게 없다고. 여러 의견을 들어보는 게 좋습니다.

초록색 옷 여학생 : 지금 말한 대로 잡아먹고 싶은 쪽의 사람에게 묻고 싶은데, 어찌 그렇게 태연하게 잡아먹겠다고 말 할 수 있나요? 저는 절대 먹고 싶지 않습니다.

유마 : 저는 잡아먹는 편이 P짱을 위한 일이라고 생각합니다.

반박여학생 : 어째서 잡아먹는 게 P짱을 위한 일이 되나요?

유마 : 돼지는 잡아먹히기 위해 태어났기 때문입니다.

반박남 : 그건 인간이 멋대로 정한 거고 돼지의 생각은 전혀 반영되

지 않았으니까 저는 먹고 싶지 않습니다.

(너 인간 되었네! 여기저기서 처음으로 박수도 터져나온다)

처음에는 정이 들어 먹을 수 있다 없다 하던 학생들의 토론이 자연스럽게 목적론이나 사고의 주체성 여부로 발전했다.

여 : 불쌍하지만 모두들 고기를 먹으면서 살잖아. P짱도 돼지니까 똑같다고 생각해.

남 : P짱이 고기가 되면 P짱은 P짱으로 있을 수 없게 되니까...

이렇게 시간 가는 줄 모르고 학생들의 토론은 멈출 줄을 모른다.

남 : 지금까지 어떤 생각으로 P짱을 키워왔습니까?

(맞아! 맞아!)

여 : 그래도 모두들 먹으면서 살고 있으니까 P짱만 불쌍하고 다른 동물은 아무렇지도 않게 먹는 건 이상하지 않아?

(한쪽에서는 지지하는 소리 '이상해!', 다른 한쪽에서는 웅성거리며 '뭐가 이상해?' 반박 소리도 들린다.)

루카 : 꼭 P짱을 먹을 필요는 없잖아.

일부 학생들 : 맞아

남 : 다른 돼지는 먹으면서 P짱만 안 먹는다는 건 차별이잖아!

학생 일부 : 맞아 차별이야.

남 : 열심히 키워온 P짱이랑, 일상적으로 먹어온 돼지고기는 전혀 다르다고 생각합니다.

결국 이렇게 토론은 모든 문제의 본질인 차이와 구별로 접근한다. P짱과 다른 돼지들은 같은가 다른가? 둘인가 하나인가와 같은 본질적인 문제의식을 학생들은 자신들도 모르게 논의하고 있다.

여1 : 모든 생명은 같은 생명이고 생명에는 귀천이 없잖아!

여2 : 역시 P짱을 먹는 것은 잔혹하고 불쌍하다고 생각합니다.

여3 : 선생님, 먹고 안 먹고를 떠나서 다른 선택지는 없나요?

호시 : 그러네. 그렇다면 모두들 아까부터 먹지 않는다는 의견이 많은데 먹지 말자고 주장하는 사람들은 P짱을 어떻게 할 생각인 거야?

호시 선생의 사회가 물 흐르듯 자연스럽다. 아이들의 문제제기에 변죽을 울리며 이야기를 한 걸음 더 진전시킨다.

여기서부터는 대안으로 넘어간다. 어느 한 쪽의 주장에 대해서 반대를 한다면 상대가 수긍할 수 있는 대안을 제시하는 것이 설득력이 있고 토론 자체의 취지도 살리는 길이다.

히로키 : 계속 학교에서 길렀으면 좋겠습니다.

남 : 우리들이 처음 P짱을 키울 때 처음부터 끝까지 책임지고 키우려 한 게 아닌가요? 그걸 도중에 다른 사람에게 키워달라고 맡기는 것

은 아니라고 생각합니다.

그럼 끝까지 돌봐줄 생각이면 주인으로서 P짱이 수명을 다할 때까지 돌봐줘야 하는 게 아닐까요?

미츠키 : 이 학교에서 계속 키워도 우리들이 졸업하게 되면 P짱은 외톨이가 되어버리잖아. 그럼 어쩌나요?

여 : 그렇다고 잡아먹는 것은 불쌍하다고 생각합니다.

남 : 언젠가는 정해야 할 문제야! 안 그래?

리키야 : 언젠가는 정해야 할 일이지만, 먹는 것은 죽이는 것이랑 같아. 그걸 알고 말하는 거야?

남 : 그러니까, 죽이자고는 한 적 없어!

했잖아!

안 했어!

했어!

안 했다니까! 끈질기네.

결국 두 학생 서로 소리지르다가 몸싸움에 이르려 한다.

호시 : 자 그만하고 싸우라고 한 적 없어. 우린 먹을지 말지 서로 이야기하는 중이야.

이렇게 서로의 이야기는 결론을 내지 못한 채 토론을 마친다. 토론이 끝난 뒤 아이들에게는 어떤 변화가 생겼을까. 사실 삶에 아무런 변화도 일어나지 않는다면 이런 토론은 그 자체로 말장난에 불과한 무의미한 몸짓에 불과하다.

형식 없는 자유토론. 교사가 아이들에게 내용이나 생각을 가르쳐준 것은 없다. 호시 선생님은 그저 아이들이 자유롭게, 다른 사람을 존중하고 논점에서 벗어나지 않으면서 자기 생각을 말하게 했을 뿐이다. 호시 선생이 문제를 같이 풀어나가는 데 초점을 맞추었는지, 달리 어떤 교육적 효과를 염두에 두었는지는 모르겠다. 문제는 해결되지 않았고 졸업식을 향한 시간은 무정하게도 화살같이 빠르게 흘러간다.

그동안 아이들은 일상에서 P짱 문제를 놓고 가족이나 친구들과 대화와 토론을 이어간다. 먹는 것과 기르는 것, 함께 살아간다는 것에 대하여 등등.
어느새 크리스마스가 지나간다. 많은 생각이 스쳐간 것일까. P짱의 집 앞에서 교장과 대화를 나누던 호시샘은 다음 같은 말을 던진다.

호시 : 저는 애들에게 잔혹한 일을 시켰는지도 모르겠습니다.
교장 : 생명과 진지하게 마주 대하는 게 잔혹합니까?

잡아먹을 운명에 처한 돼지를 친구나 가족처럼 기르는 공부는 과연 어떤 깨달음을 줄까? 바야흐로 졸업을 51일 앞둔 2월 어느 날 두 번째 토론이 벌어진다. 논제는 역시 P짱을 어떻게 할 것인가?
게시판 토론을 통해서 나온 의견들은 다양하다. 그 동안 주변 사람들과 많은 토론을 거친 까닭일 것이다.

학교에서 키우자.
후배들에게 물려주자.
동물원에 보내는 게 좋겠다.
선생님이 다음에 맡을 반에서 키우는 건 어때?
역시 식육센터에 보내는 수밖에 없잖아.

이런 다양한 의견을 접하는 호시 선생님의 심사도 점점 복잡해져간다.
그 중에는 다음과 같은 의견도 있다.

도살장에 보낼 거야?
농장에 돌려주자.
역시 먹어야지
P짱을 키워줄 사람을 찾자

호시 선생님의 대안은 교무회의에서 제안되었다. 내년에 담임이 정해지면 P짱을 맡아 키울 반이 나섰으면 좋겠다는 의견이었다. 동료 교사들은 '먹기 위한 조처가 아니었냐, 먹기 전에는 죽여야 한다는 것을 모르냐, 못 키운다고 다른 반에 맡기는 건 좀 아닌 것 같다' 등등 반발했다.
교감 선생님은 말로 가르칠 것을 몸으로 가르치고 이제 문제를 내

미냐는 투고, 호시 선생은 산 교육의 중요성을 강조한다.

교장 선생님은 품 넓은 사람답게 학생들의 의견이 중요하지 않느냐고 되묻는다. 호시는 충분히 논의했고 억지로 결론 내기보다는 아이들의 자주성에 맡겼음을 호소한다. 이때 아이들은 방송실을 통해서 전교생에게 P짱을 맡아줄 반은 없는지 호소한다. P짱을 죽일 수 없다고 생각한 아이들이 제시하는 최선의 대안이다.

3학년 가운데 한 반이 나섰지만 같이 키워본 결과 문제점이 많았다. P짱의 몸집은 처음보다 두 배 이상 커졌는데 P짱을 돌보고 놀아주려는 3학년 동생들은 어려서 양동이 하나 못 들고 솔질도 못한다고 문제 제기가 한창이다. 바야흐로 본격적인 두 번째 토론의 현장.

이번의 핵심 논제는 〈3학년 후배들에게 P짱을 맡기는 것이 타당한가?〉이다.

어린 후배들이 잘 돌볼까? 그 아이들도 언젠가 헤어질 텐데 우리처럼 또 문제가 생기지 않을까? 우리 문제를 3학년에게 맡기고 도망갈 건가?

고기로 만드는 건 P짱을 버리고 도망가는 일이다. 아니다 그게 도망이 아니라 그 자체가 책임지는 일이다. 의견은 분분했다.

앞으로 남은 시간은 7일.

결국 안건은 투표에 붙여져 다수결에 처해진다. 총 인원은 26명 안타깝게도 의견은 13 대 13. 3학년에게 물려주자가 열셋, 식육센터에 보내자가 열셋으로 동수가 되었다. 호시 선생의 고민은 더더욱 깊어갈 밖에.

의견이 반반으로 나뉘다보니 마지막 토론은 자연스럽게 팀간 토론을 하는 디베이트 형식과 비슷해졌다. 물론 입론과 반론, 교차질문의 형식이 주어진 건 아니라 마치 사극 속의 양반들이 두 파벌로 나뉘어 당파 토론 하듯이 자유롭게 찬반 양론으로 갈라져 뜨거운 토론이 전개된다.

잡아먹기 싫으면 평생 키우라는 야유도 있었으나 학생들의 토론은 진지하기 그지없다. 어떤 학생들은 주인으로서의 책임의식을 강조하기도 하지만 결국 문제는 '죽이느냐 기르느냐, 식육센터에 보내느냐 3학년 후배들에게 맡기느냐'의 문제로 귀결된다.

3학년에게	식육센터에
스스로 P짱을 잡아서 먹어주세요 그게 책임이라면. 센터에 맡기지 말고요	좋아하면 알아서 하라고 3학년에 맡기지 말고
- 식육 센터에 맡기는 건 P짱으로부터 도망치는 일이다. - P짱에 대한 추억이 생겼는데 그걸 그렇게 마무리할 수 없다. - P짱을 오래 살게 해야 한다. 1년 1달 1분이라도 - P짱은 우리의 학급 동료인데 어떻게 먹을 수 있나?	- 3학년 아이들이 우리 삶을 반복한다 - 나도 물려주고 싶지만 우리 선에서 끝내는 게 우리들 책임이라고 생각하니까 - 3학년이 키우다가 다친다 - P짱은 언젠가 죽는다 - 죽이는 것과 먹는 것은 다르다. 죽임은 생명을 빼앗는 일이고 먹는 것은 죽은 생물의 생명을 이어받는 일이다.

삶의 길이는 누가 정하는가?

이 영화 중간에 이런 질문도 나온다.

"삶의 길이는 누가 정하는 건가요?"

전혀 질적으로 새로운 멋진 질문이 탄생한다. 잠시 고민한 뒤에 호시 선생님이 한 대답은 이렇다.

"그건, 아무도 정할 수 없다."

"하지만 지금은 모두 P짱의 삶의 길이에 대해서 이야기 하는 거죠."

이렇게 아이들은 삶과 죽음, 생명과 보육, 식육 등에 대한 문화에 대해서 많은 이야기를 나눈다.

형식은 찬반 토론에 가깝게 차가운 이성으로 시작한 양측의 팽팽한 대립은 눈물 바다로 끝난다. 역시 누구도 한 쪽으로 결론을 내리지는 못한다. 호시 선생도 이제 결심을 할 때가 다가오고 있다는 걸 운명으로 받아들인다. P짱의 마지막 길은 어디가 될까?

결정 6일전, P짱이 학교를 나가 동네 관리인들에게 잡혀오는 사이 교장실에서는 다시 어른들의 토론이 이루어진다. 아이들에게 결론을 넘기는 건 도망이라는 교감 말에 호시 선생은 아이들의 자주적인 토론을 강조한다. 교육과 배움의 주체는 교사가 아니라 학생들 자신이라는 뜻이다. 호시 선생의 말에 공감하는 교장. 하지만 교사의 책임을 강조하는 따끔한 한 마디 말을 잊지 않는다.

"얻기 어려운 수업이 이루어졌다고 생각합니다. 이건 애당초 성공과 실패를 묻는 수업이 아니었죠. 본질은 생명과 마주하는 일이었죠. 하지만 아이들이 어떤 판단을 내렸다 할지라도 최종적인 결론은 호시 선생 스스로가 져야합니다. 그게 교사로서의 책임입니다."

졸업 3일을 앞둔 날 재투표를 실시했으나 결과는 13대13 변함이 없다. 마침 저녁에 3학년 담임선생님이 와서 책임지고 P짱을 맡아주겠다는 제안을 하고 간다. 그리고 다음 날. 운동장 P짱의 집 옆에서 호시 선생과 아이들이 모였다. 결자해지랄까, 처음 P짱을 데려오자고 제안한 호시 선생이 P짱 문제에 대한 답을 내려야 하는 순간이다.

"결론이 났습니다. (긴장한 아이들. 사이로 고요한 침묵이 흐르고 간간이 새 소리만 들려오는 교정) P짱을... 식육센터에 보내는 걸로 정했습니다. (굳은 표정, 고개를 간간이 주억거리며) 이게 선생님의... 6학년 2반 최후의 1표입니다."

가벼운 바람이 흐른다. 아이들은 눈가를 훔치며 눈물을 닦는다.

"여러분들은 이 1년간 정말 잘 해주었습니다. P짱을 처음 교실에 데려와서 기르고 싶다고 말했을 때, 솔직히 너무 불안했습니다. 냄새난다거나 귀찮다는 말을 듣는 건 아닐까, 여러분들이 싫어하지 않을까 너무 불안했습니다. 하지만 선생님이 상상한 이상으로 여러분들이 잘 해줘서…. 비오는 날도 바람이 부는 날도 P짱을 잘 돌봐줬지. 각자의 P짱에 대한 추억은 정말.. (감정을 가까스로 추스르면서) 정말 너희들 잘 해줬어. 고마워."

정답은 없었다. 있다면, 구태여 말하라면 과정이 정답이다. 아이들의 삶 속에 머리와 가슴 속에 새겨진 P짱에 대한 추억과 인식이 답이고 배움이다.

이 영화가 실화를 바탕으로 했다니 그 학교의 교장과 선생님들, 학생들과 학부모들은 과연 어떤 마음으로 공명하고 동의하고 동참했는지 궁금하고 부럽다. 다시 서두의 이야기로 돌아가보자. P짱을 기르고 결국 떠나보낸 이 학교의 학생들이 지적으로 거창한 걸 배우고 해방을 경험하는 모험이 있었는지, 호시 선생은 텔레마코스의 모험을 가르친 조세프 자코토같은 무지한 스승이었는지 판단하기는 어렵다.

다만 아이들이 치열하게 벌이는 토론의 과정을 지켜보고 부드럽게 이끌어주었다는 것, 아이들은 기나 긴 배움의 여정 속에서 새로운 존재로 거듭났다는 것 그 사실만으로 호시 선생의 모험과 교육은 의미가 있지 않을까? 마치 소크라테스나 샌델이 지적 자극과 모험을 촉발하듯 호시 선생도 아이들의 삶을 자극하면서 건강한 토론을 이어갔다.

디베이트를 비롯한 아카데미식 토론의 방법과 발달을 고민하면서 많은 선생님들이 토론의 형식을 고민한다. 세다나 퍼블릭포럼 디베이트 같은 토론의 형식이나 진행 과정을 모르면 마치 토론 수업을 하기 어렵다는 것처럼.

여기서 우리도 하나의 모험을 해볼 기회를 떠올려보자. 자코토와 호시 선생이 교육적 모험을 통해서 무지한 스승의 길을 찾아간 것처럼 우리도 아이들에게 자기 삶을 교육과정 삼아 창의적으로 만들어보라고 학생들 동의하에 던져줘보자. 학생들은 못한다는 불신을 버리고 누구나 가능하다는 믿음으로 도전해보자. 랑시에르가 말했듯 교사인 우리들이나 학생들에게 가장 문제인 것은 무지가 아니라 무시이니까.

학생 스스로 나는 할 수 없다는 자기 무시. 교사가 학생을 보면서 저런 아이들을 어떻게 가르치나 하는 학생 무시, 학생이 교사를 바라보면서 왜 저렇게 밖에 수업을 못하나 하는 교사 무시. 마지막으로 교사 스스로 자기를 가두고 난 이렇게 가르칠 수밖에 없는 존재라는 교사로서의 자기 무시.

이 모든 무시를 넘어서는 데서 진정한 무지는 싹을 틔운다. '돼지가 있는 교실'에서 싹트는 무지한 스승의 노력은 지난한 토론과 삶으로 이루어졌다.

7

토론 수업 10계명
- 토론의 원칙이 수업을 빛낸다

1. '적자생존' (잘 적는 것이 생존하는 길이다. - 기록의 중요성)

2. 적는 방법(들으면서 적기, 시간 줄 때 적기, 짬짬이 스스로 알아서 적기)

3. 소리를 낮추자(모둠 안에서 들을 수 있는 최저의 음량으로 말하고, 책상 옮길 때나 삐걱이는 등의 소음 안 만들기)

4. 이야기하자고 하면 이야기하고, '주목'하면 3초 안에 주목하고, 설명은 끝까지 듣는다.

5. 주어진 발언시간이 있으면 지키며 말하기

6. 발언 시작 때는 "토론자 ○○○입니다."라고 말하고, 발언 끝낼 때는 "이상입니다."라고 말하기.

7. 토론할 때는 경어체로 말한다.

8. 기록은 연필로 하고 틀린 것은 지우개로 깨끗이 지운다.

9. 기록지는 낙서를 하거나 구기거나 접지 않는다.

10. 기록지는 누적해서 비닐파일에 보관해서 갖고 다닌다.

배재고등학교에서 2011년 1년 내내 토론 수업 활동을 하셨던 황성규 선생님의 토론수업 10계명이다. 어떤 교사도 과목과 학년 여하를 떠나 1년을 내내 토론 수업으로 수업을 진행하기가 쉽지 않다. 2010년 토론의 전사 6기로 토론 연수를 받은 황성규 선생님은 제대로 된 토론 수업을 꿈꾸다가 마침내 혼자서 전학년을 가르칠 여건을 만났다. 당연히 '도전, 토론수업!'을 외칠 만하지 않은가. 그리고 보낸 1년간의 치열한 토론 수업. 그 기록들은 토론의 전사 카페나 전국 국어교사모임 누리집에서 만나 볼 수 있다. 선생님의 활동 속에 참고할 만한 수업 팁이 적지 않아 선생님의 동의를 얻어 여기서 풀어보고자 한다.

다음은 황성규 선생님이 직접 쓴 원고이다.

가. 토론식 수업 환경 조성

2011년에 우연히도 토론수업을 할 기회가 왔습니다. 저는 원래 2학년 문학 수업을 맡아서 문학 감상을 토론으로 해보려고 했는데, 1학년 수업을 맡았습니다. 그런데 지금 생각하면, 그건 오히려 행운이었습니다. 제가 있는 학교는 자율형 사립고등학교입니다. 교육 과정 편성에 자율권이 좀 있습니다. 보통의 일반계 고등학교에서는 1학년 국어가 주당 4시간인데 이걸 5시간으로 늘인 겁니다. 그리고, 그 늘어난 1시간을 토론수업으로 정한 것이죠. 아마도 학교 전체의 형편을 고려한 수업 시수 분담 때문에 1시간이 늘었으리라 짐작합니다. 그리고 자사고 2년차에 들어서면서 특색 있는 수업을 만들어야겠다는 생각도 윗선에서 있었으리라 봅니다. 그 내부 사정은 자세히 알지 못합니다. 이번

2012학년도에는 1학년 국어 수업이 다시 4시간으로 줄었습니다.

어쨌든 그 수업을 제가 맡았습니다. 그 때부터 저의 실험은 시작되었습니다. 어쩌면 특수한 경우입니다. 다른 교사들이 실제 수업 현장에서 제 수업의 모형을 활용하기에는 많은 변형이 있어야 하지 않나 싶습니다. 저도 이번에 2011년 일 년간의 수업을 되돌아 훑어보다가 어떻게 수정 변형해야할까부터 먼저 생각되더군요. 나름대로 잠정적 결론을 내리기로 했습니다.

1학년 전체 13개 반, 주당 1시간씩, 수행평가로 60점을 기말고사 점수에 반영. 학생 개인간 성적 편차가 크지 않을 것을 인정받고 시작했습니다. 학교에는 토론에 큰 관심을 둔 교사가 없었기 때문에 토론수업에 대해 별 관심을 두지 않았습니다. 그래서 오히려 저는 자유롭게 수업을 구안했습니다. 반면에 수업 환경 등에 대해서는 저도 지원을 요청하지 않았습니다.

학교마다 영어전용교실 같은 게 있겠지요? 제 학교에도 있었는데, 비어 있는 시간이 대부분이었습니다. 일반 교실의 1.6배 정도 되는 크기의 교실입니다. 컴퓨터와 대형의 터치스크린 티브이가 있습니다. 책상이, 4개를 서로 붙이면 네 잎 클로버의 모습이 되는 형태였습니다. 4인 모둠으로 할 때는 아주 좋은 책상인데, 결론적으로 보자면 별로 바람직하지 않았습니다. 저는 5~6인 모둠을 구성했는데, 6인 정도면 오히려 가까이 모여 앉는데 이 책상이 장애가 되었습니다. 이 교실을 거의 1년간 제가 썼습니다. 나중에 교감 선생님과 이야기하다가 바퀴가 달린 마름모꼴의 책상이 좋겠다는 생각을 했는데, 지금 생각해보면, 반타원형이 더 좋겠습니다. 모둠당 최소 1대 꼴로 컴퓨터가 있어서 인터넷 정보 검색이나 간단한 편집을 즉시 할 수 있었으면 하고 바랐습니다. 가끔 일반 교실에 가서 토론수업을 하기도 했습니다. 모둠내 이야기 소리가 모둠 간에 서로 소음으로 작용하는 면에서는 일반 교실이 더 하겠지요. 그러나 여러 가지 다양한 수업 준비물이 없는 경우는 일반 교실도 영어전용교실에 비해 크게 불리한 환경은 아닙니다. 학생들에게 미리 알려주어 쉬는 시간에 토론식 대형으로 변형하도록 교육을 시켜야겠지요. 이런 좌석 대형 변형은 학년초에 한두 번 잘 시키면 그 후론 잘 됩니다. 그리고, 제가 쓰던 영어전용교실의 맞은편에는 특별교실이 있었는데 거기도 영어전용교실과 거의 동일한 환경입니다. 나중에 말씀드릴 찬반 대립토론 수업 때는 그 교실을 같이 쓰면서 토론회 2건을 동시에 진행하기도 했습니다. 교실 공간의 측면에서 여건이 좋았던 편입니다.

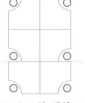

〈토론 모둠 대형 1〉

〈토론 모둠 대형 2〉

나. 실제 수업의 개요와 수칙

학년 초에 토론 수업 진도표를 짜면서 저는, 참여형 토론, 원탁토론, 이야기식 토론, 세다토론 등을 모두 1학기에 진행하고, 2학기에는 모의재판, 연극토론 등을 기획했습니다. 그러나, 토론의 기초는커녕 질서 있게 발언조차 서투른 학생들이 이걸 모두 하기는 어렵다는 사실을 확인했습니다. 결국, 1학기 내용이 1학년 전체의 내용이 되어버렸습니다.

아래 표는 제가 실제로 1년간 진행했던 수업 내용의 대강입니다.

〈2011학년도 실제 수업 진행 상황〉

1학기	
내용	양식
비디오 시청(KBS의 〈토론의 달인, 세상을 바꾸다〉)	
모둠 구성[긍정카드 활용]하고 자기 소개 서로하기, 자기 모둠 자랑 정하기, 대표와 순번 정하기, 모둠이름 정하기	녹취록1
토론수업 수칙 확인 및 추가, 모둠별 소개활동의 소감, 자기 모둠 숫자와 모둠명 자랑하기(대표)와 그 소감 적기	
결혼에 관한 입장(사랑이냐 돈이냐)에 대해 5분 내외의 영상을 보여주고 한 쪽 입장을 택해 1분간 말하기, 모둠내 순번별로 헤쳐모여 다시 1분간 말하기, 소감말하기	녹취록2
짝토론하기(3명씩 조를 나눠서 1:1토론하고 1명은 심판), 짝토론의 심판들의 판정을 전체 발표하고 녹취하기 ((안 한 경우도 있었음))	녹취록3
원탁토론 규칙 설명 들으면서 적기, 원탁토론 실제로 하기1	
원탁토론 실제로 하기2	
원탁토론의 결과를 모둠당 1명씩 전체 발표하기 녹취하기 모둠별 원탁토론의 결과를 각자 정리하고 모둠별 원탁토론 소감 발표 듣고 기록하기	녹취록3-3 녹취록3-4
이야기식토론1 : 소설 읽고 각자 학습지 작성한 후, 교사의 답 확인하고 소감나누기	학습지1
이야기식토론2 : 교사가 작성한 질문지에 대해 각자 자기 의견 작성하기	학습지2
이야기식 토론3-1 : 각자 작성한 답지를 근거로 모둠별로 한 질문씩 토론하며 공동의 답 만들기	학습지3
이야기식 토론3-2 : 모둠별 토론 계속.	
이야기식 토론4-1 : 모둠당 1명이 자기 모둠에서 선택한 질문과 그에 대한 모둠의견을 발표함. 이것 들으며 녹취하기.	학습지4
이야기식 토론4-2 모둠별 발표 이어서 다 하고 이야기식토론 수업의 소감 나누기	

2학기		
내용		양식
토론 수업 수칙 상기, 이미지에 말붙이기[photo standing] 1- 각자 사진 하나 골라서 거기에 의미부여해보기		학습지 5
이미지에 말붙이기2 - 모둠당 1명이 자기 모둠 내 3인의 이미지와 말을 전체 소개하기		
세다토론 1 : 영상으로 3가지 논제 제시한 후 2개팀씩 같은 논제를 선택함. 논제에 대해 예비로 원탁토론이나 자유토론을 하여 필요한 자료의 내용을 정하고 그 준비를 분담하게 함.		학습지6 (학습지7-1: 숙제로 제시)
각자가 작성해온 학습지7을 모둠 안에 내놓고 공동검토하면서 논점과 근거를 정리하고 수정보완할 내용을 파악함. 그 후 개요서, 입론서, 시나리오, 시각 자료 등의 자료 작성을 분담 배정함.		학습지7-2 (학습지 8-1,2,3 등과 시각자료의 규격을 숙제로 제시)
세다토론에서 나타날 수 있는 대립성에 대한 유의사항[토론정신] 강조, 전체 토론회 일정과 진행 계획 안내, 세다토론 방식 설명, 모둠내에서 긍/부정측 및 토론자 순번을 정하게 함. 학습지10-1,2,3과 시각자료 준비상황을 모둠 안에서 점검표를 통해 자체 점검하게 함.		학습지 9
실제 토론 실시 : 1교시당 2건의 토론회를 서로 다른 교실에서 동시 진행 같은 논제를 가진 2모둠씩 4모둠이 직접 토론을 하고, 나머지 2모둠은 자기가 선호하는 논제의 토론회에 가서 사회, 계시, 관찰평가를 함 직접 토론을 하는 한 모둠 안에서 긍정/부정측 3명은 실제 토론을 하고, 나머지 다른 측의 남은 3명은 '후방팀'이라는 이름으로 자기 모둠 토론자 뒤편에 앉아서, 숙의 시간에 공동 숙의하거나, 토론 진행 도중 메모 등으로 조언을 하거나, 특별 발언을 할 수 있음.		학습지 10-1,2,3,4

학생들에게 반 학기가 지나도록 수업마다 '토론수업의 수칙'을 확인시키는 것이 수업시간 맨 처음에 한 활동입니다. 그 내용은 이글 서두에 소개한 내용입니다. 저도 이런 토론 수업을 직접 하기 전에는 생각해보지 않은 것이었으나 얼마 안 있어 곧 알게 되었습니다.

'적자생존'은 수행평가의 채점 근거로 삼으려는 목적도 있었지만 학생들이 무언가를 쓰고 무언가를 제출하는 것이 좋겠다는 생각입니다. 적는 행위는 학생들의 수업 내용에 대한 집중을 유도하는 방법으로 아주 좋았고, 무언가 완료했다는 느낌도 주기에 꼭 필요한 일입니다. 그 외 기록하는 행위의 일반적인 효과로, 들으면서 요약하는 능력 기르기, 잘 듣는 태도 기르기, 기록하는 습관 들이기 등의 효과도 있습니다.

기록하는 방법도 자세히 가르쳐야 했습니다. 일단 기본 원칙은 '들으면서 적기'로 했습니다. "대학에 가서 교수님이 판서를 다 하고, '자, 이제부터 적으세요.', 회사에서 회의를 하는데 사장이 한참 얘기를 하다가 '자, 이제부터 각자 필기하세요.', 이렇게 할까요?'라고 학생들에게 얘기했습니다. 그러면 누구도 그렇다고 답하는 학생이 없었습니다. "그렇죠. 이제 여러분들은 앞으로 '들으면서 적기'를 해야 합니다."

교사가 칠판에 적는 것을 눈으로만 보고 적는 데 익숙해서인지 저나 급우의 발언을 듣기만 하면서 기록하기를 낯설어했고 실제로도 예상 밖의 긴 시간이 걸렸습니다. 물론, 발언자가 말을 분명하고 조리있게 하는 능력이 부족했기 때문에 힘들기도 했습니다. 그러나 학생들은 들으면서 적는 능력이 절대적으로 모자랍니다. 다수의 학생들이 즉자적으로 들리는 대로만 받아 적으려 했다고 봅니다. 즉, 들으면서 요약하는 것이 아니라 발화 처음에서부터 들리는 대로 똑같이 적다가 어느 부분부터는 못 들어서 못 적습니다. 이러면 여기저기서 이 학생 저 학생이 중구난방으로 자기 요구를 말했습니다. '소리가 작다', '한번 더!', 'ㅇㅇㅇ 다음에 뭐라고?' 등등. 그래서 저는 아예 발언을 할 때는 꼭 2번씩 말하고 대신, 2번째는 가급적 간추려서, 그리고 필요하면 3번까지 말하게 했습니다. 그리고 발표를 듣는 학생들에게도 '똑같이 적을 수 없다, 말하는 속도를 적는 속도가 따라갈 수 없으니 요약해서 적어야 한다, 발표자가 2번 반복할 테니 2번까지는 듣고 그래도 못 적었으면 손을 들고 요청하라'고 말했습니다. 지나간 가을에 교내 독서캠프를 열어 독서토론을 했는데, 토론 내용을 녹취하는 수준이 현재의 2학년과 1학년이 서로 확연히 다르다는 것을 느꼈습니다. 2012학년도에 2학년 수업을 들어갔는데 그들은 제가 필기 없이 말로만 설명하는데도 이미 알아서 필기를 하는 모습을 보였습니다.

미처 다 못 적은 학생의 대부분은 바로 뒤이어서 옆 학생에게 묻거나 다른 학생의 것을 가져다가 보고 계속 적어갑니다, 이미 다른 내용으로 수업이 진행되고 있는데도요. 그래서 나온 것이 2번째 수칙의 뒷부분입니다. 덜 적었으면 수업 중에 틈틈이 생기는 짬을 활용하라고 말했습니다.

'소리를 낮추자'란 수칙은 소음 문제와 관련 있습니다. 말한 대로 한 모둠 내 구성원 간의 거리가 좀 더 가까울수록 좋았는데 멀어서 큰 소리를 내기도 합니다. 그러면서도 학생들은 기본적으로 조용조용히 정숙하게 말해야 한다는 의식이 부족해 보였습니다. 책상을 옮길 때도 책상 다리를 바닥에 끌면서 당기는 경우가 아주 당연해서 직접 책상을 바닥에 끌리지 않게 번쩍 들어서 옮기는 시범까지 보여주며 이 수칙을 강조했습니다. 그러나 아까 말한 대로 교실 공간이 횡적으로나 수직적으로 충분히 크거나 책상 형태가 좀 더 적합했으면 하는 바람이 있고 더 나아가 교실이 흡음 설비까지 갖추면 최상입니다.

여학생이라면 덜할지 모르겠습니다만 제가 수업한 남고 학생들은, 뭔가 자기들이 직접 하는 것이라 생각되는 게 제 입에서 나오기만 하면 바로 움직이거나 말하는 경향이 있습니다. 설명을 계속하려던 참이라 더 들어야 하는데 말입니다. 나중에는 이야기시키기보다 이야기를 중지시키고 저한테 집중시키는 게 더 힘들었습 니다. 그래서 작은 종을 쳤습니다. 교사의 목소 리가 아니면서 이제까지 잘 들어보지 못한 색다 른 소리여서인지, 그래서 귀에 쉽게 닿았는지 효 과가 조금 있었습니다.

〈수업에 사용한 종〉

처음에는 학생들에게 1분 말하기를 시켰습니다. 약 반 정도의 학생 은 1분이라는 시간 동안 말하지 못하고 평균적으로 한 30초 이상을 그 냥 보냈습니다. 1분 동안을 자연스럽게 말하는 학생은 드물었습니다. 저는 말을 계속하든 뭣을 하든 일부러 발언자나 청자나 1분을 체험하 게 했습니다. 1분 말하기가 끝나고 학생들이 하는 말이 1분이 그렇게 긴 줄 몰랐다고 합니다. 청자들도 상대방 말을 기다리는 자세를 생각했 을 걸로 봅니다. 나중에 어느 정도 말하기에 익숙해지더라도 이 원칙은 필요합니다. 이번에는 반대로 자기 하고 싶은 말을 잘 정리해야만 정해 진 시간 안에 충분히 전달한다는 것을 실감하게 해주기 때문입니다.

저도 사실 토론을 배우기 전까지는 그 습관이 없었고 그 이유를 잘 몰랐는데 6번째 수칙은 의외로 필요했습니다. 말을 잘하는 사람은 자 기 이야기가 어디서 끝나는지가 잘 느껴지게 전달합니다. 그러나 대개 의 학생들은 어떤 이야기를 어디서 그칠지 알기가 어려웠습니다. 더 이 야기를 할 만한 뉘앙스인데 그치는 경우가 많았습니다. 자기 이야기의 자연스러운 마무리를 위해서 이런 발언은 필요합니다. 또 반대로, 듣는 사람 입장에서 상대의 이야기를 상대방이 먼저 끝낼 때까지 들어주어 야 하므로 경청의 태도를 가지게 한다는 점에서 이 수칙은 의외의 필 요성을 가집니다.

학생들은 가만히 두면, 자연스럽게 예삿말체로 이야기합니다. 경어체를 쓰면 학생들이 자기도 모르게 이야기 자체를 진지하게 대합니다. 이를 위해서 더 효과적인 것은 교사가 학생들에게 수업 중만이라도 경어체를 쓰는 일입니다. 교사가 학생들에게 경어체를 쓰면, 학생 간에 경어체로 토론하는 것이 훨씬 쉬워집니다. 이것을 떠나서도 토론을 가르치고 토론을 하겠다는 마음이라면 학생이건 교사건 누구에게나 경어체 사용이 바람직합니다. 토론의 기본에 상대를 존중하는 열려있는 태도가 있다고 본다면 더욱 그렇겠지요. 저는 실제로 토론수업을 하는 2011년 동안 학교 안과 밖에서나 학생 개인이나 단체에게나 모두 경어체를 썼습니다. 지금까지도 그렇습니다. 학생을 존중하는 태도가 제 마음에 항상 있다는 게 느껴져서 참 좋습니다. 이제는 학생에게 예삿말체를 쓰게 되면 제가 학생을 가벼이 대하는 것 같아 오히려 불편합니다.

기록할 때의 필기구는 연필을 사용합니다. 그냥 두면 싸인펜, 볼펜, 4B연필 등 각양각색의 필기구가 이용되고, 빨강, 파랑, 초록, 심지어 노랑까지 여러 색깔이 사용됩니다. 연필 외의 필기구를 사용하게 되면 지울 수 없으므로 결국 틀린 부분에 줄을 긋고 다시 쓰기 때문에 지저분해집니다. 그래서 저는 틀린 부분은 나중에라도 지우개로 지우도록 하면서 꼭 연필로 기록하게 했습니다. 한 반의 2명 정도의 심한 악필이 나타났습니다. 그렇게라도 써보도록 해야죠.

기록하는 행위를 소중하게 인식하게 하기 위해서도 기록지를 소중하게 보관시킵니다. 그리고 1년간 토론 공부를 한 흔적이 혹시 학습의 증거가 되어 미래의 입시에 도움이 되지 않을까 싶어 파일에 넣어서 간직하라고 했습니다. 미래의 입시에 도움이 되는 게 가능할지는 다른 샘들에게 여쭙고 싶네요.

(2011년 일년 간의 토론 수업 이렇게 했다, 황성규, 토론의 전사 22기 자료집)

이처럼 꼼꼼하게 학생들을 배려하면서 토론 수업의 기초를 다져나갈 때 학생들은 주장하고 경청하고 기록하는 토론 삼박자의 훈련을 제대로 수행한다. 역시 어떤 활동이든지 정석과 기초는 그래서 중요한가 보다. 그런 점에서 황성규 선생님의 토론수업 십계명은 토론수업의 정석을 위한 기초로 손색이 없다.

황성규 선생님 원고 말미에는 〈토론의 정신〉 이런 5계명도 담겨있다.

1. 토론의 목적은 진리 찾기다. 내 말이 진리일지 늘 생각하라.
   (장님들 코끼리 만지기일 수 있음을 명심하기)
2. 토론자의 적은 상대 토론자라기보다는 맹신, 편견, 무지 등이다.
3. 상대 토론자는 나의 맹신, 편견, 무지 등을 경계하게 하는 나의 조력자이다.
4. 토론자는 조력자인 상대의 말을 존중하고 경청한 뒤에 부드럽게 말하라.
5. 특히, 상대의 말을 중지시킬 때는 더욱 정중하게 대하라.

또 〈토론의 전사〉에서 소개한 바 있는 스티븐슨 초등학교 교실 벽에 붙어 있는 '토론의 7법칙'은 다음과 같다.

1. 나의 비판은 다른 사람을 향한 것이 아니라 다른 사람의 견해를 향한 것이다.
2. 나의 목표는 토론에서 이기는 것이 아니라 가장 바람직하고 실현 가능성이 큰 결론을 얻는 것이다.
3. 나는 모든 친구들이 토론에 참여할 수 있도록 격려하면서 자신도 토론을 통해서 배운다.
4. 설사 동의할 수 없는 의견이라 해도 모든 학생들의 의견에 귀를 기울인다.
5. 누군가 자신의 생각을 충분히 표현하지 못했다는 생각이 들 때에는 최대한 그에게 다시 말할 수 있는 기회를 주고 그를 이해하려 노력한다.
6. 다른 사람의 견해를 비판하기 전에 모든 의견을 충분히 경청한다.
7. 토론을 통해 내가 변화해야 한다는 명백한 증거가 발견되었을 때는 기꺼이 자신을 변화시킨다.

초등학교인데도 상대에 대한 배려와 평등, 비움과 낮춤에서 자기 변화의 철학까지를 다 담아낸 아주 멋진 규칙이다.

생각해보라! 구약 성경에 나오는 신은 왜 모세에게 10계명을 주었을까? 또 동학의 2대 교주 해월 최시형의 〈해월신사법설〉에도 십무천(十毋天)이라 하여 사람을 하늘로 여기고 하늘을 속이지 말아야 할 열 가지가 계명이 제시되어 있다.

수운 최제우의 말대로 '사람이 곧 하늘이요 하늘이 곧 사람'(인내천)이라면 이는 곧 추상적이고 관념적인 하늘이 아니라, 자기와 더불어 이야기를 나누고 밥을 먹고 살아가는 사람을 대하는 자세다.

토론도 결국 사람이 하는 활동이요 공부다. 토론 수업도 어떻게 하면 학생들에게 더 좋은 삶의 윤리, 사람의 길을 가르칠까 하는 고민의 산물이다. 사람을 얽매게 하고 억압하는 타락한 율법이 아니라면 교사나 학생 스스로가 토론에 대한 윤리를 스스로 정립할 규칙을 만들어 마음의 지표로 삼아야 한다. 그러면 토론의 분위기가 한층 따뜻해지고 아름다워지지 않을까. 그때야말로 진정한 앎다움(아름다움)이 만들어지는 날이라고 믿는다.

♣ 토론 수업 10계명은 교사가 정할 수도 있지만 학생들 스스로 만들게 하는 것이 더 의미가 있다. 스스로의 입을 통해서 한 말은 민주적으로 더 잘 지켜지기 때문이다. 계명 하나를 만들어가는 과정도 치열한 토론 과정의 하나로 합리적인 의사결정을 배우는 새로운 마당이된다.

토론 즉문즉설

- 토론의 궁극적 가치는 어디까지인가?

토론, 신세계를 개척하다

2015년 나는 새로운 패러다임의 해를 맞이했다. 연초부터 '글쓰기'와 '이야기'를 만났다. 토론계의 혜성 시기를 지나 항성으로 진화하며 토론 공부를 계속하고 토론 책을 써왔는데 2014년 겨울, 이야기를 만났다. 토론의 전사 심화 연수에서 신형철 강의를 통해서 소설의 서사 구조에 대한 이야기를 감명 깊게 들었던 차였다. 이야기 특히 소설의 구조가 조금 눈에 보이기 시작했다. 그러던 차에 '와이스토리'에서 개발한 '이야기톡'이라는 이야기 활동 도구를 만나면서 이야기에 꽂혀버렸다. 인간의 보편적이고 원초적인 욕망인 이야기. 어린 시절 어머니 무릎 베고 듣던 '모모 다루상'의 일본 옛이야기에서부터 천만 관객을 동원한 '인터스텔라'나 다양한 국민 인기 드라마들까지 내 인생에서 만난 수많은 이야기들이 떠오르면서 토론이 채우지 못한 삶과 공부의 영역을 이야기로 채워보리란 마음이 들었다.

이야기 공부의 기초가 되는 책들과 영상을 구해 공부를 시작했다.

〈이야기의 힘〉, 〈호모 나랜스〉, 〈스토리 두잉〉 등 이야기 공부의 스승이 추천해주는 책과 영상 등을 접하면서 이야기에 대한 글을 쓰기 시작했다. 토론과 색다른 맛을 지닌 이야기 분야에 대한 글을 새로 쓰다 보니 지난해에 쓰다 만 글쓰기 책이 떠올랐다. 두 가지 이유다. 하나는 글을 쓸 때 주로 이야기를 이용해왔다는 사실을 깨달은 까닭이고 다른 하나는 글쓰기 과정 자체도 이야기를 통해 풀어왔다는 사실이었다.

앞의 예는 〈토론의 전사〉를 들 수 있다. 대부분의 토론 책들은 건조하고 딱딱하다. 모두가 그렇지는 않지만 대부분 글맛 좋은 작가들은 토론에 관심이 없고 토론을 공부하는 사람들은 대체로 글이 건조하다. 그러니 아무리 유용한 토론책인들 처음부터 끝까지 잘 읽힐 리가 없다. 나는 내 방식의 토론 관련 책을 쓰면서 딱딱하고 재미없을 것 같은 토론 책에 다양한 형태와 내용의 이야기를 활용했다. 시나 소설, 영화, 드라마, 지식 채널 등의 자료를 적절하게 이야기로 버무렸다. 토론에 대한 나의 열정과 의지, 고민의 산물이기도 하지만 난 이야기의 활용이 이 책을 만나는 사람들을 덜 지루하고 덜 피곤하게 했을 거라는 데 술 한 잔을 건다. 후자의 경우는 내 방식의 독특한 글쓰기 스타일인데 나는 글을 말하듯이 써야한다는 이오덕 선생님의 지론을 신념처럼 떠받든다. '말하듯이'란 무엇인가. 나는 이게 '이야기체'라고 생각한다. 우리는 평소의 말을 연설이나 뉴스처럼 하지 않는다. 자연스럽게 이야기 흘러가듯 한다. 그런 점에서 말하듯이 글을 쓰라고 하는 글쓰기에 대한 책을, 이야기하듯 써왔고 이글 또한 그렇게 쓰고 있다. 어떤가, 그렇게 느껴지지 않는가?

모두의 눈높이를 맞추는 토론교육

어느 날 부산의 한 장학연구사로부터 연락을 받았다. 부산에서 토론교육지원단을 만드는데 토론 강의를 해달라는 부탁이었다. 시간만 난다면야 불원천리 어느 곳도 마다 않는다. 문제는 거기 모이는 분들이 90명 정도인데 토론교육지원단 구성원이라는 공통점은 있지만 토론의 수준이 사람마다 다르며, 그 가운데는 지난 봄에 내 강의를 들은 사람도 적지 않다는 점이다. 모두에게 필요한 강의를 하되, 누구에게나 새로운 강의를 해달라는 요청이었다. 약간 난감했다. 토론 강의를 기획하면 대체로는 초심자에게 눈높이를 맞추지만 중급 이상 선생님들을 무시할 수 없었다. 참가하실 분들에게 뜻을 물어볼까 하여 메일 연락처를 다 받아두기까지 했는데 끝내 무엇을 원하는지 묻지 못했다. 던질 질문이 막연했기 때문이었다.

전국 각지에 토론의 고수들이 많은데, 부산에는 김수란이라는 토론의 강자가 있다. 서른한 살의 꽃다운 젊은 선생님인데 이미 박사과정을 거의 마치고 논문 쓰기 단계에 접어든 막강한 토론 교육 실력자다. '교사가 지치지 않는 지속적인 독서교육'을 지향하는 '물꼬방'이라는 독서토론 공부모임에서 만난, 독서토론 교육계의 차세대 에이스라고나 할까. 전화를 해서 지원단 참가 여부를 물었더니 당연히(!) 참가한다고 했다. 강의 준비에 도움을 받을까 하여 김수란 선생님이 원하는 강의 내용을 물었다. 이미 토론 교육의 용어 문제로 석사 논문을 쓴 터이고, 부산 민주공원의 토론 대회에 학생들과 여러 차례 참가했으며, 한때 교실 수업에서도 다양한 토론 방식을 적용하여 교실 토론 대회를 교내 토론 대회 수준으로 이끌어낸 바 있는 전문가라서 이번에 오시는 분들의 수준과 목적을 듣고 방향과 내용 설정을 하고자 함이었다. 게다가 지난 연수에서 나의 도우미 역할까지 충실히 수행하신 선생님이라 더더욱 믿음을 갖고 연락을 했다. 그런데,

김수란 선생님이 내게 던진 화두는 새로운 폭탄이었다. 그 동안 본인은 토론 공부를 오래 해 왔으니 그 동안 자기가 공부하지 않은 새로운 토론 방식 등에 대한 이야기를 해달라지 않는가. 대략난감이던 심정이 진짜, 난감해지는 순간이었다. 아득아득, 하늘이 노랗다는 건 이럴 때 쓰는 말이구나 싶었다. 사막에서 오아시스를 만나려고 찾아갔는데 아름다운 해골물이 빙그레 웃는 상황이랄까. 그 다음부터는 고민과 생각을 접었다. 혹 하나를 떼려 할 때마다 하나씩 더 달라붙을 상황이었다. 아마 메일을 보냈으면 그 동안 내가 생각하지 못한 새로운 요구들이 거센 불길처럼 밀어닥쳤으리라 생각하니 등골이 오싹하기까지 했다. 그렇다고 길이 없을까?

토론에 관한 한 나는 낙천주의자다. 어디서 누굴 만나도 토론으로 서너 시간을 풀어갈 자신이 있는 사람이다. 다만 무엇을 어떻게 풀어갈지 구체적인 지도와 그림을 그리지 못했을 뿐. 이제 확실한 도전과 문제제기를 받았으니 내가 응답할 차례였다. 천천히 예열을 하고 마지막 폭발을 위한 토론의 무기를 찾아야하는 과제가 눈앞에 다가왔다. 그리고 시간이 지났다. 천천히 매우 빠르게 하루하루.

토론 강의 날은 2월 하순경. 학교마다 바쁘기 그지없는 시기다. 그 앞날에 울산의 한 초등학교에서 하루 종일 토론강의를 해달라는 요청을 받고 그 한 주는 울산과 부산 그리고 다음날의 경기도 동탄국제고

까지 역시 순탄치 않은 일정이다. 부산 강의 준비를 위해 내가 할 수 있는 일은 그 무렵 보던 드라마 〈미생〉과 〈인터스텔라〉 영화를 보고 또 보고 자세히 보면서 숙고하고 글쓰기하는 것이었다. 나는 부산으로 가기 전날 울산행 새벽 5시 반차를 타고 내려가면서 케이티엑스 안에서도 〈인터스텔라〉 영화를 보면서 메모를 하고 글을 쓰기 시작했다. 그리고 그때서야 비로소 부산 강의에서 무엇을 할까가 떠오르기 시작했다. 우문현답. 최근에 내가 가장 좋아하는 말. 우문현답(愚問賢答), 어리석은 질문에 현명한 답이 아니라, 우문현답(愚問現答) 어리석은 질문의 답은 현재에, 현장에 있다거나 혹은 우문현답(優問現答) 우수한 질문은 현장에 답이 있다, 혹은 우수한 질문을 던지는 사람은 현장에서 답을 찾는다는 말이다. 이미 지나간 과거, 물론 현재와 지속적으로 소통하고 대화를 나누는 나의 과거인 토론 경험과 의식에 대한 부정이 아니라 현재로 되살리는 일이자 지금 내가 몰입하고 집중하는 공부에서 답을 찾기가 나의 우문현답이다. 술술 부산에서 말한 토론 강의의 내용들이 쏟아져 나오기 시작했다. 하루 종일 울산에서 강의를 하고 밤늦게 부산 해운대의 한 모텔에 짐을 풀었다. 그 모텔의 이름도 무였다. 영어로 'mu'였는데 당연히 내게는 비움을 뜻하는 '무(無)'로 읽혔다. 아무런 집착과 의식을 갖지 말고 현장에서 찾으라는 우주의 계시였다.

나는 간단히 피피티를 만들고 도입부의 강의 내용을 구상했다. 이내 잠이 들었고 새벽에 일어나 한 시간 정도 미흡하나마 피피티를 보충하고 돼지국밥을 맛나게 먹은 뒤 강의 장소인 해운대한화리조트로 향했다. 강의장 제일 뒤에 앉아 앞 강의를 맡은 선생님의 디베이트 토론 교육 경험담을 경청하려 했는데 쉽지 않았다. 내 옆 빈자리로 김수란 선생님이 다가와 이런저런 인사와 수다를 조심스럽게 나누면서 강의에 몰입은커녕 강의 품평을 시작했다. 아이들에게 지극 정성으로 토론 수업을 하기 위해 150시간 연수와 논술 학원까지 다니신 선생님을 진심으로 존경했다. 본인은 누구나 나처럼 토론 수업을 하실 수 있을 거라는 마음으로 나오셨다고 했지만 세상에 그런 수업은 없다. 학교와 교사와 학생들이 다 다른데 어찌 누구나 할 수 있는 보편적인 수업이 있겠는가, 있다면 그야말로 무(無)다! 다만 그 선생님의 고민과 열정, 대학원에서의 학구적인 노력과 실천은 그 자체로 나와 다른 분들에게 감동을 주기에 충분했다. 물론 나는 그렇게 못한다. 나는 내 방식의 열정과 길이 있을 뿐이다.

시간이 살처럼 흘렀다. 앞 강의를 마치고 드디어 내 강의 시간. 주어진 시간은 고작(⌢) 140분. 게다가 중간에 교육청 과장님 인사 말씀을 위해 한 번은 쉬어야 한다는 연구사님 전언이 있었다. 나는 벼락이 치면 벼락을 맞고 물을 뿌리면 물도 다 받는 사람이다. 그러시라고 했다. 그리고 선 무대. 어찌 떨리지 않으랴, 하지만 지금부터는 나의 시간이다. 연수에 참여하신 선생님들 모두가 주인공이지만 그 주인공들이 나와 더불어 다 같이 주인공임을 깨닫게 해야 하는 책임이 내게 주어진 시간이기도 했다.

〈미생〉, 판을 흔들다

가볍게, 나는 비로소 떨리기 시작했다. 부산에서의 두 번째 강의.

지난 해 연수에 참가하신 분들은 확인 결과 십여 분으로 그리 많지 않았다. 나는 이번 연수 준비로 약간 동안인 내 얼굴에 흰 머리가 늘었다고 너스레를 떨며 오늘 강의에 대한 나의 부담과 소감을 피력했다. 그리고 선생님들은 지난 겨울 방학을 어찌 보내셨는지 물었다. 아마도 다들 가족과 즐겁게 여행을 다니셨거나 학교에서 학생들과 방과 후 수업을 하셨든지 혹은 본인들이 소중하게 생각하는 어떤 공부와 책과 함께 시간을 보내셨을 거라고. 나는 한 달 내내 강의를 다니고 영화 〈인터스텔라〉를 세 번 보고 〈미생〉 드라마 역시 세 번 정도 보았노라고 이야기를 풀어나갔다. 그리고 〈미생〉의 한 장면을 떠올려 소개했다.

〈미생〉의 여러 빛나는 장면 가운데 하나인 임원 앞 피피티 장면이다. 회사 창립 이래 최대의 비리 사건. 요르단 중고차 사업 비리 사건으로 팀 분위기뿐 아니라 회사 전체의 분위기가 암울한 가운데 새로운 사업 아이템에 허덕이던 영업 3팀은 장그래가 제시한 요르단 중고차 사업에서 비리를 걷어내고 수익을 얻자는 역발상에 경악했다. 하지만 달리 뾰족한 사업 대안 없는 상황에서 그 제안은 매우 매력적이었다. 비리 적발 공로로 과장에서 차장 2년차로 승진한 '오상식'은 이름 그대로 '상식적'인 판단을 하는 사람이다. 그 제안을 거부할 이유와 명분이 없었다. 회사 내의 시선이 따가운 건 알지만 그건 정치적인 분위기다. 본인은 상사맨으로서 한 평생 살아왔고 회사원으로서 일하는 사람이지 정치적인 분위기에 휩쓸려 일하는 사람이 아님을 누구보다 잘 안다. 그러니 고!를 외치며 사업에 매진해 왔는데 뜻밖에 전무실에서 전임원 앞에서 발표를 요구해왔다. 정치적일지, 사업적일지 모르는 명령 앞에 피할 수 없는 절대적인 사명. 영업 3팀은 사업 준비에도 바빴지만 피피티 준비에도 심혈을 기울여야 했다. 사업은 진짜 좋은데 전무를 비롯한 임원을 설득하지 못하면 그 동안의 노력이 말 그대로 전무(全無)한 나락으로 떨어진다. 긴장감이 돌지 않을 리 없다. 오과장 아니 오차장이 내용을 총괄하고 김대리가 피피티를 만들었다. 피티의 정석이라 할 만큼 내용과 형식이 조화롭게 며칠을 걸려 만들었고, 입말 훈련을 위해 수 차례 리허설을 했다. 아마 부산 강의를 준비한 내 심정이 조금은 오차장과 비슷하지 않았을까. 그 기분 나도 지난 며칠간 느껴보았으니까.

오차장은 몇 차례 리허설을 해 보았지만 웃음이 나오지 않았다. 무언가 중심이 비어있는 듯한 느낌 때문이었다. 피피티도 보고서도 잘못된 내용이나 형식은 없었다. 그런데 왜 이리 허전한가! 보이지 않는 2%, 뭔지 모를 공허함이 영업 3팀 분위기를 억누르고 있기 때문이다. 이때 장그래의 폭탄 2탄이 터졌다. 임원 보고 하루를 앞두고 '판을 흔들자'는 제안을 해왔다. 지금까지 준비해온 보고는 너무 무난하다. 무난함은 평소에는 흠 없이 완결되어 장점이지만 지금처럼 민감한 상황에서는 사람들의 마음을 움직일 수 없다. 임원들 마음속에 '이 사업을 치사하고 구차하게 왜 하려는 거야' 하는 불만이 팽배한데 무난하게 보고를 했다가는 평균점 이상의 충격을 주기 힘들다는 감이다. 바둑인으로 승부사 기질을 키워온 장그래 특유의 감각이다. 벌거벗은 임금님 기분이었던 오차장과 영업 3팀. 오차장은 장그래의 적확한 질문을 거부할 수 없었다. 누구보다 본인이 이번 보고의 특징과 한계를 온몸으로 깨닫기 때문이다. 그리고 대혁신! 천과장과 김대리는 반대했지만 오차장은 결심한다. 장그래가 피피티를 밤새 만들고 아침 일찍부터 오차장이 손질 작업을 했다. 엄숙한 분위기 속에서 이어진 오차장의 피티 보고. 작두를 탄 심정으로 진행한 피티의 결과에 대해서는 미생의 독자분들이 더 잘 아실 것이다. 나도,

판을 흔들어보기로 했다. 작두를 탈 정도는 아니지만 일반적이고 관습적인 강의의 틀을 깨보자. 무언가 내 입에서 토론에 대한 금과옥조 같은 토론 경전의 말씀이 쏟아져나오기를 바라는 저 많은 눈동자들의 간절한 염원을 뒤집어보자는 약간은 광기같은 도전심이 솟아 올랐다. 그래서 이날 강의의 첫 화두는 판 흔들기가 되었다. 앞선 〈미생〉의 예화를 간단히 들면서 저도 오늘 강의에서는 판을 흔들어보겠노라고 말씀을 드리고 본 강의를 시작했다. 당연히,

목이 탔다. 오차장의 결심이 굳어지고 난 뒤 장그래는 그때부터 흔들리기 시작했다. 20세기 현대 물리학의 빛난 성과에 따르면 객관적으로 고요히 나와 동떨어져 존재하는 우주란 없다! 이 세상의 모든 우주는 '참여하는 우주'이기 때문에 판을 흔들면 상대방만 흔들리는 것이 아니라 판 위에 올라탄 나도 흔들린다. 당연히 나도 흔들리는 내 마음을 느끼지 않을 수 없다. 땀이 조금 났지만 나는

내가 준비한 피피티를 보여주며 강의를 시작했다. 첫 장면은 2007년 논술 이야기였다. 그리고 토론의 전사 1권에서 소개한 봉준호 감독의 〈괴물〉 이야기를 해나갔다. 그 서막의 내용은 다음과 같다.

〈괴물〉, '논술'은 괴물이다.

나는 글쓰기 아니 논술에 대한 일종의 거부감을 가지고 있다. 논술은 괴물이기 때문이다. 논술이 토론의 숙주(영어로 host 바로 봉준호 영화 〈괴물〉의 영어 제목이기도 하다)이긴 하지만 그건 잘못된 모태를 지닌 괴물이다. 프랑스 바칼로레아처럼 진정한 의미의 인문사회철학을 공부하는 글쓰기가 아니라 명문대 입학시험의 한 아류로 사교육 시장에 종속된 암기지식형 논술로 전락했기 때문이다. 그래서 나는 논술 초기에 가졌던 기대를 일찍이 접었고, 논술은 괴물이라고 나 나름대로의 딱지를 붙인 뒤로 한 번도 논술 교육을 하지 않았다.

논술과 괴물의 공통점은 영화 괴물의 핵심내용을 비교해보면 안다.

1. 어느 날 불쑥, 무서운 분위기 속에서 갑자기 나타났다. (한강에 갑자기 나타난 괴물보다 사람들은, 특히 전국의 교사와 학생과 학부모들은 논술의 등장을 더 무서워했다.)

2. 괴물에 온몸이 조이도록 사로잡힌 학생들은 살려달라고 외쳐댄다. (괴물의 꼬리에 잡혀 허공에 매달린 현서의 외침은 '논술, 수능, 학생부'라는 죽음의 트라이앵글에 시달리는 우리 나라 학생들의 처연한 몸부림을 환기시킨다.)

3. 그리고 결정적으로 집집마다 논술을 통과하기 위한 괴물과의 사투가 벌어졌다. (온 가족이 나서서 논술 과외 교사를 찾아 헤매면서 벌어진 사건과 에피소드는 셀 수 없이 많다.)

이러니 더 이상 무슨 말이 필요하랴! 적어도 한국 사회에서 논술은 두말할 것 없는 괴물의 변신이었다. 그 괴물은 왜 나타났는가? 그건 만인의 적으로 아무런 의미도 없는 것인가? 아니다! 세상에 쓸모 없는 풀이 없듯이, 세상의 모든 풀들이 약초 아닌 것이 없듯이 괴물 또한 그 존재 가치와 이유가 없을 리 없다. 우리나라 최대의 괴물 이명박을 보라!

그가 없었다면 우리 나라 사람들이 그렇게 동시적으로 '소통'의 중요성을 깨달을 수 있었을까? 그는 우리 사회에 소통의 담론을 탄생시킨 장본인이고 그 자체로 유체이탈화법의 선구자이자 불통의 대가로 우뚝 선 괴물이다. 2008년 광우병 쇠고기 촛불 집회 이후 들불처럼 번진 변혁의 요구를 그는 명박산성 하나로 간단히 무시했다. (그 뒤로 이어진 용산참사와 4대강 사업과 자원외교에서 최근에 베스트셀러를 노리는 이상한 집착으로 쓴 회고록의 거짓말에 대해서는 말하지 않겠다) 아무래도 보통 괴물은 아니다.

철학자 김영민에 따르면 '괴물이란 낯설게 다가오는 진리'다. 우리는 쾌락을 주는 연인과 사랑이 때로 독이라는 걸 대체로 잊고 산다. 역으로 나를 지독히도 괴롭히는 직장 상사나 동료, 자식들이 나를 각성케 하고 고민하게 만들며 나를 성장하게 하는 낯선 타자이며 진리라는 사실 또한 쉽게 잊는다. 가물치로부터 괴롭힘을 당하지 않는 미꾸라지는 쉽게 타락하는 법이다. 그 유연성과 탄력을 유지할 동기부여가 안되니까. 그런 의미에서 괴물은 우리를 긴장하고 고민하고 성숙하게 하는 괴기한 진리다. 그 진리에 어떻게 응대하는가에 따라(그를 대통령으로 찍었다면) 괴물의 일부가 되기도 하고 (철저하게 비판적으로 성찰하며 저항한다면) 괴물 이후의 시대를 준비하는 선지자가 된다.

앞서 언급했듯이 괴물인 논술은 토론 공부의 주인이고 숙주였다. 그럼 이 시대에 토론은 무엇으로 나타났을까? 역시 괴물이었을까? 아니다. 토론은 논술과 다르다. 아직 정부나 대학에서 토론을 간판으로 내걸 만큼 우리 교육계에 충격을 주지 않았다. 분명히 괴물처럼 소리 없이 다가오는 그 무엇이긴 한데 뚜렷이 그 실체를 보여주지 않는 안개 속의 무엇. 그래서 내가 돌이켜 생각한 토론의 정체는 괴물이 아닌 바로 '유령'이었다. 유령이라고?

〈인터스텔라〉, 유령을 소환하다

논술이 괴물이 아닐까 생각한 것은 영화 〈괴물〉 덕분이었다. 그럼 토론이 유령이라고 생각한 계기는 어디에서 왔을까. 바로 영화 〈인터스텔라〉다. 지난 며칠 동안 보고 또 본 영화 〈인터스텔라〉를 통해 토론과 유령의 관계와 토론의 미래를 살펴보고자 한다.

영화 주인공 쿠퍼는 비행 실패의 악몽에 시달린다. 딸 머피는 밤마다 책장이 있는 방에서 이상한 일이 벌어지는 걸 느낀다. 그 이상한 느낌에 대한 대화로 영화는 시작한다.

(모형 비행기가 책장에서 바닥에 떨어진 현상을 두고)

쿠퍼 : 내 착륙선 가지고 뭘 한 거야?

머피 : 전 아니에요

오빠 : 그럼 유령이 그랬어?

머피 : 내 책장에서 가져온 거야 책이 그럴 리 없어.

오빠 : 유령은 없다니까.

머피 : 난 봤어 심령현상이었어.

오빠 : (이죽거리면서) 그렇겠지.

쿠퍼 : 그건 결코 과학적이지 않은 거란다 머피.

머피 : 과학은 우리가 모르는 걸 인정하는 거라면서요.

쿠퍼 : 그래 머피야, 과학에 대해서 이야기하고 싶은 거라면 유령이 무섭다 말하지 말거라. 넌 더 발전해야 한다. 넌 사실을 기록하고 분석하고 그런 다음에 원인과 이유를 찾아 결론을 도출해야 한단다. 알았지?

과학을 중시하는 쿠퍼는 알 수 없는 낯선 현상에 대해 머피에게 과학적이고 논리적인 사고를 주문한다. 물론 둘 다 이상한 현상의 원인과 의미에 대해서는 전혀 감도 잡지 못한다. 그러니 유령이 아닐까 생각할 수밖에. 마치 사방에서 토론, 토론 하는데 그 실체가 무엇인지 감도 잘 안잡히는 우리의 상황과 비슷하다. 현상은 거기서 그치지 않는다. 이 집에 무슨 비밀이 있는지 집 주변의 콤바인들이 작동을 그치면서 무슨 자기장이 작동하고 있나 하는 의심을 갖게 한다.

하지만 세상에 진짜 유령이 있을까? 급기야 야구 구경을 하다가 무섭게 밀려오는 황사를 피해 집으로 돌아오는 날 열어놓은 창문 사이로 모래가 들이닥치고 유령의 실체가 드러난다. 유령은 유령이 아니라 과학이었다. 처음에는 모스 부호인가 싶었으나 그것도 아니다. 보다 단순한 이진법 신호였다. 그것은 좌표와 중력의 상징이었다.

현상적으로는 유령처럼 보이지만 그 안에 뭔가 과학과 이성의 비밀이 담겨있는 현상. 그게 쿠퍼와 머피가 발견한 진실이었고, 토론이 지금 그런 느낌으로 우리 앞에 다가와 있다. 아직 잘 모르지만, 그 원리와 비밀을 알게 된다면 토론이 앞으로 우리 교육이 나아갈 방향의 좌표이고 무언가 기존 교육의 패러다임을 흔들어 새롭게 빨아들일 블랙홀, 중력임을 느끼게 한다.

실체는 보이지 않으면서 끝없이 우리 안을 떠돌아다니는 무엇, 그게 유령 아니면 무엇인가?

마르크스의 저 유명한 〈공산당 선언〉 첫 구절을 좀 빌리자면 '지금 우리나라 교육계에는 하나의 유령이 떠돌고 있다. - 토론이라는 유령이!'

토론은 진정 유령인가? 유령은 의미와 가치가 있다. 유령은 언제 나타나는가? 그것은 현실에 문제가 있을 때 나타난다. 논술이 우리나라 교육의 암기식, 객관식 교육에 대한 경고의 의미로 괴물의 외피를 입고 나타났듯이 유령 또한 더욱 가혹해지는 입시교육과 비이성적 사고가 횡행하는 현실에 하나의 철학적 망치가 되기 위해 나타났다. 물론 자본은 그마저도 다시 재구조화하고 재영토화해서 자본의 시장 속에 말아먹을 준비가 되어있는지 모르지만.

앞서 말한 유령의 의미를 좀 더 구체적으로 살펴보자. '괴물의 의미는 낯설게 다가오는 진리'라고 했다. 유령 역시 마찬가지다. 세익스피어 비극 〈햄릿〉을 예로 들어보자. 유령이 등장하는 영화, 소설들이 많지만 가장 널리 알려진 작품이기 때문이다.

유령의 공통점은 무엇인가? 그것은 햄릿에 등장하는 유령의 대사처럼 질문을 던지고 고민을 촉발한다. 유령은 독자들에게 신비로운 느낌을 줌과 동시에 미래에 일어날 일에 대한 복선의 역할을 한다. 그리고 긴장감을 고조 시키는 역할도. 죽은 자들의 환영과 죽은 자들에 대한 과거의 기억이 산 자의 현재를 옥죄고 있는 것, 유령은 도대체 그러한 존재들은 왜 현재에 출몰하는 것이고 현재로 소환되는 것일까?

프랑스의 철학자인 데리다(Jacques Derrida)는 이와 관련된 재미있는 철학적 분석을 한다. 그는 마르크스가 '교황과 짜르, 메테르티히와 기조, 프랑스의 급진파와 독일의 경찰들'이 혈안이 되어 사냥에 나선 '공산주의'라는 유령에 대해 언급하면서 형을 죽이고 왕위에 오른 햄릿의 삼촌을 응징하기 위해 햄릿 앞에 나타난 그의 아버지 유령과 비교한다.

다시 말해 햄릿에서 유령이 나타나는 장면은 현실의 문제를 비판할 때다. 궤도를 벗어나 제 멋대로 가고 있는 시대를 바로 잡는 역할로 유령이 등장한다.

첫 번째 장면은, 엘시노어 성벽에서 마셀러스, 바나도, 호레이쇼 앞에 나타나는데 햄릿에게는, 그가 클라우디우스의 주연을 비판하는 도중 나타난다.

두 번째 장면은, 햄릿이 왕비의 방에서, 왕비의 잘못을 말하며 몰아세울 때 나타난다.

이처럼 유령 또한 괴물과 마찬가지로 안이한 기존의 상황에 문제를 던지러 나타난다. 그는 우리 삶의 질문자이다. 우리가 익숙하게 생각하는 관습과 사고에 충격을 주기 위해, 변화를 추동하기 위해 문제를 제기한다. 그런 점에서 유령 역시 괴물과 마찬가지로 낯설게 다가오는 질문이다. 바로 우리 자신의 현주소와 정체성을 묻는 질문. 알려진 바대로 〈햄릿〉의 첫 대사는 이것이다.

"거기 누구요?"

바로 거기 있는 당신이 누구냐고 묻는다. 정체성에 대한 질문이다. 모든 살아있는 존재들이 평생을 안고 살아가야 하는 화두 바로 정체성이다.

토론의 가치도 그것이다. 바로 우리가 살아가는 시대의 의미, 주체의 정체성, 관계의 소중함을 환기하고 자각하고 성찰하는 것이 토론이 아니던가. 토론의 역할은 고전 속에서 유령이 행한 역할과 다르지 않다. 다만 아직도 그 실체와 의미가 명확하게 드러나지 않았을 뿐이다.

이렇게 토론과 유령의 관계로 시작된 강의는 유령의 본질을 찾아가고, 그러기 위해서 우리는 무엇을 할 것인가, 할 수 있는가, 해야 하는가의 문제로 넘어갔다. 그리고 판을 흔들기로 한 나의 원칙에 따라 더 이상의 강의를 접고 곧바로 핵심을 찔러갔다. 바로 질문이다. 지난 해 부산토론 연수의 마지막을 장식해간 질문. 〈성균관 스캔들〉의 한 장면을 통해서 질문의 가치와 의미를 되새겼다. 결국 이날 강의의 핵심 문장은 '진리는 답이 아니라 질문에 있다'라는 말이다. 그러므로, 이 날 여기 오신 모든 분들 가운데 누구라도 자유롭게 아무 질문이라도 해 보시라 주문을 했다. 법륜 스님의 즉문즉설을 흉내내어 토론의 즉문즉설을 제안했다.

토론 즉문즉설1 : 토론 수업 강제로?

질문이라니 갑자기 장내가 숙연해진다. 막막하기는 나도 마찬가지다. 대략 짐작은 하지만 어떤 질문이 쏟아져 나올지 감히 예측할 수 없는 상황. 입을 좀 풀라는 의미로, 이제 널리 알려진 오바마 이야기를 들려준다. G20 폐막회의에서 한국기자들에게 질문권을 주었을 때, 한국 기자들이 질문을 못해 중국기자 루이청강이 질문을 한 유명한 사례. 그래도 명색이 토론 공부하는 교사인데 질문이 없을까. 이때 용감하게 제일 먼저 손을 든 사람이 있으니 역시 김수란 선생님이다. 지원단교사들 중에 매우 어린 축에 속하는데 용감하게 첫 출발을 끊어주어 강의를 계속 이어갈 수 있었다.

"저희 학교 교장 선생님께서 공문을 주시면서 전교사들에게 1교사

1회 토론 공개 수업을 지시하셨어요. 국영수사과는 물론 음미체까지. 국어뿐만 아니라 다른 교과 선생님들도 다 토론 수업을 하려면 어떤 다양한 방법들을 배워야하는지 알려주세요."

김수란 선생님의 질문의 핵심은 후반부인데 나는 전반부부터 풀기로 했다. 어차피 토론 방식에 대한 안내는 남은 시간 내에서 최대한 내가 들려줄 이야기이니까. 마침 강의장 제일 앞에는 교육청 관계자들이 앉아 계셔 답변을 그리로 돌렸다. 그런 미친 공문을 보낸 주체가 누구신지? 내가 답변을 요청 드린 연구사님도 본인이 답할 분야가 아니라면서 이 연수를 기획한 연구사님을 지명하는데 마침 그날 행사를 총괄 기획 지시한 교육청 과장님이 인사말씀 차 강의를 들으러 오셔서 제일 앞에 앉아 계시지 않는가. 지난 연수에서 내 강의를 감명 깊게 들었다고 굳이 시간을 내서서 늦게라도 오셨다. 결과적으로 '그렇게 상명하달식 획일적인 공문을 보낸 바 없으며 그런 일은 없이 하겠다. 아울러 토론 인프라가 체계적으로 잘 갖추어지도록 관리자 연수도 하고 다양한 지원을 할 테니 그런 부분에 대해서는 안심해도 좋다'고 말씀하셨다.

나는 덧붙였다. 토론 교육에 대한 기획, 운영 계획 자체가 교육 공동체 구성원 안에서 서로 합의를 이루어나가야 하고, 후자의 질문에 대해서는 전남 교육청을 눈여겨 볼 필요가 있다고 했다. 전남은 독서토론을 '독서 · 토론'이라는 고유 브랜드로 특화해서 이미 5년 전에 토론교육지원단을 선도교사라는 이름으로 연수를 시키고 전남 토론 교육의 허브 역할을 담당하도록 한 바가 있다. 내가 개인적으로 다양한 형태의 토론 교육 사례를 찾다가 발견한 체육교사들의 카페가 있었는데 바로 전남 교사들의 카페였다. 체육 선생들까지 이렇게 다양한 토론 공부를 하고 수업에 적용하는 데 놀랐고 그 모임의 모태가 전남토론선도교사라는 점에 두 번 놀랐다. 대체로 교육청의 사업은 보여주기나 점수 따기를 위한 행정적인 요식 행위인 경우가 많은데 실제 연수를 받고 지원단을 조직한 성과가 이렇게 열매를 맺는다는 사실이 놀라워서이다. 좀 자화자찬을 하자면 〈나무를 심는 사람〉의 에이자 부퓌에라는 노인처럼 꾸준히 나무를 심은 성과가 이제 조금은 결실을 맺어, 토론 수업의 꿈이 단순한 꿈이 아니라 현실이 되었다는 사실에 놀랐다고나 할까!

토론 즉문즉설2 : 토론에 이기고 친구도 얻는 방법은?

한 번 질문이 열리니 새로운 질문들이 솟기 시작했다. 두 번째 던져진 질문은 '토론에 지더라도 친구를, 사람을 얻으면 된다고 하는데, 토론에도 이기고 친구도 얻을 수 있는 방법도 있는가?' 하는 질문이었다. 속으로 '참 욕심도 많으시네' 하고 생각했지만, 인간이란 그런 존재다. 하나를 얻으면 둘을 바라고, 말을 타면 종을 부리고 싶어하는. 그러기 위해서 가능하다면 최선을 다하는 존재가 바로 인간이 아닌가. 토론에도 이기고 친구도 얻는 방법? 왜 없겠는가, 물론 있다. 하지만 나는 '없다!'고 했다. 무(無)! 이른바 이런 저런 질문의 대답을 '뜰 앞의 잣나무'로 했던 유명한 선승, 조주 스님의 흉내를 내서 그랬다. 개에게 불성(佛性)이 있습니까? 무(無)! 개한테는 불성이 있지만 스님은 절대적인 없음의 깨달음을 위해 '없어!'라고 대답했다. 나는 주제넘게 조주 스님 흉내를 내면서 '없다'고 했다, 그리고 반문했다. 즉문즉설에서 가장 바람직한 대답은 답이 아니라 질문을 되돌림이다. 여기서 질문을 되돌린다는 말은 질문의 뿌리를 되돌아봐 성찰하게 한다는 뜻이다. 질문자가 스스로 질문의 의미를 돌아보면 그때 같이 더 나은 대답을 찾아가는 것이 아닌가 하는 걸 법륜 스님 즉문즉설에서 몇 번 본 적이 있다. 나는 되물었다.

"친구를 얻으면 되었지 토론에서 왜 이기려 합니까?"
"이기면 좋으니까……."
"무엇이 좋습니까?"
"…………." "내가 원하는 것을 얻을 수 있으니까?"
"원하는 것이 무엇입니까?"
"세상이 평화롭고 좋아지는 거요."
"나는 이기고 상대방은 졌는데요?"
"………."

어떤 대답을 해도 나는 이 질문을 던졌을 것이다.

"나는 이기고 상대방은 졌는데요?"

실은 나 자신도 이 질문 앞에서는 답이 없다. 나는 이기고 상대방이 졌는데 어찌 그 사람의 마음을 얻는다는 말인가. 친구는 내가 질 때 얻는다. 이길 수 있는데도, 이기지 않고, 질 수 있는 능력을 가질 때 얻는다. 진다는 사실 자체가 새로운 친구이고 얻음이기 때문이다. 굳이 노자의 도덕경을 풀자면 친구에게 지는 것 자체가 도(道), 길이고 그 결과로 친구를 얻음 그것이 득(得), 곧 덕(德)이다. 김용옥이 도덕경의 도덕을 길과 얻음으로 번역하면서 강조한 점이 바로 이런 것이 아닐까 싶다. 유약승강(柔弱勝强). 내가 부드럽고 나약하게 지겠다고 하면 기필코 이기겠다는 강한 마음을 넘어선다. 그게 토론의 승패에 대한 내 방식의 토론도덕경이다.

드라마 〈상도〉로도 널리 알려진 최인호 소설 상도의 진리도 그것이다. 진정한 상도의, 장사의 목적은 재물을 얻는 것이 아니라 사람을 얻는 것. 사람을 얻겠다는 마음 자체도 욕심일지 모르지만 사회적 존재로서의 인간의 삶을 최소한으로 생각한다면 토론의 도든 장사의 도든 바로 하나, 사람을 얻어 같이 공동(共同)과 공통(共通)의 사회를 만들어가는 길이다.

쿵푸, 곧 공부의 대가였던 이소룡. 철학도였던 그는 자기만의 고유한 무술 절권도를 통해 도를 깨쳤다. 그가 던진 철학절 질문, '사람들은 왜 그렇게 승리에 열광하는가? 승리의 끝에 무엇이 남는가?'에 대한 대답으로 토론의 승리에 대한 질문을 마무리했다.

대답은 역시 '무(無), 없다'이기 때문이다. 〈쿵푸 팬더〉의 용의 문서가 보여주는 진실, 〈꽃들에게 희망을〉의 애벌레가 보여주는 성찰. 결국 욕망과 집착을 향한 승리가 보여주는 결실은 허무 그것이다. 우리 같은 범인들은 도달하기 어려운 인류의 성인들의 경지를 보라. 그들은 승리자가 아니라 다들 멋있게 패한 자들이다. 그럼으로써 당대 뿐만 아니라 시공을 초월하는 인류의 벗들이 되지 않았겠는가. 그러므로 친구를 얻고자 한다면, 친구를 이미 얻었다면 굳이 토론에 이길 필요가 없다.

일단 그 주제와 관련해서는 나의 토론 목표 지론을 설명해야겠다. 나는 토론의 제1 정의는 몸으로 하는 공부라고 주장한다. 사실 공부는 몸으로, 온몸으로 하는 것이니 동어반복이다. 줄이자. 다시 말하면 토론은 공부라고 말한다. 그럼 공부란 무엇인가? 공부는 쿵푸다. 고미숙을 빌리면 인간은 호모 쿵푸스다. 토론과 연결해서 공부의 정의를 내리면 공부는 온몸으로 하는 싸움이다. 공부는 학습과 달리 머리로만 하지 않고 온몸으로 하며, 토론의 어원인 디베이트가 서로 갈라져서 (de-devide) 다투고 싸운다(bate-battle)는 의미를 갖고 있어서다. 그러므로 토론도 논리를 무기로 다투는 싸움의 일종이지만 목표는 승리가 아니다. 토론 그 자체이며 그 과정 속에서의 지적, 정서적, 사회적 수행 바로 그 자체이면 족하다. 굳이 이길 필요가 무엇이겠는가.

토론 즉문즉설3 : 토론, 입시와 사교육

이어지는 질문들은 토론 교육의 사회적 가치나 현주소였다. 두 가지다. 하나는 '논술이 괴물이 된 것처럼 토론 또한 입시와 결합하면서 사교육 시장의 상품으로 전락할 우려는 없는가' 하는 질문이었다. 다른 하나는 거꾸로 '왜 우리는 이런 토론 교육을 이제야 하게 되었는가, 나는 그동안 뜨거운 열정으로 토론을 공부해왔는데 왜 우리 나라에 토론 교육은 이제야 왔는가?'하는 안타까움 섞인 질문이었다.

"진리는 늦게 오는 법이지요. 일찍 서둘러 온다면 그것은 진짜 진리
인지 아닌지 의심해봐야 한다고 생각합니다."

두 번째 질문을 들으면서 먼저 떠오르는 나의 대답이었다. 왜? '진
리란 시간의 자녀'이기 때문이다. 시간의 숙성 없이 진리는 탄생하지
않는다. 노무현 대통령이 국민들의 정치 참여 열기에 힘을 받아 '참여
정부-토론공화국'의 의제를 내걸고 토론을 현실화하려 했지만 역부족
이었다. 왜, 국민적 합의와 고민과 숙성의 과정 없이 문화와 역사는 바
람처럼 일어나지 않는다. 정치 돌풍을 일으킨 노무현 대통령은 훌륭하
신 분이다. 대한민국 정치 무대에 바람처럼 나타났지만 긴 생명을 다
하지 못하고 바람처럼 사라졌다. 그래서 훌륭하지만 그래서 안타깝다.
오랜 정치 생명을 끈질기게 버티는 노회한 정략가들이 훌륭하다는 뜻
이 아니다. 다만 대통령조차도 토론 문화를 쉽게 만들지 못한다는 점
을 짚어두고자 한다. 독재자들이 한두 마디 명령해서 만들어지는 토론
문화, 토론 교육이라면 분명히 뿌리부터 썩어 있거나 기둥이 허약해서
조변석개 하듯이 바뀌지 않겠는가. 한글의 주인공 세종을 생각해보라.
왜 그분이 용비어천가에서 '뿌리 깊은 나무'와 '샘이 깊은 물'을 강조하
셨겠는가.

역사와 전통과 문화는 시간이 가져다주는 숙성과 치열한 노력의 과
정이 따라야 하기 때문이다. 그게 논술과 토론의 차이다. 암기식 글쓰

기로 전락한 논술은 말 그대로 열풍이고 광풍이었다. 바람은 기압이 바뀌면 금방 눈녹듯이 사라진다. 토론은 속성상 바람이 되기 어렵다. 첫 번째 질문의 답이 거기에 있다.

다시 두 번째 질문에 대한 실제적인 답을 좀 더 숙고해보자.

거슬러 올라가보면 한국 사회에는 오래 전부터 토론 문화가 없지 않았다. 신라의 화백제도가 지금의 원탁 토론에 가까운 모형을 가지고 있었고, 조선시대에는 경연과 토론을 사랑했던 왕 세종이나 정조 시대에 토론 문화가 약간의 꽃을 피우기도 했다. 하지만 국민과 대중 전반의 토론 문화에 대해서는 별다른 언급이 없다. 사람 사는 세상에 대화와 토론이 없을 리 없지만 신분의 차이, 언어 수행 능력의 부족 등으로 체계적인 토론이 이루어지지 못했다.

요컨대 성과 나이, 신분의 불평등이 토론 문화를 막아온 제일 원인이 아닐까? 그것은 오늘날 갑을 관계나 직업적 고하 관계에서도 고스란히 드러난다. 사장이 직원과, 교장이 교사나 학생과, 대통령이 장관들과, 구청장이 말단 공무원과 열린 토론으로 조직을 운영해가면 그 자체가 뉴스거리로 신문에 나오는 세상이다. 토론의 제1 원리는 자유이다. 그리고 그것은 평등에서 나온다. 평등하게 서로 존중하는 세계가 아니면 자유로운 토론이 어렵다. 그런데 우리 나라의 역사는 아직 모든 이가 서로를 존중하는 평등한 사회를 이루지 못했다. 권력자와 갑들은 말할 수 있으나 피지배자와 을들은 감히 함부로 말 할 수 없는 시대를 살아왔다. 어찌 온전한 토론이 되겠는가!

이런 불행한 역사는 20세기 아니 21세기까지 계속 되었다. 톰슨의 지적처럼 '극단'과 '전쟁'의 시대였던 20세기 한반도는 식민지를 통한 극한의 억압을 경험했다. 윤동주가 참회록에서 서글피 고백했듯이 자기 민족의 정체성과 자아 신념을 배반하는 아픔을 겪어야 겨우 살아남을 수 있는 시대였다. 또, 한국 전쟁은 어땠는가!

우리는 최악의 이분법을 만들어낸 내전, 한국전쟁이라는 끔찍한 분단의 아픔을 겪었다. 이념을 무기 삼아 북은 북대로 남은 남대로 내부 식민지와 피해자를 만들어내는 불행한 역사였다. '빨갱이'에서 '종북'까지 주홍글씨로 상대를 언어와 이념과 법의 감옥에 가두려는 시도가 지금도 이어진다. 그들에게는 온전한 발언권이 주어지지 못했다. 지금은 사라졌지만, 한국사의 이면과 아픔을 드러낸 다큐의 제목이 오죽하면 '이제는 말할 수 있다'였겠는가! 그만큼 숨죽여 흐느끼며 자기 신세를 원망하는 사람이 많았던 시대, 그런 시대에 토론이 설 자리는 없었다.

국민들의 자유로운 발언에 대한 억압은 피로 정권을 잡은 독재 정권 시절에 극에 달했다. 이승만 시절 언론 자유가 없음을 한탄한 시인 김수영. 박정희 장기 유신 독재의 상징인 긴급조치에 온몸으로 저항한 김지하. 전두환의 군화발 아래 신음하는 민중의 한을 서슬퍼런 열기로 대변한 김남주와 박노해. 이런 시인들 뿐만 아니라 수많은 민중들의 자기 소리를 찾기 위해 피흘리고 싸워온 역사가 지금의 토론 문화에 대한 아주 작은 씨앗이다.

언론자유를 이행하지 못하는 자신의 소시민성에 괴로워하던 김수영이나 사형을 불사하고 발언의 자유를 위해 싸움을 멈추지 않았던 시인들을 비롯한 소수의 사람들만이 언론의 자유가 살아 있는 민주주의에서, 토론으로 누구에게나 자유로운 평등세상을 만들기 위해 싸워왔다. 이런 과정 없이 그냥 토론이 하늘에서 떨어지거나 위로부터 토론하라는 지시가 내려온다면 그것은 토론이 아니라 명령이고 망령이다. 토론의 탈을 쓴 또 다른 억압이다. 그래서 토론에는 시간이 필요하다. 만인의 진리는 그냥 어느 날 갑작스런 천재의 발명으로 만들어지지 않는다.

두 번째 질문에 대해서 이런 긴 이야기를 말씀드리지 못했다. 하지만 적어도 토론이 늦게 오기는 했지만 오기 위한 기나긴 숙성의 과정이 필요하다는 건 전했다. 그리고 다시 민주주의와 토론이 현실적으로 위협받는 지금, 진보교육감을 중심으로 지역마다, 학교마다 토론 교육에 대한 강조와 질문 수업에 대한 고민이 싹트는 것은 우연이 아니다. 독재의 화신들이 자유를 위한 투쟁의 소중함을 알려주고 괴물 이명박이 소통의 소중함을 깨우쳤듯이 다시 새로운 통치자는 토론을 위한 직접 민주주의의 필요성과 실천의 중요성을 일깨우고 있다. 그 동안 유령같던 그 무엇이 이제 천천히 자신의 몸을 실체로 드러내는 시간이다. 이제 다시 우리는 묻지 않을 수 없다. 감히 햄릿의 유명한 대사 '죽느냐 사느냐 그것이 문제다'를 빗대어 표현하자면 그렇다. 앞으로 대한민국의 교육은

"토론이냐 아니냐 그것이 문제다!"

자 그럼 이 즈음에서 첫 번째 질문으로 돌아가자. 그럼 토론의 미래

는 안전한가? 다시 논술 같은 괴물로 타락할 우려는 없는가?

답은 모른다. 제자가 공자에게 귀신에 대해 물었을 때, 공자가 나는 귀신은 모른다, 다만 사람의 일만 말할 수 있을 뿐이라 했듯이 나 역시 내일의 일은 모른다. 오늘의 일만을 말한다.

자로가 귀신을 섬기는 일을 묻자(季路問事鬼神),
공자께서 말씀하시기를(子曰);

"내가 아직 사람을 섬기는 것도 능하지 못한데 (未能事人),
 어찌 귀신을 섬기는 일을 알겠느냐?(焉能事鬼)"

또 죽음에 대해서 묻자(敢問死),
하시는 말씀이(曰);

"사는 것조차 버거운 판에(未知生)
 뭐 죽을 것까지 신경쓸 거 있냐?(焉知死)"

우리가 자로처럼 미리 내일을 걱정할 필요는 없다. 오늘의 교육, 수능과 논술에 대비한 새로운 수업 혁신도 어려운데 감도 까마득한 토론의 미래를 미리 걱정할 필요가 없다. 아니 입시 자체를 깨나가면서 제대로 된 교육을 위한 기나긴 싸움을 위한 노력의 첫 삽도 뜨지 못했는데 벌써 사교육 시장의 블랙홀을 걱정할 필요가 있을까! 앞서 언급했듯이 토론의 숙성에는 시간이 걸린다. 나는 농담으로 '〈인터스텔라〉에서도 53년의 시간이 걸렸기 때문에 우리가 아직 걱정할 필요는 없다' 말했다. 아니 차라리 그럴 만큼 토론에 대한 열풍이 일어나고 민주주의 실현을 위한 싸움이라도 벌어진다면 기꺼이 환영한다고 말하고 싶었다. 혼자서 답을 외워 쓰는 논술과 달리 토론은 관계이고 소통이다. 함께 숨쉬고 상대를 바라보면서 말을 하는 공동의 마당에서 이루어지기 때문에 정답을 따로 외워 상품화하는 논술에 비해서 사교육의 먹이가 될 가능성이 적다. 왜? 바로 '토론'이니까!

그런 현상 자체가 토론의 대상이고 논쟁의 대상이기 때문에 자기를 혁신할 에너지를 토론 자체가 가지고 있다.

또 하나의 이유가 있다. 전에 쓴 〈강자들은 토론하지 않는다〉라는 책에서 박근혜의 토론 경험을 소개한 바 있다. 박근혜는 유럽 유학 시절 자기가 생활한 나라들의 토론 문화에 대해서 상당히 인상적인 체험을 하고 토론 문화의 소중함에 대해서 강조했다. 아마도 그동안 골방에 갇혀 살아 외로웠기 때문에, 어머니를 일찍 여의고 청와대라는 답답한 곳에 오래 동안 갇혀 살아, 상호 소통의 토론 문화와 교육이 더욱 더 뜻 깊게 와 닿지 않았을까 하고 나는 생각했다. (토론은 약자, 외로운 사람들이 추구한다!)

하지만 대통령의 권좌, 대한민국 최고 권력의 자리에 오르면 더 이상 토론을 좋아하지 않는다. 잘 하지도 못한다. 수첩공주라는 별명과 이명박을 능가하는 한국 현대사 최고의 유체이탈 화법이 그를 증명한다. 언론에 나와서 토론과 인문학을 강조하는 말은 그저 허깨비의 넋두리에 불과하다. 그러므로 당장 토론 교육이 활성화되어 토론 열풍이

광풍이 되고 사교육 시장이 들썩거리는 풍경은 당분간 걱정하지 않아도 좋다. 앞으로 3, 4년 토론 교육이 활성화되면서 디베이트 학습 시장을 비롯한 토론 교육의 분위기가 높아가겠지만 토론이 바로 무엇인가. 토론은 겉으로는 괴물이 될 수도 있지만 오히려 토론을 억압하고 상품화해온 자본과 권력을 해체하고 공격하는 숙주(host), 트로이의 목마가 될 수도 있다. 진지하게 질문을 던져주신 선생님의 고민에 애정을 표하면서도 아직, 내가 별로 걱정하지 않는 이유다. 그러니 함께 준비하고 지켜보며 싸워야한다.

토론 교육이 소수만을 위한 엘리트 교육이 되지 않도록. 머리 좋고 성적 우수한 헛똑똑이들의 말잔치로 타락하지 않도록 토론의 바탕과 마당을 잘 쓸고 다듬어야 한다. 토론의 상품화가 기우는 아니다. 분명 그럴 가능성은 있기에 차가운 이성과 따스한 마음으로 토론의 미래를 준비하는 토론의 전사들을 키워야 한다. 그게 질문하고 토론하는 교육이 나아가야 할 일차적인 좌표이고 중력이다.

토론 즉문즉설4 : 토론, 주제가 어렵다면

즉문즉설에서 나온 마지막 질문 하나만 더 소개하고 글을 마치려한다. 앞의 질문자들도 그러셨지만, 토론에 대한 애정을 가지고 오랜 세월 토론 교육을 해오신 선생님의 질문이었다.

토론을 준비하다 보면 주제 정하기가 어려워요. 어떤 주제를 정해주다 보면 아이들이 토론 주제에 대해서 한쪽으로 몰리는 경향이 있고, 또 토론을 하다보면 토론이 제대로 진행되지 않고 토론이 엉뚱하게 산으로 가는 경우도 있어요. 어떻게 해야 하나요?

한 마디로 토론의 주제를 어떻게 정해야 하는가 하는 문제였다.

나는 '어렵네요. 역시 잘 모르겠습니다'라고 말한 뒤 내가 말 할 수 있는 것만 말씀드렸다. 실은 토론에서도 가장 어렵고 중요한 게 주제를 정하는 일이기 때문이다.

나는 이 책의 한 장인 주제를 찾고 다루는 내용을 간략히 언급했다.

우선 치우침에 대하여. 토론의 논제 성격 중에 중립성이 있다. 긍정이나 부정 어느 한쪽에 유리하거나 불리하도록 치우치지 않게 주제를 정한다. 마땅히 그래야 한다. 그러나 그건 관념적 이론이다. 삶은 중립이 없다. 수학공식처럼 투명하지 않고 온갖 이물질과 다양성과 혼돈이 함께 한다. 기계적인 중립은 불가능하고 수적 판단조차도 양측이 동일하게 존재하는 보편적 진리는 없다. 어느 한쪽으로 치우치거나 유불리라는 것이 없을 리 없다. 다만 최대한 공정함에 가깝도록 주제를 고민하고 다듬을 필요가 있다. 그게 교사의 몫이고 토론에 참가하는 사람들이 함께 고민할 몫인데 사실은 그게 어렵다. 아마 질문하신 분의 고민도 거기일 것이다. 그럼 어느 주제를 어떻게 다듬을까? 나도 모른다.

전날 울산에서 초등학교 선생님들과 하루 종일 토론 공부를 하고 왔다고 했다. 실습 주제를 같이 찾다가 '초등학생들 급식의 자율성'에 대한 문제제기가 나왔다. 거창한 말 같은데 달리 말하면 '초등학생들이 밥을 먹을 때 담임 선생님이 늘 같이 가서 급식 과정을 돌봐주어야 하는데 그렇게 하지 말고 학생들이 교사 없이 스스로 가서 밥을 먹도록 하자'는 뜻이다.

만약 토론의 주제를

'초등학생들이 밥을 먹을 때 담임 선생님이 늘 같이 가서 급식 과정을 돌봐주어야 하는데 그렇게 하지 말고 학생들이 교사 없이 스스로 가서 밥을 먹도록 해야 한다'고 하자. 대부분 사람들이 웃을 것이다. 좋은 주제지만, 논제를 이렇게 길게 설명해서 제시하는 경우는 드물다. 그렇다면 이걸 압축, 요약해야 하는데 어떻게 해야 하나?

급식을 선생님과 함께 하지 말자
급식을 혼자서 하자
급식을 자율화하자
급식을 자유롭게 하자

말 한 마디에 따라서 찬성과 반대의 입장이 달라지는 사람들도 많다. 취지는 같지만 표현에 따라서 의미가 천양지차(天壤之差)로 달라지기 때문이다. '함께, 혼자, 자율, 자유'의 개념 설정을 하면서 토론을 시작하는 순간 용어정의에 따른 논점의 차이, 주장과 근거의 차별화가 천(天)과 양(壤)의 차이, 말 그대로 하늘과 땅만큼 달라진다. 그래서 토론의 주제 정하기가 어렵다는 말이다

나는 비트겐슈타인의 말을 빌려 왔다. 비트겐슈타인이 말했다. 절대주의를 비판했던 철학자 칼 포퍼에게 한 말이라고 한다.

"똥을 누려면 자기 똥구멍보다 더 높이 누어야 한다."

다른 말로 하면 이렇다. 똥(새로운 토론 주제)을 누려면(정하려면) 자기 똥구멍(자기 주제의식의 한계)보다 더 높이 누어야(주제 한계에 대한 파악을 잘 해야) 한다는 말이다.

주제 파악의 중요성을 갈파한 말이다. 내가 생각한 이 말의 의미는 이렇다. 토론 주제는 토론의 주제를 정하는 사람 자신의 주제 파악에 달려 있다는 말이다. 즉 자기 자신이 살아가는 삶의 터전에 대한 고민과 토론자들의 능력, 방식, 상황에 따른 종합적인 생각들이 좋은 토론 주제를 만드는 바탕이 된다는 말이다. 실은 현문우답이다. 말 그대로 답을 모르고 결국 각자 알아서 고민하라는 말이니 말이다.

그 대목까지 함께 보지는 못했지만, 앞서 선생님들께 보여드린 성균관 스캔들의 마지막 대목에 그런 말이 나온다.

"스스로 묻는 자는 스스로 답을 얻게 되어 있다."

정약용의 이 말은 사실 이 글을 통해서 선생님들께 드리고 싶은 나의 마지막 메시지이기도 하다. 그래서 내가 가장 좋아하는 나의 공부 화두가 모든 토론 강의 자료의 앞에서 제시하는 공자 말씀인 '박학(博學) 독지(篤志), 절문(切問) 근사(近思)'가 아니던가.

"널리 배우고 뜻을 돈독히 하면서 간절하게 묻고 가까운 곳, 삶의 현장에서 답을 찾기 위해 꾸준히 생각하라. 그것이 바로 사랑이다."

이 날의 강연, 지금의 이 글이 그걸 증명한다.

이렇게 한 선생님의 첫 질문으로 시작된 문답은 삼십여 분을 흘러갔고 나머지 시간은 구인광고, 신호등 토론, 두 마음 토론과 모서리 토론 등 다양한 토론 방법에 대한 실습과 설명으로 강의를 마쳤다. 참여형 토론을 공부하다보니 원탁 토론까지는 나가지도 못할 만큼 시간은 빠듯했지만 선생님들은 다들 뿌듯해하시는 느낌이었다.

토론, 수업과 소통의 인터스텔라

이제 마무리를 할 시간이다. 다시 우리들의 우주 여행 〈인터스텔라〉로 돌아가야 한다.

나는 유령의 의미를 다시 묻는 걸로 이야기를 마무리했다.

"토론은 유령이라고 했는데, 유령은 존재합니까?"

"네."

"그러나 유령은 유령이 아니었지요. 무엇이었나요?"

"'좌표'이고 '중력'입니다."

"네, 우리 교육이 나아가야 할 이정표이자 현 주소를 알려주는 좌표였고, 기존의 주입식 교육을 빨아들일 블랙홀이요, 막강한 중력을 지닌 새로운 에너지라고 말씀드렸습니다. 주인공은 그걸 찾기 위해 수십 년의 시간여행, 우주여행을 했지요. 인테스텔라의 주요 카피처럼 '우린 언젠가 답을 찾을 것이다, 늘 그랬듯이' 라는 신념을 가지고 말입니다.

우주 여행을 하고 온 다음에 알고 보니 그 유령은 누구였나요? 바로 쿠퍼 자신입니다. 사실은 쿠퍼의 염원과 노력과 방황과 실천이 시공을 초월한 우주여행을 통해서 미래의 자신이 현재의 나에게 일종의 메시지를 보낸 것이었죠. 그 영적 - 물리적인 소통의 시도가 유령이라는 초자연적인 현상처럼 보였던 것이지요.

아마 지금 우리가 토론에 대해서 갖는 꿈과 열정과 포부와 노력의 의지가 토론의 유령이 되어 지금 우리에게 새로운 메시지를 던지지 않을까 싶습니다.

모두 자기 안의 유령을 잘 만나서 새로운 각자의 토론의 길, 토론의 세계를 열어가시기 바랍니다."

그리고 잠시 잔잔한 침묵과 함께 고요한 마무리가 이루어졌다.

이렇게 강의는 끝났다. 부산 강의에 대한 나의 고민과 질문은 이렇게 두 시간 남짓한 시간 여행을 통해서 이루어졌다. 나는 그 시간을 더 많은 분들과 나누기 위해 이렇게 다시 글을 쓸 뿐이다. 그게 전사의 운명이고 전사의 길이며 미래의 유령이 나에게 보내는 새로운 메시지에 대한 나의 간절한 응답이므로.

3

토론, 대회를 위한 꼼꼼한 준비

1

토론과 주제찾기
- 주제 파악이 토론의 처음이자 끝이다

자기 주제를 먼저 파악하라

근대 철학계의 천재적 지적 깡패인 '비트겐슈타인'은 음악적인 안목이 뛰어난, 절대음감을 소유한 자였다. 절대음감을 지닌 자들이 행복할지 불행할지 쉽게 얘기할 수 있는 바는 아니지만 그에게 있어서는 '음'의 고유한 가치문제는 다른 인생의 여러 철학적인 문제와 더불어 생을 통해서 그를 괴롭혔던 것이 틀림없었을 것이다.

그는 음악에 있어서 모차르트와 살리에르의 관계와 같은 철학계에서 앙숙이었던 칼 포퍼를 빗대면서 "똥을 네 똥구멍보다 높이 싸려고 들지 마라"라는 식의 말을 즐겨 썼다. 비트겐슈타인이 즐겨 쓰는 거친 말이었지만 가만 생각해 보면 정말 멋있고도 강력한, 주먹으로 탁자를 쳐서 그 탁자를 왕창 부서뜨릴 만큼 강한 동의의 찬사를 보내고 싶은 말이다. 비트겐슈타인이 이 말을 한 것은 스스로 세계를 바꿀 수 있다는 일군의 철학자들에게 던진 표독스런 말이었다.

(http://cafe.daum.net/auditorium)

전에 읽었던 책의 한 대목이 생각나 '비트겐슈타인과 똥'을 검색해 보니 위와 같은 글이 있다. 다음 카페 '음악사랑, 좋은 사람, 객석'이라는 곳에 이름도 독특한 '악의축'이란 사람이 쓴 글이다. 비트겐슈타인이 즐겨 썼다는 이 말은 한 마디로 주제 파악을 하라는 말인데 우리가 흔히 사용하는 다음 말과 같은 뜻이다. 그런데 철학자는 참으로 이렇게 고상하게 표현하는구나 생각하니 역시 철학은 아무나 하는 게 아닌가 보다.

"니 꼬라지를 알아라!"

좀 기분 나쁘긴 하지만 어린 시절 종종 듣던 말이다. 한 마디로 주제 파악을 하라는 뜻이겠다. 이 말이 사회적으로, 그리고 더 묵직하게 울림을 갖고 대중을 찾아간 사례는 박찬욱의 복수 삼부작 마지막 작품인 〈친절한 금자씨〉에서 나타난다. 한때 세간에 화제가 되었던 "너나 잘하세요"가 그것이다. 남을 탓하거나, 자기가 좀 안다고 지루한 설교 늘어놓지 말고 자신의 주제 파악을 먼저 하라는 뜻이다.

주제에 대한 질문을 받을 때마다 왜 이 말이 떠오를까? 나 자신도 내 꼬라지를 잘 모르는 입장의 동일함에서 오는 공명 때문인가? 그런 것도 같고 아닌 것도 같다. 왜, 사람들은 주제 찾기를 그리 어려워할까, 그리고 주제는 어떻게 찾아야 하는가 같이 생각해보자.

세간에 나와 있는 토론 관련 책을 보면 논제의 종류와 논제의 요건에 대한 설명이 대부분이다.

논제의 종류는 사실, 가치, 정책 이 세 가지이고 요건으로는 중립성, 대립성, 시의성 등등이다. 하지만 세상의 논제 종류가 셋 밖에 없고 논제는 꼭 위의 요건을 갖추어야만 할까? 물론 그런 요건을 갖춘 주제가 좋은 주제이긴 하다. 하지만 세상의 모든 주제를 거기에 맞출 필요는 없지 않을까?

또 다른 책을 보면 간혹 초등학생이나 중학생 등 특정 학생의 눈높이에 맞는 주제들을 몇 십 개 나열한 경우도 있다. 이러저러 학생들의 입장과 처지를 고려한 나름 의미있는 주제라 생각한다. 하지만 그도 보편성을 띠기는 어렵다.

내가 생각하는 토론 주제 찾기의 첫째 원칙은 절실함이다. 두 번째는 참가자들과의 연관성이다.

절실함이란 무엇인가? 토론을 주관하는 내가 가장 심각하게 맞닿은 고민이 무엇인가를 살피라는 말이다. 연관성은 참가자들의 성향 파악을 해서 그들과 밀접히 연관된 주제를 찾으라는 말이다. 나아가 주제와 형식의 연관성도 더불어 파악하면 더 좋다.

2009년 봄, 토론의 전사 1기를 시작할 무렵 12회에 걸친 토론 연수를 기획했다. 물론 주제와 방식을 다 달리하는 프로그램이었으니 그때는 내가 배포도 어지간히 컸나보다.

우리 나라에 제대로 된 토론 연수 프로그램이 전무하던 시절이다. 토론을 처음 공부하는 마당에 과연 어떤 형식과 어떤 주제를 선택할 것인가? 고민이 없을 수 없다.

토론의 철학이나 기초가 되는 강의를 한두 꼭지 넣을 수 있지만 기본 원칙이 실습만 하면서 진행하기여서 늘 토론의 주제나 방식을 고민해야 했다. 오랜 세월 여러 사람을 통해 검증된 주제라면 무난하지만 그런 것이 달리 없었다. 토론의 형식은 참여형, 세다, 원탁, 협상, 의회식 등등 다양한 방식들을 어느 정도 갖추고 있었다. 문제는 방식보다 주제였다.

주제에 대한 이런 저런 생각으로 고심하던 차에 〈고민하는 힘〉이라는 책이 눈에 들어왔다. 재일조선인 강상중 교수의 첫 번째 한국어책으로 인생의 여러 가지 요소들에 대한 작가의 문제의식과 해결방안을 막스 베버와의 사회학과 나쓰메 소세키의 문학을 통해서 묵직하게 풀어간 산문집이었다. 거기 등장한 주제들이 청춘, 사랑, 돈, 종교, 죽음 등 인간이라면 누구나 가까이서 한번쯤 심각하게 부딪혀본 문제들이었다. 첫날 가볍게 자기가 누구인지, 어떻게 살아왔는지를 되돌아보기에 손색없는 주제들이 아닌가.

〈고민하는 힘〉 자체가 한동안 주제 문제로 고민에 빠진 내게 던져진 한줄기 빛이었다. 각자가 살아온 이력을 말하기에 이보다 더 적절한 책이 어디 있으랴.

원탁 토론 시간에는 진 시노다 볼린의 〈우리 속에 있는 여신들〉이라는 책을 선정했다. 토론을 운영, 진행하는 나 이외에 모든 참가자들이 여성이었고, 책 속에 등장하는 아르테미스, 아테네, 헤라, 테미테르, 페르세포네, 아프로디테 이렇게 일곱 여신이 제각기 개성을 지닌 여신들이라 각자의 특성을 남에게 보여주고 서로 존중하면서 받아들이는 원탁의 속성에 딱 맞다고 판단해서이다. 이 정도면 나의 고민, 참가자의 특성 그리고 토론의 형식과 가장 어울리는 제재가 아니겠는가.

이런 책들의 공통점은 인문학적 깊이도 있으면서도 삶의 보편적 영역을 다루고 인간에 대한 깊은 심리적 통찰을 다룬다는 점에서 새롭게 만나는 사람들을 이해하는 데 도움이 된다는 나의 판단에서였다.

당시 노무현 정부 이후 새로운 정권이 들어선 상태라 한국적 민주주의의 의미를 묻는 유시민의 〈후불제 민주주의〉 등을 다루기도 했다.(결국 이 시기에 노무현 대통령은 자신이 꿈꾸던 민주주의의 실현을 보지 못하고 유서를 남긴 채 세상을 등졌다)

또 랑시에르의 〈무지한 스승〉과 교육분야의 고전인 〈페다고지〉도 이때 함께 읽었다. 그런데 한 주 한 번 하는 토론공부로서는 약간 무리인 감이 있었지만 토론에 대한 불꽃이 뜨겁게 타오르던 시절이라 누구 하나 불만없이 깜냥껏 준비를 해오곤 했다. 그런 의미에서 토론의 주제는 결국 토론을 공부하는 사람, 그 사람이 읽고 싶고 말하고 싶어하는 시대 정신과 맞닿아 있는 법이다.

이 책을 읽는 독자가 대부분 교육관련 종사자인 교사나 학생이라면 그들에게 무슨 주제를 권할까? 혹은 어떤 분야의 주제에 관심을 갖고 논제를 만들어보라고 권할까?

우리 나라 토론 대회로서는 무척 오래되고 전통과 권위가 살아있는 두 곳의 주제의 역사를 살펴보자. 그 두 곳은 대한민국 민주주의의 역사에 대한 기록과 홍보를 맡아온 '민주화운동기념사업회'와 격을 같이 하는 국가기관인 광주 '5·18기념재단'과 '부산 민주공원'이다.

먼저 부산 민주공원. 2013년 그들은 몸살을 앓고 있다. 이명박 정부

때도 없었던 초유의 예산 삭감 사태가 벌어지고 있기 때문이다. 정치권에서 갑자기 왜 그런 결정을 내렸는지는 상상에 맡기자. 어른들의 싸움에 아랑곳없이 부산에서는 제14회 전국청소년 논술토론 한마당이 한창이다. 올해의 주제는 〈청소년, 돈을 말하다〉. 작년 〈청소년, 정치를 말하다〉에 이어 4년 연속 '청소년'과 '말하다'로 이어가고 있다. 일단 주체인 청소년 스스로의 언어를 찾아주자는 취지가 읽혀지고, 청소년 스스로 헌법의 한 주체인 국민으로서의 권리를 위해 정치 현실과 자본의 문제점을 폭넓고 깊게 논의해보라는 취지이다. 2000년에 시작된 지 올해로 14년. 지난 14년 동안의 주제를 살펴보자.

2000.11.03 ~ 12.17에 진행된 1회는 개인과 사회였고, 그 뒤로 다음과 같이 이어졌다.

제01회 : 개인과 사회

제02회 : 21세기, 과연 여성의 시대인가?

제03회 : 청소년에게 한국은 희망의 나라인가?

제04회 : 북-미 핵문제와 평화통일

제05회 : 광복 60년, 왜 아직도 친일청산인가?

제06회 : 풍요로운 삶을 위해 무엇을 할 것인가?

       - 경제성장인가? 환경보호인가?

제07회 : 양극화 해법, 성장이냐 분배냐?

제08회 : 한국사회민주주의 무엇을 선택할 것인가?

       - 자유주의 확대인가, 공화주의 강화인가?

제09회 : 경쟁, 어떻게 볼 것인가?

제10회 : 부마민주항쟁 30년, 한국의 민주주의 어디로 가고 있는가?

제11회 : 청소년, 자기 삶을 말하다.

제12회 : 청소년, 한국의 복지를 말하다.

제13회 : 청소년, 한국의 정치를 말하다.

어느 주제 하나 가벼운 것이 없으며, 여성, 통일, 양극화, 경쟁에 이어 이제 청소년 자신들의 삶과 문화, 정치를 바라보는 수준에 이르렀다. 이 정도면 가히 한국을 대표할만한 역사와 전통을 지닌 토론 대회로 보기에 손색없는 주제들이다.

그럼 광주의 5·18재단에서 주최한 5·18전국 고등학생 토론대회의 토론 주제는 어떨까?

2013년 광주는 5·18민주화운동 23돌을 맞아 홍역을 치렀다. 기념식 대회곡인 '임을 위한 행진곡'을 둘러싼 정치적 논란, 그리고 일베의 5.18민주화 운동 폄훼 등으로 적잖은 상처를 받았다. 국정원의 선거 개입 사태를 둘러싼 정치적 힘겨루기와 국민들의 분노가 높아가는 가운데 2013년 8월 제12회 토론대회는 순항을 마쳤다.

광주 5·18기념재단 주최의 전국고등학생토론대회 12년 동안의 주제를 살펴보면 다음과 같다.

1회 : 한국사회의 민주주의 과제와 극복방안

2회 : 세계평화와 한반도 평화정착 그리고 미국

3회 : 10대가 세상의 주역이다

4회 : 내가 생각하는 한반도 통일방안

5회 : 5·18민중항쟁 정신으로 비추어 본 한미자유무역협정

6회 : 인간의 빛 권리의 그림자

7회 : 성공하는 삶이란

8회 : 청소년, 2009 한국교육을 이야기하다

9회 : 2010 민주주의, 청소년에게 길을 묻다

10회 : 事故뭉치? 思考뭉치?

11회 : 청소년문화권리장전

12회 : 불가능의 세계를 켜다

이처럼 학생들에게 주체성을 기르고 민주주의의 숭고한 가치를 가르치려는 목적의 단체에서는 토론의 주제도 역사성과 사회성을 기반으로 한다는 점을 눈여겨 볼 필요가 있다.

특기할 것은, 5·18재단의 경우 2013년 '불가능의 세계를 켜다'라는 대주제 아래, '런던 올림픽 개막식 동영상이나 레미제라블 영화 중의 하나를 보고 그 안에서 자신들이 스스로 소주제를 정해서 그 주제 선정에 대한 이유와 주제의 핵심 내용에 대한 주장을 펼치라는 과제를 예선에서 진행했다. 스스로 주제를 찾게하는 과제가 참신하고 바람직하다는 느낌이 든다.

그 뒤에 본선에 오른 학생들에게는 주제어를 뽑고 그 단어를 중심으로 발표와 질문, 반박 등의 과정이 이어지는 독특한 토론 방식이다.

반면 대표적인 보수단체인 한국자유총연맹 토론대회의 2012년 토

론대회 주제는 '통일세를 신설해야 하는가?'였다. 2010년에는 '주한미군은 주둔해야 한다'였다. 이렇게 보수적인 성향이 아주 강한 대회에서 통일세 신설을 주장하고 주한미군 철수를 주장하는 학생이 우승할 수 있을지 의문이지만, 그나마 2013년에는 다시 박정희 시대로 돌아갔는지 토론대회에 대한 기사는 보이지 않고 자유수호 웅변대회에 대한 기사만 눈에 띤다.

토론에서 주제란 이런 것이다. 경제단체가 주최하는 토론대회는 주로 경제문제를 다룬다. 그것도 보수적인 경제단체라면 양극화를 추구하는 신자유주의 경제를 옹호하는 주제를 은연 중에 제시하고 반대의 경제단체라면 양극화에 반대하는 무상교육이나 복지를 주제로 하기가 쉽다.

중고등학생의 의식을 놓고 발간되는 논술, 토론 신문인 '생글생글'(한국경제신문)과 '아하 한겨레'(한겨레신문)의 경우도 문제의식에 따른 차이가 뚜렷하다.

생글생글(http://www.sgsgi.com/)의 경우 시사이슈 찬반토론방을 운영하는데, 2013년 7월 이전의 주제는 다음과 같다.

393 : 취득세 감면 영구화는 옳은 방향일까요
392 : 공공장소 음주 금지는 옳을까요
391 : 문방구 식품판매 금지 옳을까요
390 : 암각화 보존에 투명댐이 최선일까요
389 : PC방 전면금연 시행해야 하나요
388 : 공항 입국장 면세점 필요할까요

경제신문이라 취득세, 면세점, 국민연금, 임원 보수 등의 경제 주제와 길고양이, 정당공천, PC방 금연, 댐, 문방구 식품 등의 사회문제를 다루었다.

한겨레에서 발간하는 주간 학습지 아하 한겨레는 '논리 vs 논리'란이 있어 토론주제와 자료를 제시하고 양측 주장을 균형감 있게 다룬다.

사회 분야를 주축으로 문화, 정치, 경제 영역들이 다루어졌다. 이런 주제들은 어떻게 만들어질까? 결국 신문을 만들고 학생들에게 무엇을 가르칠까를 고민하는 주최 측의 문제의식 속에서 나온다. 그런 점에서 토론의 주제는 결국 토론을 기획하고 주관하는 사람들의 고민 속에서 탄생한다. 그러므로 자기 주제를 먼저 파악해야 토론의 주제를 만들어 낸다는 말은 농담이 아니다.

(학생들과 시사적인 주제로 토론을 하고 싶다면 이 두 사이트를 권한다.)

물론 이 대목에서 논제 설정의 기본 원칙인 주제의 단일성, 대립성, 중립성, 시의성 등이 적절하게 보장되어야 함은 물론이다.

책 한 권을 읽고 주제를 어떻게 찾아낼까 하는 고민도 독서지도를 하는 사람들에게는 적잖은 고민이다.

브레인라이팅을 활용해서 책을 읽고 가장 인상적인 단어를 내어놓고 설명하기를 하면서 책에 대한 독자들의 느낌을 확인하고 그 안에서 토론할 주제를 찾는 것도 하나의 방법이다.

토론을 위해서 주제찾기를 하는 간단한 방법 하나만 소개하겠다.

우선 몇개의 주제를 주고 주제별로 가장 중요한 다섯 개 정도를 적어본다

순위	내 주변의 일상적인 생활 속의 고민	사회에서 가장 심각하고 중요하다고 생각하는 사회문제	책 속에서 가장 궁금하거나 다루고 싶은 주제
1			
2			
3			
4			
5			

세 가지를 한꺼번에 할 필요는 없다. 일상의 주제이든 사회문제이든 혹은 독서토론이든 연관된 주제들을 다섯 개 정도 적게 한다. 그리고 나서 그 가운데 덜 중요한 세 가지를 지우고 둘만 남긴다. (약간의 고민 시간이 흐르고) 셋을 지우고 나면 둘만 남는다. 그러면 다시 둘 중에서 하나만 남기고 다른 하나를 남긴다. (역시 좀 더 진지한 고민 속에서) 하나를 지우고 최후의 하나만 남으면 그 주제 선정에 대한 이야기를 나누고 그 가운데 가장 많은 사람이 공감하는 주제를 토론의 주제로 삼는다.

글쓰기에서 글감찾기 때 주로 사용하는 방법이다. 자기가 가장 소중하게 여기는 것을 다섯 가지 정도 적게 한 다음 하나씩 지워가는 방법을 차용했다. (그 다섯 가지에 딸과 아들의 이름을 따로 썼다가 하나만 남기라는 주문에 어쩔 줄 모르는 엄마도 있고, 친구와 하느님 사이에서 한참 고민하는 학생도 보았다. 이런 정도 고민을 거친 주제라면 충분히 이야기하고 싶은 마음이 들지 않을지) 여기서는 소중한 것 대신 고민이 되는 문제들을 적게 하고 그걸 토론의 주제로 삼는 방법이다.

강상중 교수의 〈고민하는 힘〉을 읽고 난 결론은 '고민하는 힘이야말로 우리가 세상을 살아가는 힘'이라는 것이다. 토론을 사랑하고 주제를 고민한다면 그야말로 더 치열하고 성실하게 고민의 힘을 밀고 나가라고 조언하고 싶다.

2

논리 준비
- 프렙(prep)만 알아도 토론은 어렵지 않아요

토론 교육의 현장에 나가서 실습을 해보면 이구동성으로 터져나오는 토론 소감이 바로 '토론에 준비가 절실하게 필요하고 중요하다'는 말이다. 막상 자기가 아는 내용 같아도, 구체적이고 논리적으로 말을 하려다보면 입이 잘 떨어지지 않는다는 말이다.

그렇다. 토론을 잘하기 위해서는 준비가 필수다. 첫째도 준비, 둘째도 준비다. 준비가 제대로 되어 있으면 후환이 없다는 '유비무환'(有備無患)이란 말도 있지만 토론에서는 무비무토(無備無討)이고 무비무론(無備無論)이다. 준비가 없으면 싸울 수 없고, 논리도 없다. 토론 시간이 하릴 없이 노는 시간이 되거나, 토론이 논리 싸움이 아니고 말싸움이나 감정싸움으로 치닫는 대부분의 이유는 준비의 부족이다.

토론의 준비는 주제와 자료찾기, 논제분석, 개요서, 입론서 작성이다. 주제는 범위가 넓으므로 자료 찾기와 함께 별도의 마당에서 다루기로 하고 여기서는 논제 분석과 개요서, 입론서 부분을 다루어보자.

토론 개요서 서식

팀명	반올림	팀원성명	1. 2. 3.
논제	대형마트의 판매품목을 제한해야 한다.		
용어 정의	대형마트 : 판매품목 : 제한 :		
쟁점	•쟁점 1 : 골목 상권의 경제 회복에 도움이 된다 •쟁점 2 : 소비자 선택권을 넓혀준다 •쟁점 3 : 자유시장경제원칙에 위배된다		

쟁점		긍정 측	부정 측
쟁점1	근거	골목 상권의 경제회복에 도움이 된다	골목 상권의 경제회복에 도움이 안 된다
	주장		
쟁점2	근거		
	주장		
쟁점3	근거		
	주장		

대립토론(DEBATE) 긍정측과 부정측 입론서

논제	대형마트의 판매품목을 제한해야 한다.
긍정측	
부정측	

개요서의 논제분석과 용어정의, 쟁점 세우기는 〈토론의 전사〉 1권
에서 다루었다. 여기서 추가로 설명한다면 일단 논제 분석과 용어정의
에 충실해야 한다.

'대형마트의 판매품목을 제한해야 한다.'라는 논제가 나온 배경과 논제의 핵심용어를 분석한다. 거대한 매장을 갖추고 많은 인력을 고용한 대기업 마트에서 일반 서민들의 생필품까지 판매할 경우 골목상권은 큰 경제적 타격을 입는다. 그렇다면 경제민주화나 상생의 경제를 위해서 대형마트의 판매품목을 제한해도 되지 않을까 하는 것이 배경이다.

그렇다면 대형마트란 정확히 어떤 규모와 인원을 고용하거나 조건을 갖추어야 하는지, 판매 품목에는 어떤 것들이 들어가는지, 제한의 범위는 어느 정도를 말하는지 정리해야 토론의 흐름이 흐트러지지 않는다.

만약 '역사교과서 국정화에 반대한다.'가 논제라면 '국정'과 그에 대비되는 '검인정', '자유발행제' 등 대립 개념을 같이 정리해야 논제가 더욱 선명해지고 이해하기 쉽다.

쟁점이란 양측이 주장하는 주요 기준점을 말한다. 찬성 측은 재래시장의 골목상권 회복이 가장 큰 쟁점이고 반대측은 경제를 정부나 지자체가 규제할 수 있는가가 가장 큰 쟁점이다. 자기 측에게 유리한 쟁점과 근거를 찾아나간다. 소비자의 선택권 제한인가 확대인가도 쟁점이 된다. 반대 측은 품목을 제한하면 소비자가 살 수 있는 권리를 제한한다고 주장하지만 찬성 측은 장기적으로 지역경제 활성화가 소비 물품 확대에 도움된다고 주장할 수 있다. 양측이 다퉈볼 여지가 있는 의미있는 주장이 쟁점이 된다.

쟁점이 정리되면 이를 뒷받침하는 근거들을 찾아서 정리하고 그걸 전체적인 문장으로 다듬으면 입론서가 된다.

여기서는 가장 중요한 쟁점과 근거 세우기와 관련해서 쟁점을 정리하는 논리 세우기 과정을 살펴보자.

〈토론의 전사〉 2권에서 다양하고 쉬운 토론 사례를 소개했는데 그런 경우에는 어느 정도 준비 없이 가벼운 토의가 가능하다. 그 경우 간단한 자기 의견을 말하는 걸로 토의 토론을 진행하지만 '두 마음 토론' 이상의 난이도 높은 토론에서는 준비가 필요하다. 입론하고 반박하고 재반박의 과정을 거쳐야하기 때문이다. 여기서는 특히 입론이 중요한데, 입론을 누구나 쉽게 접근하는 방법으로 툴민의 6단계 말하기와 프렙이 있다. 툴민 6단계는 토론의 전사 1권에서 소개했으므로 여기서는 프렙을 소개한다.

논리, 글쓰기 기법을 활용하라 - 프렙(prep) 4단계

토론은 논리의 싸움이다. 싸움의 무기는 단어와 문장이다. 그것들이 모여 논리를 구성하는데, 도대체 이 논리라는 것을 배우고 익히기가 만만치 않다.

본격적인 토론에 들어가려면 논리를 구성해야 하는데 과연 어린 학생들에게 그것이 가능할까? 어려운 질문이다.

고도의 비유와 현란한 수사를 기대하기 어렵지만 주장과 근거의 관계 정도는 풀 수 있지 않을까? 한때 유행한 논리 시리즈 덕분에 집에 가벼운 논리학 책 한두 권 없는 집이 없다. 하지만 논리가 다일까? 논리 이전에 사실적 근거자료가 중요하고 논리는 자료를 주장으로 연결하는 언어의 기술이다.

(더 그레이트 디베이터스에서)

토론 영화의 고전 〈그레이트 디베이터스〉 초반 오디션 장면에 인상적인 대목이 나온다. 오디션에 참가한 최초의 여학생에게 톨슨 교수는 다음과 질문을 던진다.

　　톨슨 : "복지는 살아남기 위해 일을 한다는 강력한 동기를 인간에게서 앗아가지. 그리고 그 나약함은 가난에 대한 의지이지. 그걸 어떻게 반박할텐가 e가 추가된 북양."

　　한 마디로 복지 정책이 확대되면 사람들은 가난해도 좋다고 생각하면서 일을 잘 안 하려고 할텐데 그 문제를 어떻게 풀어나갈지 묻는 것이다. 그리고 이어지는 날선 공방.

　　사만다 : "저는 그렇지 않다고 말하겠어요. 대부분의 새로운 기회는 어쨌든 아이들과 장애인 그리고 노인들에게 돌아가죠."
　　톨슨 : "그게 사실인가? 추측인가?"
　　사만다 : "사실이에요."
　　톨슨 : "분명히 말하게."
　　사만다 : "그건 사실이에요."
　　톨슨 : "출처가 뭐지?"
　　사만다 : "대통령이요"
　　톨슨 : "미국대통령?"
　　사만다 : "네."
　　톨슨 : "그게 자네의 첫 번째 출처인가? 루즈벨트 대통령과 개인적으

로 얘기 나눈 적 있나?"

사만다 : "물론 아니죠 개인적으로 얘기 나누지 않았어요. 하지만 '대통령 주례방송'에서 들었어요."

톨슨 : "라디오 방송?"

사만다 : "네."

톨슨 : "다른 출처는 ? 다른 출처는 있나?"

사만다 : "네. 다른 출처가 있어요. 아이들을 먹이지 못했을 때 엄마의 눈을 보는 것처럼요. 복지가 없다면 사람들은 굶주릴 거예요."

톨슨 : "누가 굶주리지 북양?"

사만다 : "실업자들이 굶주리죠."

톨슨 : "여기 버지스군은 분명히 실업자인데 굶주리지 않던데. 내가 자네를 대충 묘사해 보지 북양. 자네는 잘못된 전제를 제시했고 그래서 자네는 삼단논법이 흐트러졌네."

사만다 : "삼단논법이요?"

톨슨 : "자네의 논리는 흐트러졌어.

　　　　대전제 : 실업자는 굶주린다.

　　　　소전제 : 버지스군은 실업자다.

　　　　결론 : 버지스군은 굶주린다.

자네의 대전제는 잘못된 추측에 근거를 두고있지. 전통적인 오류지."

날카롭게 몰아붙여 학생의 논리를 깨나가는 모습으로, 주로 교차조사의 모범을 설명할 때 예로 드는 부분이다. 말미에 삼단논법상 오류를 이끌어 지적하는 부분은 실제 토론 현장에서는 보기 힘든 사례다. 영화기 때문에 가능한 장면이랄까. 하지만 이 장면이 주는 속뜻은 작지 않다. 토론에서 논리가 갖는 힘이 얼마나 큰가를 단적으로 보여준다. 그 어떤 강자도 논리적으로 오류를 범하면, 쉬운 말로 말이 안되는 말을 하면 그 말은 힘을 잃는다. 따라서 학생들이 본격적인 토론을 한다면 가장 기초적인 논리부터 감수성이나 역량을 키워야 한다. 말이면 무조건 말이 아니라, 말도 나름대로의 흐름과 관계가 존재한다는 걸 인식하는 일이다.

토론식 말하기는 기본적으로 두괄식이다. 논제가 주어졌을 때 항상 결론을 먼저 말하고 그 뒤에 이유와 근거, 예시 등을 덧붙인다. 주장과 근거를 연결하는 기본적인 말하기 형태로 학생들이 사용하기 가장 적절한 어법으로 프렙(prep)이 있다. 프렙이란 다음의 네 가지를 말한다.

p(point) : 주제의 핵심
r(reason) : 이유
e(example) : 예시
p(point) : 핵심 강조

우리말로 단순화 하면 "나는 이렇게 주장한다. 왜냐하면, 예를 들어, 그러므로"의 구조라 할 수 있다. 어떤가, 명료하지 않은가?
예를 들어보자.
서울 혁신학교의 한 중학교 선생님이 방과후 수업에 나를 초청했다.

대상은 중학교 과학반 친구들인데 주요 프로그램은 과학과 영화를 연결해서 과학적 사고를 키우는 과정이었다. 영화보고 이야기나누고 글을 쓰는 활동을 그 동안 해왔는데 본격적인 토론을 한번 시켜보고 싶어서 나를 불렀다고 한다. 처음 십분은 어딜가나 명패 활용과 번개! 종이 한 장으로 명패를 만들고 이름을 적은 뒤에 그 동안 앞서 배운 내용 중에서 가장 기억에 남는 단어를 하나 적으라 하고 번개 토론을 실시했다.

아이들 입에서 나온 단어는 투명인간을 다룬 〈할로우맨〉이 가장 많았고, 전기자석, 유전자 등 과학 용어들이 입에서 튀어나왔다. 그런데 그 중에 한 여학생이 난데없이 '프렙'을 외치는게 아닌가. '어, 요것 봐라, 중1 여학생이 프렙을 알아?' 번개를 모두 마친 뒤에 반은 호기심으로 반은 좀 놀려주자 하는 심정으로 프렙을 외친 여학생에게 물었다.

"프렙이 무슨 뜻인지 프렙의 좋은 점을 프렙으로 설명해볼까?"

그러자 한 치의 망설임도 없이 이 여학생이 입을 열었다.

"P : 프렙은(prep)은 주장, 이유, 예시, 강조의 말하기 방법입니다.
R : 프렙이 좋은 이유는 생각이 복잡할 때 하나씩 딱딱 끊어서 말 할 수 있기 때문입니다.
E : 예를 들면 제가 엄마에게 용돈을 요구할 때, '엄마 저에게 용돈을 주셔요(주장). 왜냐하면 학습준비물을 사가야 합니다(이유). 만약 주지 않으시면 앞에 나가서 벌을 받는 상황이 벌어집니다(예시). 준비물을

잘 챙겨가야 공부를 잘 할 수 있습니다.(강조)' 이렇게 말하면 훨씬 설득력이 뛰어납니다.

P : 그러므로 프렙은 특히 토론에서 매유 효과적인 말하기입니다.

학생의 이야기에 약간의 살을 붙이기는 했지만 나는 내심 놀라지 않을 수 없었다. 과학반이라더니 논리반인가 하는 생각이 들었고 체계적으로 사고 훈련을 시킨 선생님이 대단하다 싶었다. 오늘의 토론 공부 장난이 아니겠는 걸 하는 마음이 생기면서 긴장의 끈을 여몄던 기억이 지금도 생생하다.

프렙의 실제 예를 더 들어보자. 세간에 화제가 되는 자립형 사립학교 자사고를 폐지해야 한다는 주제를 예로 들어보자.

▶ 자립형 사립학교 폐지에 찬성한다.

P(주장) : 자립형 사립학교는 폐지되어야 한다.

R(이유) : 왜냐하면 자사고가 생긴 뒤로 우수한 학생들이 몰리면서 일반계 고등학교의 학생들은 학력이 현저하게 저하되고 학습 의욕이 더 떨어지는 결과를 가져와 학교 간 격차가 심해졌기 때문이다.

E(예시) : 자사고가 생긴 뒤 대학입시 진학률을 예를 들면 일반계 고등학교에서는 상위권 대학에 진학하는 학생이 절반 이하로 줄어들었다. 또 교실마다 수업에 참여하지 않는 학생이 늘어나 공교육이 황폐화되었다는 기사가 여러 곳에서 발표되었다.

P(주장) : 그러므로 학교 간 경쟁을 부추기고 학생들을 자조감에 빠뜨리는 자율형 사립학교는 모두 폐지되어야 한다.

프렙을 어느 정도 소화한다면 5단계, 6단계 말하기 훈련도 가능하다. 한때 논술 열풍이 불어오던 시절, '파워라이팅(power writing)'이 유행한 적이 있다. 우리 말로 '힘글쓰기'라고 하는데, 논리적으로 힘이 있는 글쓰기라는 뜻이다.

논리적 글쓰기인 힘 글쓰기(The Power Writing)로도 토론 준비가 가능하다. 힘글쓰기(The Power Writing)는 문장에 숫자를 부여하여 큰 개념(중심문장)과 작은 개념(보조문장)을 정리해 나가는 방법으로 '글쓰기의 6하 원칙'으로 불린다.

숫자는 추상적인 개념(주제)에서 구체적인 개념으로 이동하는 정도를 나타내고 숫자가 높을수록 상세한 문장이다. 즉 숫자가 올라갈수록 설득하는 힘(Power)이 상승한다는 뜻이다.

힘1 = 주제, 주장

힘2 = 근거(방법 : 어떻게?), 근거(이유, 왜?) : 구체적 뒷받침

힘3 = 증명(자료 / 의견에 따르면),

　　　증명(사실은 / 예를 들면) : 상세한 설명

힘4 = 예상되는 반론

힘5 = 재반론하기

힘6 = 주제 강조

이걸 다시 풀어 말하면 이렇다.

힘1(토의, 토론할 주제나 주장) 이번 토론할 주제는 00입니다. 저는 이번 주제에 대해 찬성합니다.

힘2 (근거를 설명하기 위해 방법이나 이유를 제시) 첫째, 둘째, 셋째, 마지막으로 / 우선 먼저, 특히, 다음 / 하나, 또 하나, 다른 까닭은 / 역시, 추가로 / 그 위에 / 반면에, 그러나

힘3 (증명을 위해 자료 제시나 예를 들기 위해 사용) 즉, ~처럼, 다른 말로 바꾸자면 / 구체적으로 살피자면, 분명히 ~하게 되며, 상술하여 보면 / 예를 들면, ~과 같은 식으로 / 그런 경우에는, 사실을 밝히자면 / 이렇기 때문에

힘4 (재반론한 내용을 끄집어내기 위해) 한편 이에 대해 ~하기 때문에 ~라고 주장하는 이도 있다. 이에 반대 하는 사람은 ~때문에 ~해야 한다고 주장할 수 있다.

힘5 (재반론하기 위해) 하지만 나는 ~때문에 ~해야 한다고 주장한다.

힘6 (마무리하기 위해) 결론적으로, 요약하면 / 이런 이유들 때문에

국사 교과서 국정화에 반대하는 이유를 힘글쓰기의 단계로 요약하면 이렇다.

힘1(토의, 토론할 주제나 주장) 이번 토론할 주제는 '한국사 교과서 국정화'입니다. 저는 이번 주제에 대해 반대합니다.

힘2 (근거를 설명하기 위해 방법이나 이유를 제시) 반대하는 이유는 첫째, 역사적 관점의 다양성을 저해합니다. 둘째, 교육의 자율성을 침해합니다. 마지막으로 정부의 개입을 통해 국론의 분열이 심화됩니다.

힘3 (증명을 위해 자료 제시나 예를 들기 위해 사용) 관점의 다양성을 해친다는 것은 역사학자에 따른 다양한 관점을 국가가 획일화한다는 말입니다. 지구상에서 역사 교과서를 국정화해서 운영하는 나라는 후진국들입니다.

힘4 (재반론한 내용을 끄집어내기 위해) 국정화를 찬성하는 사람은 기존의 검인정 교과서가 좌편향이라고 주장합니다.

힘5 (재반론하기 위해) 하지만 이는 어디까지나 근거없는 색깔론입니다. 국정화를 추진하는 과정도 투명하지 않습니다.

힘6 (마무리하기 위해) 결론적으로 국사교과서 국정화는 역사관을 획일화하고 사상의 자유를 통제하며 비민주적인 절차를 강요하는 것이기 때문에 반대합니다.

글이 먼저일까, 말하기가 우선일까? 닭과 달걀의 문제처럼 단정하기 어렵다. 요는 둘 사이에 아주 밀접한 상관 관계가 있다는 점이다. 토론을 열심히 공부하면 글쓰기 능력이 향상되고 또 논리적으로 글쓰기 연습을 부지런히 한다면 토론도 잘 할 수 있다. 그런 점에서 본격적인 토론에 앞서 말하기 워밍업을 시킨다면 프렙이나 힘글쓰기 등이 매우 유용하며 효과적이다.

토론의 기초 이해하기

- 기본을 알아야 토론이 안 무섭다

디베이트 벽 넘기? 순서와 규칙부터 알자

토론 중에서 가장 어려운 토론이 바로 대립 토론이다. 흔히 '디베이트'라고 부르는 이 과정이 교과 토론이나 토론 대회의 가장 핵심적인 형태로 그 벽을 넘기가 쉽지 않다. 토론 공부를 하다가도 대립 토론에서 막혀서 중도에 포기하는 사람들도 적지 않다. 특히 처음부터 쉽게 접근하지 않고 가장 최근에 나온 어려운 토론을 가볍게 보고 도전하거나 강사가 토론 자체를 어렵게 가르쳐서 그런 일이 종종 발생한다. 그만큼 디베이트의 전체적인 과정이 어렵고 어지간한 디베이트 실력을 쌓는 데 오랜 시간이 걸린다. 교실에서 학생들과 디베이트를 하는게 불가능하지는 않지만 제대로 된 디베이트 수업을 하려면 오랜 시간 공을 들이거나 자연스러운 접근법이 필요하다는 이야기다.

디베이트는 앞에서 보여주었던 편안한 토의 분위기와 완전히 다르고 내용의 깊이에 있어서도 뚜렷한 차이를 보인다. 어떤 차이들이 있을지 몇 가지를 살펴보자.

우선 토의나 토론이라는 용어를 사용하지 않고 '디베이트'라는 말을 고집한다. 서양적인 언어 사용이 무언가 품격이 있어 보이면서도 그 정의를 뚜렷이 알 수 있기 때문이다. 토론이라고 하면 괜히 산만해 보이고 그 정의를 뭐라고 딱 꼬집어 말하기가 힘들다. 디베이트는 미국에서 유행하는 몇 가지의 고정된 형식을 갖는 토론을 통칭하는 말이다. 일정한 시간과 인원, 순서 등이 정해진 상태로 하는 토론들이라 그런 토론만을 범주화하는 용어를 찾다보니 그냥 영어인 '디베이트(debate)'를 사용한다.

우리나라에서 디베이트라 부르는 이 방면의 전문가가 몇 있다.

먼저 초등학교에서 오랫동안 디베이트를 가르쳐 오신 황연성 선생님이 계시다. 저서로 『신나는 디베이트』와 『토론학습 1교시』가 있다. 십여 년 이상 학교 현장에서 실제 경험을 바탕으로 디베이트 교육을 해 오신 베테랑으로 디베이트 교육의 선구자라 할만하다.

우리나라에 디베이트가 유행하게 된 데에 혁혁한 공을 세운 캐빈 리가 있다. 최근 미국에서 유행하는 퍼블릭 포럼 디베이트를 자세하게 소개한 『디베이트 대한민국 교육을 바꾼다』라는 책으로 디베이트 교육계에 뛰어들어 일약 선두주자로 활약하고 있다. 우리나라 정서와 어울리지 않는 측면이 있고 학교가 아닌 사교육 현장과 접목되어 있으며, 다수가 아닌 소수만을 위한 디베이트 교육이라 학교 적용에는 무리가 있다는 현장의 목소리도 들리지만, 디베이트 교육과 확산을 위해 노력하는 열정과 역량은 높이 살만하다.

'디베이트'라는 용어를 고집하지 않고 영어의 debating을 우리말인 대립 토론으로 쓰시는 박보영 선생님도 20년간의 현장 노하우와 토론

철학을 지닌 강자이시다. 저서로는 오래 전에 쓰신 책을 2013년 증보해서 내신 『대립 토론』과 토론계의 다른 강자 조슈아 박과 공저로 출간한 『대립 토론 결승전』이 있다.

그밖에도 다양한 토론연구모임이 생겨서 우리나라 디베이트 교육의 영역을 확장해 나가고 있다. 아직은 초 · 중 · 고등학교 교육과의 접목이 쉽지 않은 까닭에 걸음마 단계이긴 하지만 제2, 제3 세대의 젊은 감각을 가진 선생님들이 디베이트를 제대로 배우고 확산하다보면 공교육 속에 안착할 가능성도 없지 않다. (이 책에서는 사회적으로 널리 알려진 디베이트라는 용어를 사용하고 대립 토론도 종종 사용한다. 같은 의미로 읽어주면 좋겠다.)

디베이트의 다른 특징은 혼자서 토론하지 않고 팀을 형성한다는 점이다. 링컨 더글러스 토론 같은 일대일 토론도 있기는 하지만 이런 토론 방식은 지금은 거의 활용되지 않는다. 보통 2명에서 3명 많으면 4, 5명까지도 한 팀이 돼서 토론 준비를 하고 실제 토론에 참여한다. 공동체적인 팀워크를 기를 수 있는 장점이 있다. 반면 희망하지 않는 학생이 토론에 참여할 경우 그 팀은 상당한 타격을 받고 토론에 집중적으로 임하기 어렵다. 따라서 토론의 실행뿐만 아니라 준비 과정에서 같은 팀의 구성원들끼리 협력하고 공부했는지가 무척 중요하다.

디베이트 교육을 받을 때, 한두 명을 개별 지도하기 어렵고 반드시 4명 혹은 6명 이상의 학생을 모아서 해야 하는 어려움이 여기서 생긴다. 한번 팀이 형성되면 매우 끈끈하게 우정을 키워가면서 공부할 수 있지만 일반 학교에서 모든 학생들이 이렇게 팀을 만들어 생활하고 공부하기란 거의 불가능하다. 디베이트가 학교 현장에 뿌리 내리기 어려운 이유 가운데 하나가 된다.

디베이트의 다음 특징은 승패를 가르는 경기라는 점이다. 승자독식, 약육강식의 현대사회에서 디베이트는 기초적인 논리 훈련은 물론이고, 상대방의 반응에 적절하게 대응하는 기민한 순발력과 남들 앞에서 담대하게 자기주장을 할 수 있는 배짱과 용기 등을 배울 수 있는 좋은 교육 방법이다. 남을 누르고 꺾는 방법을 배운다. 그것이 과연 바람직한 교육인지는 사람마다 판단이 다르다. 서로 협력하고 공동의 문제 해결 과정을 찾아가는 토의형 공부를 좋아하는 사람들은 디베이트를 싫어한다. 반교육적이라며 비판을 서슴지 않고 학교 교육에 들어오면 안 되는 공공의 적으로 여긴다. 반대로 세상과 현실의 대립 갈등을 인정하면서 학생들에게 글로벌 리더로서의 역할과 기능을 강조하고 치열한 경쟁시대에 살아남을 인재로 성장하려면 디베이트 교육이 매우 가치가 있다며 디베이트를 학교 교육의 주요 방법으로 도입하기를 주장하는 분도 계시다. 각자의 철학과 경험과 취향에 따를 것이므로 왈가왈부하기 어렵다. 다만 우리나라 학교가 지닌 공교육의 기능과 학생들의 전인적 교육 목표를 생각할 때, 디베이트가 행여 놓치는 부분은 없는지에 대한 성찰은 필요하고 중요하다.

승패의 판정으로 인해 마음의 상처가 생기고 감정의 골이 깊어진다거나, 패배한 아이들이 오히려 자존감을 잃고 승부욕에 불타 지나치게 배타적인 감정을 갖는다면 디베이트의 교육적 효과는 반감될 뿐 아니라 오히려 해악을 끼친다고 할 수 있다. 학생들이 갖는 심적 부담도 마찬가지다. 내가 근무하는 학교의 토론 동아리 학생들도 디베이트 상황 앞에서 늘 긴장감을 늦추지 않고 선배나 교사의 눈길과 피드백에 지나치게 민감한 모습을 자주 보인다. 자기 한계를 뛰어넘기 위한 치열한 공부와 노력은 필요하지만 디베이트 공부 문화 자체가 참가자들에게 지나치게 대립적이거나 자조적인 감정을 심어준다면 디베이트를 안 하니만 못한 것이 아닐까.

현행 디베이트가 성적이 우수한 몇 프로의 학생들에게 치우쳐 있하고, 자기 자녀를 리더로 키우려는 부모들의 사교육 감정에 편승해서 소수 엘리트 중심의 값비싼 교육으로 전락하지 않을까 하는 우려의 목소리가 높다. 섬세하고 예민한 시기의 학생들인 만큼 지나친 경쟁심과 승부욕에 빠지지 않도록 배려하는 자세가 필요하다.

결론적으로 디베이트 결과로 우열 승패를 가려 자기반성의 기회로 삼고 더 성숙한 인간으로 거듭나기 위한 고통의 과정으로 스스로 받아들인다면 디베이트 공부는 그 본질적 의미를 다한다고 할 수 있다. 과연 대한민국의 디베이트 교육이 그 목적과 소임을 다할지는 차분히 지켜볼 일이다.

이런 요소들 때문에 아직 학교 교실에서 30~40명의 학생들과 디베이트를 하기가 쉽지 않다. 우선 이 책에서는 디베이트라는 영어식 용어를 버리고 대립 토론으로 이름을 붙이고자 한다. 디베이트 자체가 토론이라는 의미를 뜻하기 때문에 디베이트라 하면 온갖 종류의 토론을 다 말하기 때문이고 디베이트가 다른 모든 토론을 대표하는 대표성을 띨 수 없기 때문이다. 내 개인적 판단으로는, 서구식 디베이트는 수많은 토론 가운데 팀을 정해 대립하는 토론의 한 분파이다. 따라서 그 성격을 최대한 잘 담고 있는 우리식 용어로 찬반 토론, 대립 토론 혹은 찬반 대립 토론 정도가 가장 적절하다고 본다. 자 그럼 대립 토론은 어떻게 가르칠 것인가?

디베이트 순서와 규칙 - 알 것은 알고 시작하라!

대립 토론의 종류가 한둘이 아닌데 어떤 형식을 가지고 교실에 접목할 것인가? 교과서에서 설명하는 고전식 토론, 교차 조사를 주로 하는 세다 토론, 최근 유행하는 퍼블릭 포럼 디베이트 등 종류와 방법들이 다양한데 그 가운데 가장 쉽고 편안하고 학생에게 도움이 되는 토론 방식은 무엇일까? 한마디로 말하면 그런 토론은 없다! 아니다. 뒤집어 말하면 그런 토론은 누구에게나 있다!! 교사 자신의 역량과 학생들의 눈높이만 잘 맞추면 누구나 그 수준에 맞는 대립 토론을 진행할 수 있다는 뜻이다.

그럼 지금부터 교사 자신이 지녀야 할 최소한의 역량과 학생들의 눈높이, 그것이 무엇인지 살펴보자.

기초를 알아야 한다. 집을 지을 때 바닥을 파고 주춧돌을 놓고 기둥을 세우고 서까래를 올린 뒤에 지붕을 놓듯이 토론도 바닥과 주추와 기둥과 서까래와 지붕이 있다.

우선 바닥은 토론의 철학과 정신이라 할 수 있다. 앞서 말한 토론과 민주주의의 관계, 토론이 이 시대의 새로운 공부이고 공부는 온몸으로 하는 자기와의 치열한 싸움이라는 점을 인식하고 토론 공부를 몸으로 실천하려는 노력 그게 바닥 다지기이다. 동서양 고전인 문학, 역사, 철학의 교양이 여기에 해당한다. 문 · 이과 따질 것 없이 과학 · 예술 분야를 아우르는 인문학적 토대이다.

토론의 주춧돌은 토론의 전반적 요소들을 파악하는 것이다. 대립 토론! 말하자면 순서, 방법, 논제설정, 입론, 반론, 반론 꺾기, 최종 변론 등의 의미와 역할을 아는 것이다.

학교 현장에서 대립 토론 강의의 출발점은, '토론의 시작을 찬성과 반대 중 어느 쪽이 먼저 하느냐와 어떻게 찬반의 입장을 정하는가?'이다.

이 대목을 설명하려면 〈그레이트 디베이터스〉 영화에서 가장 뜨거운 토론 대결이 벌어지는 첫 번째 흑인과 백인의 토론 장면을 활용한다. 이 영화는 고전적 토론 방식을 적용한다. 토론을 처음 공부하는 사람들에게 아주 적절한 방식이다.

1930년대 미국 사회를 배경으로 하고 있다. 당시 가장 중요한 사회 문제는 흑인과 백인의 인종차별 문제다. 링컨이 노예제를 폐지하고 남북전쟁을 승리로 이끌었지만 링컨을 암살한 세력들은 여전히 기득권을 유지하면서 인종차별을 정당화한다. 마틴 루터 킹, 말콤 엑스 등 자신을 희생해가면서 흑인의 자유와 권리를 찾으려는 능력 있는 지도자들이 링컨과 마찬가지로 암살을 당했다. 해방 정국, 김구나 여운형 등 우리나라의 독립과 자유와 통합을 위해 노력한 뜻있는 지도자들이 괴한들의 흉탄에 숨을 거둔 것과 유사한 상황이 미국에서는 흑백 차별 속에서 나타났다. 미국 사회에서 백인에 의한 흑인 차별은 과거의 일이 아니다. 1990년대 로스앤젤레스 대 폭동을 일으킨 배경이 된 로드니 킹 사건이나, 오바마 같은 흑인 대통령이 등장했어도 짐머만 사건 같은 일들이 벌어지면서 여전히 흑인은 백인이 만든 법과 총기에 의해 손쉽게 죽임을 당하는 현실이다. 하물며 1930년대의 상황이라면 얼마나 끔찍할까! KKK단 같은 백인 테러 단체 사람들이 흑인을 납치, 살인, 강간, 방화를 공공연히 일삼던 시절이다.

흑인으로서는 자구책을 구하고 자신의 권리 찾기를 위해 목숨 걸고 싸울 수밖에 없는 상황이다. 와일리라는 지방 대학의 토론 팀을 이끄는 지도교수 톨슨은 정의를 추구하고 인권을 위해 자기 목숨을 내놓을 각오를 한 사람이다. 학생들에게 토론은 '피가 튀기는 경기'라며 토론의 중요성을 강조한다. 폭동이나 혁명 아닌 방법으로 자신들의 권리를 찾을 길은 토론 즉 이성의 힘을 발휘한 논리적 싸움의 길밖에 없다는 판단 때문이다.

〈그레이트 디베이터스〉는 절묘한 영화다. 2007년 미국 대선을 앞두고 오바마의 강력한 후원자였던 오프라 윈프리가 제작하고 개념 있는 흑인 배우 덴젤 워싱턴이 감독과 주연을 맡았다. 그해 겨울 미국의 대통령 선거를 생각하면 다분히 정치적인 영화라 할 수 있다. 마지막 하버드에서 흑백 토론 대결을 벌여서 흑인이 승리하는 장면은 오프라 윈프리를 비롯한 흑인들의 염원이 담긴 장면이다. 그리고 그 꿈을 오바마가 실현시켰다.

주제의 측면에서도 생각할 대목이 많다. 청소년 노동, 복지 정책 도입, 흑백 인종차별에 이어 시민 불복종에 이르기까지 오늘날 우리 사회에서 첨예하게 대립하는 문제들을 고루 다루었다. 신자유주의가 전

세계적으로 빈부 격차를 심화시켜 가는 상황 속에서 강자와 약자의 대립이 뚜렷이 드러난다. 1930년대 흑인의 현실을 2007년의 미국, 2013년의 대한민국에 가져다놓아도 전혀 거리감이 느껴지지 않는 주제들이다. 그리고 그 주제를 촉발하는 불평등한 현실과 그 시대를 살아가는 사람들의 목소리가 생생하게 담겨 있다. 〈KBS 토론의 달인 세상을 이끌다〉와 더불어 토론 교육의 쌍두마차로 손색없는 영상 자료다.

이 영화의 첫 번째 흑인과 백인의 대결 장면을 잘 살펴보면서 대립 토론의 주춧돌을 놓아보자.

흑인 여학생이 어색한 듯 쭈뼛거리며 걸어 나와 연단 앞에 선다. 야외에서 벌어지는 최초의 흑백 토론 대결. 긴장감이 넘친다.

떠듬떠듬 주제를 말하는 흑인 여학생 사만다 북.

(기어들어가는 목소리로) 흑인들에게도 텍사스 주... 대학에 ..입학을 허가해야 한다.

갑갑한 청중들 소리를 지른다. 큰 소리로 하라고!

(다시 힘을 내서 조금 큰 소리로) 주제 : 흑인들에게도 텍사스 주에 있는 대학의 입학을 허가해야 한다.

그리고 나서 토론을 시작한다. 여기서 생각할 토론의 기초. 대립 토론의 강의는 늘 여기서부터 시작한다.

"단순하고 당연한 이야기지만, 토론을 시작하려면 무엇이 있어야
하죠?"

"주제요?"

"그렇지요. 주제에 따라서 찬성과 반대로 나누지요.

그럼 토론의 시작은 찬성과 반대 중에 어느 쪽이 먼저 할까요?"

(대부분 사람들이)"찬성이요~", (소수의 사람들이)"반대요~" 등등 다
양한 외침이 들려온다. 여기저기서 들려오는 소리는 제각각이다. 사람
마다 판단이 명확히 서지 않은 까닭이다. 대체로는 찬성 측이 먼저 한
다는 소리가 높고 많다.

"예, 찬성 측이 먼저 합니다. 왜 그렇죠?"

갑자기 장내에는 침묵이 흐른다.

"찬성 측이 찬성을 해야 반대 측이 반박을 하죠."

"왜요? 반대 측이 먼저하고 찬성 측이 반박을 하면 안 되나요?"

"그러게요. (갑자기 벙어리가 된다.)"

대부분의 사람들이 찬성 측이 먼저 해야 한다는 걸 알지만 왜 찬성
이 먼저 하는지 이유를 말하지 못한다. 앞서 오바마 이야기에서 말하
지 않았는가! 논리의 핵심은 주장과 근거라고! 자 천천히 생각해보자.

"찬성한다는 말은 무엇에 찬성한다는 말인가요?"

"주제에요."

"예, 토론의 주제를 논제라고 하죠. 그럼 논제의 성격은 현실 변화일까요, 현실유지일까요?"

여기서 또 우왕좌왕하는 소리가 들린다. '변화요, 유지요.' 등등. 그럼 다시 묻는다.

"현실 변화일까요, 유지일까요?"

그제야 '유지요.' 하는 목소리는 점점 잦아들고 나중에는 '변화'가 대세가 된다. 그렇다 토론을 하는 이유는 이 현실을 그대로 두기 위해서가 아니라 현실에 문제가 있으니 무언가 좀 더 나은 방향으로 개선하고 개혁하기를 바라기 때문이다. 지금의 현실을 그대로 유지하려면 구태여 시간과 정력을 낭비해가면서 굳이 토론할 이유가 없지 않은가? 무슨 70년대 억지로 동원된 관제 데모 같은 형식적인 토론회가 아니라면 말이다.

그런 까닭으로 대립 토론의 시작은 특별한 이변이 없는 한 찬성에서 시작하여 찬성으로 끝을 맺는다. 전통적인 토론은 다 그렇다는 말이다. 다만 최근에 나온 퍼블릭 포럼 디베이트처럼 기존의 형식을 깨고 바꾼 새로운 토론 방식이 나오기 전에는 대체로 그러하다.

자리 배치는 어떻게 하는가?

찬성 측이 청중들이 볼 때 오른쪽에 앉는가, 왼쪽에 앉는가?

역시 이 질문에도 갈팡질팡 하다가 대체로 왼쪽설이 힘을 얻는다. 찬성의 의미가 현재의 상황을 변화시키고 개혁하자는 의미니까, 그쪽이 급진, 개혁, 진보, 좌파 하면 그제야 아! 하면서 고개를 끄덕거린다.

여기서 우리가 흔히 말하는 좌파의 어원을 살펴보자.

좌파와 우파의 어원은 1789년 프랑스 혁명 당시로 거슬러 올라간다. 당시 프랑스에서는 국회를 삼부회라 불렀다. 성직자, 귀족, 평민 이렇게 세 신분으로 구성되었다고 해서 붙여진 이름이다.

당시 프랑스 국왕인 루이 16세가 재정난을 극복하기 위하여 삼부회를 소집해 세금을 올리려고 했다. 물론 성직자와 귀족은 세금을 내지 않는 계급이니까 당연히 찬성하고 세금을 내는 평민계급은 강하게 반대했다.

이때 평민들은 세금 신설이나 증대에 대해 반대하는 정도가 아니라 구체제의 제도 전반에 대한 개혁을 요구했다. 이게 프랑스 혁명의 발단이다.

왕과 귀족, 성직자는 이런 요구를 받아들이지 않았고 혁명의 불길이 여기저기서 타올랐다.

궁핍을 견디다 못한 평민이 바스티유 감옥에 쳐들어갔고, 루이16세와 마리 앙투아네트는 단두대에서 처형을 당했다. 우여곡절 끝에 루이 16세의 막내아들을 왕으로 삼고 프랑스 의회는 하나로 만들어졌다. 이때 왕정복귀를 바라는 신부 등으로 이루어진 과거 복원 세력인 왕당파는 오른쪽에 앉고 평민대표로 이루어진 급진 개혁파인 자코뱅 당은 왼쪽에 앉은 것이 좌파와 우파의 어원이다.

다시 정리하면, 삼부회를 소집한 상황에서 왕을 중심으로 귀족과 성직자, 즉 왕당파라 불리는 이들, '현 제도의 변화를 바라지 않는, 정확하게 현 제도의 유지를 바라는 사람들(보수)'이 오른쪽에 모여 앉고 제3신분인 평민, 즉 '현 제도의 급격한 변화를 바라는 사람들(진보)'이 왼쪽에 모여 앉았다. 왼쪽에 앉아 군주제를 비판하고 반대했던 이들을 후대 사람들은 공화파라 부른다.

이때부터 사회 변혁을 바라는 사람들을 좌파(진보)라 부르고 그 중에 혁명을 통한 급격한 변화를 원하는 사람들은 급진파라 불렀다.

또 현 제도의 유지를 원하는 사람을 우파(보수)라 부르고 이러한 경향이 너무 강하여 '과거로 돌아가자!'라고 하는 사람들을 반동이라 부르게 되었다.

오늘날 우리 사회에서는 '보수 꼴통, 진보 좌빨' 이러면서 용어들을 혼합해서 사용하고 악의적으로 상대를 무시하고 낙인찍기 위해 부당한 사용을 하는 경우가 많다. 상대를 포용하고 조화를 추구하는 문화 창달을 위해서 하루 빨리 청산해야 할 악습이다.

토론에서의 찬성 반대는 좌파, 우파의 개념이 아니다. 특히 공산주의나 자유주의 등의 이념과는 더더욱 상관이 없다. 그저 기존의 상황에 새로운 문제 제기를 했으면 찬성이고 좌측에 앉는다는 뜻이다.

예를 들어 4대강 사업의 개념도 없던 시절에 어떤 이가 4대강 사업을 벌이면 경제적으로나 환경적으로 국익에 도움이 된다고 주장하면서 새로운 문제를 제기한다면 그쪽이 찬성이 되고 왼쪽에 앉는다.

한편 4대강 사업이 진행되면서 환경 파괴가 극심하고 국가 경제에 부담을 주고 혈세만 쏟아 붓는 낭비적 사업이니 하루 속히 중단하자고 문제를 새롭게 제기하면 그쪽이 찬성이면서 왼쪽에 앉는다. 즉 4대 강 사업에 대해서 이미 찬성이나 반대의 의견에 따라서 찬반 성향이 갈라지는 것이 아니고, 기존의 상황은 어떠하며 거기에 새롭게 누가 문제를 제기했느냐가 토론에서 찬반 선택의 의미이다.

앞의 영화에서는 흑인 측이 논제에 찬성을 하면서 먼저 토론을 시작한다.

논제는 흑인들에게도 텍사스 주에 있는 대학의 입학권을 주자는 것이다. 같은 인간인데 백인은 대학에 다닐 권리가 있고 흑인은 없는 상황에서 흑인들도 다닐 수 있도록 개혁하자는 게 찬성 측의 취지다. 그래서 흑인 측은 왼쪽에 앉고 토론도 먼저 시작한다.

토론에서 찬반의 입장을 어떻게 정하는가?

어떻게 정할까? 한쪽이 양보를 할까? 아니면 가위바위보? 정답은 '제비뽑기'다. 주제의 민감한 성격 때문에 사람들이 느끼기에 찬성 혹은 반대 측이 일방적으로 유리하다 느낄 수 있다. (물론 논제는 중립적이고 대립성이 강해야 하기 때문에 어느 한쪽에 유리해서는 안 되지만 세상에 기계적으로 정확히 공평한 논제란 존재하기 어렵다.) 따라서 어느 한쪽의 불만을 최소화하려면 제비를 뽑는 것이 공평하다.

내가 찬성을 뽑을지, 반대를 뽑을지 아무도 모른다. 따라서 토론 준비를 할 때는 당연히 양측을 다 준비해야 한다. 개요서도, 입론서도 양측을 준비하지 않으면 막상 토론장에 가서 준비 못한 측을 뽑으면 시작도 못하고 깨질 수 있기 때문이다.

대부분의 토론이 제비뽑기를 한다고 해서 모두가 그런 건 아니다. 찬성이 먼저 하는 것도 100% 적용되는 규칙은 아니다. 또 찬성 측이 오른쪽에 앉는다고 해서 토론을 못하냐? 하면 그것도 아니다. 결국 규칙이란 인간이 만들어놓은 것이고 어느 정도의 편리성과 원칙을 따르는 것이지만, 예외 없는 규칙 없고 변화와 개혁 없는 전통이 없듯이 토론의 일반적인 규칙도 시간이 흐름에 따라서 얼마든지 변하고 누구든지 원하면 바꿀 수 있다. 언어가 그 시대와 사회를 살아가는 언중들이 사용하는 공동의 약속이라서 사회적 성격을 강하게 띠지만 세월이 흐르면 역사성을 발휘하여 언어의 형태와 의미가 바뀌는 것과 같은 이치다.

캐빈 리가 소개한 퍼블릭 포럼 디베이트는 기존의 대립 토론과는 다른 방식을 적용한다. 우선 제비뽑기 대신에 동전 던지기를 한다. 무슨 차이가 있을까? 제비뽑기의 경우 찬반의 입장이 이미 제비에 쓰여 있다. 하지만 동전에는 찬반의 의미가 없다. 그저 앞면과 뒷면만 있을 뿐이다. 따라서 앞면을 부른 사람이 동전의 앞면이 나오면 찬성과 반대의 입장을 선택할 권리를 갖는다. 그럼 뒷면을 외친 사람은? 입장 선택권을 빼앗겼으니 순서 선택권을 갖는다. 우리가 먼저 하겠다, 혹은 나중에 하겠다. 이렇게 4가지 조합이 만들어지면 찬성 측이 꼭 토론을 먼저 시작하지 않고 반대 측이 먼저 시작하는 토론 방식이 개발된다. 이도 또 한 판의 토론이다. 모든 바둑들이 정석을 따르지만 신수가 나와서 기존의 정석과 다른 새로운 한 판의 바둑을 창조해나가듯이 토론 또한 신형이 나와 대중들의 공감을 얻으면 새로운 토론으로 각광받고, 정착하고 또 다음의 토론에 기존의 왕좌를 물려준다. 토마스 쿤이 〈과학혁명의 구조〉에서 말한 패러다임의 변화는 그리 거창한 것이 아니다. 혁명이 별것인가? 기존의 상황에 새로운 문제 제기를 하고 더 나은, 새로운 형태의 구조가 발생하고 그것이 다시 안착한 뒤에 다음 세대에게 그 자리를 물려주는 것, 그게 과학혁명이고 패러다임의 변화가 아니고 무엇인가!

그러므로 새로운 토론을 들고 나왔다 해서 그것으로 대한민국 교육을 바꾸니 하면서 호들갑을 떨 일이 아니다. 혁명이란 누가 주장하고 외치고 난리를 친다고 이루어지는 것이 아니라, 일상의 고요한 생활 속에서 혁명의 주체인 대중들이 스스로 자각하고 성찰하고 변화의 의지와 욕구를 강하게 느끼면서 어떤 계기를 탔을 때, 자신도 모르게 폭발적이고 동시다발적으로 일어나는 것이다. 그러니까 '이런 토론의 형식과 원리가 지금 대한민국 교육 현실에 가장 어울리고 필요하다'는 식의 뻥은 좀 자제할 필요가 있다. 대개 그런 '최고'와 '가장'의 논리 밑바탕에는 교묘한 상술과 남을 얕보는 우월감이 자리하는 법이다. 몸으로 오랜 세월을 두고 수련하는 토론 공부의 경우는 특히 그렇다. 답사기행 분야에서 둘째가라면 서러워할 천하의 고수 유홍준도 고백하지 않았는가, 인생도처유상수(人生到處有上手-세상 곳곳에 나를 뛰어넘는 고수들이 늘 있기 마련이다.)라고! 세상에 공부의 고수들이 얼마나 많은데, 감히 어느 특정 분야의 토론을 가지고 그게 최고니 가장 좋으니 하는 것은 우스운 일이다. 대저, 토론이란 자기 몸에 맞는 옷처럼 자기에게 가장 편하고 적합한 방식과 주제를 가지고 놀 때 가장 즐겁고 배움이 큰 법이니까!

여기저기서 자기 토론이 최고라는 목소리를 자주 들어온 탓에 목소리가 커졌다. 자, 흥분의 목소리를 가라앉히고 다음 기초로 나아가 보자. 우리가 잊지 말아야 할 흑인 여학생, 「그레이트 디베이터스」의 주인공 '사만다 북'의 목소리를 들어야 할 때다.

바닥을 파고 기초바닥공사를 다졌으면 기둥을 세워야 한다. 토론의 기둥이란 바로 절차와 방법을 아는 것이다.

토론의 절차와 방법은 입론과 반론 그리고 반론 꺾기와 최종 변론을 요소로 하면서 결합, 변주되는 다양한 종류의 토론들을 말한다. 그러한 토론의 요소들이 어떻게 결합되고 유지되는지를 알려면 먼저 그 뼈대가 되는 이 네 가지 요소를 알아야 한다.

이 네 가지는 〈개그 콘서트〉의 '네 가지'처럼 각각 다른 중요한 의미를 지니면서도 서로 유기적인 호흡과 조화를 이룬다. 이제부터는 이 네 가지의 요소를 고루 갖추어 다루는 영화 속으로 고고씽!

4

입론
- 서 있는 곳이 바뀌면 풍경이 달라진다

어느 길을 뚫을지 고민하라

주제 : 시민 불복종은 정의를 향한 싸움의 도덕적 무기이다.

하지만 불복종이 도덕적이었던 때가 있었나요?

저는 그것은 단어에 대한 사람의 정의에 의지한다고 봅니다.

1919년 인도에서 영국의 폭정에 항의하기 위해 암릿사르에 1만명의 사람이 모였습니다. 레지날드 다이어 장군은 마당에서 그들을 체포했고, 그의 병사들에게 10분간 군중들에게 발포할 것을 명령했습니다. 379명이 죽었죠.

남자, 여자, 아이들이 잔혹하게 총에 맞아 쓰러졌습니다.

다이어는 그들에게 도덕적 교훈을 가르쳤다고 말했습니다.

간디와 그의 추종자들은 폭력으로 응수하지 않고, 비협력의 조직화된 캠페인으로 응수했습니다.

정부의 건물들이 점령되고, 거리는 폭동을 거부하는 사람들에 의해 가로막혔습니다.

심지어는 경찰에게 얻어터지기도 했죠.

간디는 체포되었습니다. 하지만 영국은 곧 그를 풀어주도록 강제받았습니다.

간디는 그것을 "도덕적 승리"라 하였습니다.

도덕의 정의는 다이어의 교훈인가요? 아니면 간디의 승리인가요?

여러분이 선택하십시오.

(그레이트 디베이터스에서)

드디어 본격적인 토론에 돌입한다. 토론의 문을 여는 입론, 어떻게 시작할까?

위의 글을 보면 참 멋진 입론이다. 그럼 입론에서 꼭 다루어야 할 내용은 무엇인지 살펴보자.

먼저 그림을 한 편 보자. 누구 그림일까? 초현실주의자로 알려진 르네 마그리트의 그림이다. 제목은 〈입장〉. 입장에는 '마당에 들어선다'는 입장(入場)과 '서 있는 자리'를 말하는 입장(立場)이 있는데, 마그리트의 그림은 앞의 입장(入場)이다.

어딘가에 들어선다는 말은 무엇을 의미할까? 그건 기존의 세계와는 다른 낯선 세계에 발을 들여놓는다는 것을 의미한다. 그러니 아무래도 어색하고 어리둥절할 수밖에 없다. 그래서인지 마그리트의 〈입장〉이란 그림도 낯설고 기이하기 짝이 없다. 허공에 날개를 편 새의 크기도 놀랍고 새의 몸통 밖은 어둡고 흐린 저녁인데 새의 몸은 쾌청한 날씨의 푸른 하늘이다. 낯설고 새로운 세계에 들어섬, 그게 입장의 의미이고 그 입장(入場)은 곧 입장(立場)을 의미한다. 표를 내고 극장에 들어간다(입장). 하지만 진짜 입장은 불이 꺼지고 나면 펼쳐지는 새로운 풍경에서부터다. 모든 영화의 첫 장면을 생각해보라, 불이 꺼지면서 그 동안의 극장 풍경과는 다른 아주 낯선 세계가 펼쳐진다. 그게 진짜 입장이 시작되는 순간이다.

유명한 토론 영화 〈더 그레이트 디베이터스〉의 오디션 장면을 보면 토론할 학생을 '분쟁지역(hot spot-토론으로 말하면 논쟁지역)'으로 몰아넣는 장면이 나온다. 특정한 입장(立場)을 가진 지역으로 입장(入場)시키는 모습이 인상적이다. 그러면 그 학생은 그 자리에 서서 입론(立論)을 시작한다. 입론은 자기가 왜 그 자리에 서 있는지를 말하는 것이다. 그 입장의 근거를 주장하는 것이다. 그런 의미에서 입론(立論)은 입장(立場), 즉 서 있는 자리의 근거다.

우리 사회에서는 특정한 성향의 이념을 기준으로 해서 좌측에 서는가 우측에 서는가에 따라 좌파, 우파로 나뉜다. 물론 중도파도 있고 좌우도 아닌 다양한 입장도 존재한다. 어쨌든 입장은 그래서 중요하다. 자기가 세상을 바라보는 관점과 세계관이 자리하는 곳이니까.

토론에서 입장이 정해지면 그 철학과 관점에 따라 주장과 근거를 펼쳐나가는 것을 입론이라고 한다. 그러므로 입론이란 자기가 근거한 세계의 입장과 관점에 따라 기존 사고체계나 제도, 정책 등에 문제를 제기하고 문제제기의 근거를 펼쳐나가는 활동이다.

입론에 들어가야 할 내용은 무엇인가?

톨슨 : 여기가 분쟁지역이다. 너희들은 자신의 책임하에 여기에 들어갈거야

학생 : 톨슨 교수님 작년 토론자들은요?

톨슨 : 대답을 알고 있는 질문은 하지 말게. 일어나, 자네가 첫 번째가 될거야. 바로 여기 분쟁 지역 안에. 토론은 제안(提案, proposition-안건을 내다), 아이디어로 시작하지. 주제(Resolved)는 〈미성년 노동은 연방 정부에 의해 규제되어야 한다.〉

첫 토론자는 긍정으로 토론한다. 자네는 긍정으로 논쟁할 걸세.

학생 : (주눅이 들어 자신 없는 표정으로) 글레그혼의 시를 인용하며 시작할게요.

골프장은 근처에 있다. 거의 모든 날 공장에서 일하는 아이들은 조심해야 한다. 그리고...(머뭇거리며 말을 이어가지 못함)

톨슨 : (강하게 질책하며) 그리고는 경기하는 사람을 처다보나~~~

이 학생은 입론을 어설프게 하다가 지도교수의 면박에 망신을 당한다. 시작은 시적으로 멋지게 출발했으나 논리적인 귀결점에 제대로 닿지 못해 실패한 탓이다. 시를 제대로 외우지 못해서지만, 자기가 주장하는 바의 근거를 정확히 이끌어오지 못했다.

자 그럼 이번에는 이 영화 속에서 보여준 좋은 입론의 사례는 어떨까.

주제 : 흑인들에게도 텍사스 주에 있는 대학의 입학을 허가해야 한다.

제 파트너와 저는 텍사스 주의 대학에서 흑인의 입학을 막는 것은 잘못되고 부조리하다는 것을 증명하겠습니다.

흑인은 단지 미국이라는 천의 '색깔(칼라)'이 아닙니다. 그들은 모든 것을 함께 붙들어주는 '실'입니다. 합법적이고 역사적인 기록에 의하면 1865년 5월 13일 흑인인 크로커 하사는 남북전쟁에서 죽은 마지막 병사입니다. 1918년 첫 번째로 프랑스에서 무공훈장을 받은 미국 병사는 흑인인 헨리 존슨과 니담 로버츠입니다. 1920년 뉴욕 타임즈는 이후로는 '흑인(니그로negro)의 N'은 대문자(고유명사로 흑인을 역사의 주체로 인정한다는 의미)로 쓸 것임을 발표했습니다.

역시 영화 속 한 장면인데 훌륭한 입론이다. 역사적 배경, 관점, 용어정의, 근거 등을 하나로 잘 버무린 탁월한 입론이다. 영화의 시나리오 속에 들어간 내용이라 더 그럴듯하게 잘 정리한 입론이라, 우리들이 입론의 핵심내용을 배우기에 손색이 없다.

자 그럼 입론에서 반드시 다루어야 할 내용이 구체적으로 무엇인지 살펴보자.

다음의 입론서를 자세히 읽어보라.

논제 : 중·고등학생 미혼모의 일반 학교에서의 학습권을 보장해야
한다

찬성 토론자 한미혜(2011.02.22.)

배경과 취지	청소년 미혼모의 학습권에 관한 논의는 2009년 4월, 임신 중인 고3 (당시18세) 여학생의 어머니가 임신을 이유로 자퇴를 종용당한 일을 문제 삼아, 딸의 학업 기회를 보장해 달라고 국가인권위원회에 진정서를 내면서 주목을 받기 시작했다. 　논의에 앞서 우리는 청소년 미혼모가 처한 상황을 알아보기 위해 그들의 출산과 낙태에 대해서 살펴볼 필요가 있다. 2005년 보건복지부가 고려대 의대에 의뢰해 실시한, 전국 인공임신중절 실태조사에서, 우리나라에서 연간 행해지는 낙태 수술 중 (총 임신중절건수 34만 2433건) 15세 이상 19세 미만인 청소년 미혼모의 낙태 건수가 무려 1만 1,556건에 이르는 것으로 나타났다. 이는 2008년 19세 이하 청소년 분만 3,300 여 건과 비교해 보면, 1명 태어날 때 같은 처지의 다른 아기 3.5명의 죽음을 나타내는 수치이기 때문에 매우 충격적이다. 이는 청소년 미혼모가 이제 더 이상 개인의 문제가 아니라 사회적으로 풀어야 하는 문제가 되었음을 말해 준다.
용어 정의	청소년 미혼모란 합법적이고 정당한 결혼절차 없이 아기를 임신 중이거나 출산한 여성, 자녀를 낳아서 모(母)의 위치에 있는 사람을 말한다. 대체로 만 13세에서부터 만 19세 미만의 여성을 가리킨다. 　일반학교란 반대개념을 생각해보자. 특수학교나 대안학교가 있다. 그러므로 일반학교는 미혼모 보육을 목적으로하는 특수한 학교나 대안학교가 아닌 보통의 중·고등학교를 말한다. 학습권은 학교에 나와서 국가가 정한 교육과정에 따라서 교육을 받을 수 있는 권리를 말한다. 　우리는 다음과 같은 세 가지 측면에서 중·고등학생 미혼모의 일반 학교에서의 학습권을 보장해야 한다고 주장한다.
쟁점과 근거1	첫째, 청소년이 임신을 했다는 이유로 그들의 교육권을 박탈할 수 없다. 우리나라 헌법 제31조에는 '모든 국민은 능력에 따라 균등하게 교육을 받을 권리를 가진다' 라고 규정하고 있다. 이것은 국가가 제도적으로 보장하는 교육의 기회와 국민이 향유하는 권리(수익권)를 규정한 것이다. 뿐만 아니라 교육법 제 9조에는 '모든 국민에게 그 능력에 따라 수학할 기회를 균등하게 보장하기 위하여' 그리고 '직업을 가진 자의 수학을 위하여 야간제 ·계절제 ·시간제, 기타 특수한 교육방법을 강구한다' 라고 규정하고 있다. 그 어디에도 청소년의 임신을 문제 삼아 교육 받을 권리를 제한한다는 말이 없다. 엄연히 헌법이 보호하고 있는 학습자 고유의 권리이다.
쟁점과 근거2	둘째, 청소년 미혼모의 학습권 보장은 현재와 미래를 위한 사회적인 투자이다. 보건 복지부가 운영하는 '건강 길라잡이'에서는 (미혼모는 학력이 대체로 낮고, 불안정한 직업에 종사하며, 자취나 하숙을 하고, 성에 대한 가치관이 개방적이고, 충동적이며, 사회경제적 상태가 낮고 부모와 떨어져 사는 사람) 이라고 그 특성을 파악하고 있다. 이들을 풍기 문란의 이유로 혹은 다른 학생들에게 부정적인 영향을 줄 수 있다는 이유로 방치한다면, 청소년 미혼모의 빈곤이 태어날(난) 아기의 빈곤으로 이어질 것이며 이는 고스란히 사회가 부담해야 하는 문제로 남게 될 것이다. 현재 상태로 잠재되어 있는 그들의 빈곤 가능성을 최소화하고, 건강한 사회 구성원으로 살아갈 수 있도록 제도가 제 구실을 해야 한다.
쟁점과 근거3	셋째, 청소년 미혼모의 일반 학교에서의 학습권 보장은 다양한 사회 구성원을 어떻게 대해야 하는지 좋은 교육적 기회가 될 수 있다. 제도나 관습을 벗어나는 행동을 하는 사람은 언제나 있어 왔다. 중요한 것은 그 사람을 개인이, 사회가 어떠한 자세로 수용하느냐이다. '실패한 인간'이라는 무서운 도장을 찍고 배제하거나 고립시키는 대신, 개인에게 존재하는 고유한 개체성을 인정하고, 당사자는 자신의 삶을 성찰하도록 함께 노력해야 한다.

가) 배경 설명

사회적·역사적 배경과 취지, 문제제기, 토론 이유가 잘 드러나야 한다. 일차적으로 왜 토론을 하는가에 대한 절실한 문제의식이 담겨 있어야 한다. 보통 방송 토론에서는 이 부분을 영상으로 처리하기 때문에 따로 다루지 않지만, 교육 토론에서는 배경과 취지를 잘 담아내는 것도 심판자나 청중들을 설득하는 중요 논거가 되므로 성의 있게 작성한다.

나) 우리측 입장의 주요 관점

사안에 대해서 긍정, 부정 입장을 취한다는 것을 요약해서 보여준다. 우리가 이런 문제제기를 한 맥락은 무엇이며 그 이유를 배경보다 한 걸음 더 나아가 구체적이고 뚜렷한 입장에서 말을 한다. 자신의 철학적, 정치적 입장 등이 선명할수록 좋다.

다) 용어정의

이제 본격적인 토론(討論)의 마당에 들어가는(入場) 과정이다. 논제 분석에 따른 논리전개의 첫 걸음은 주어진 논제의 핵심 용어를 어떻게 정의하고 풀어가느냐에 달려있다. 앞서 제시한 영화에서는 '니그로(흑인)'라는 단어의 용어정의에 심혈을 기울인다. 논제가 흑인과 백인의 인종차별(정확하게 말하면 텍사스 주에 있는 흑인들의 대학교 입학차별)이니 그 가운데 '흑인'이라는 말에 초점을 맞추어 논리를 펼쳐 나가는 거다. 예시문에서는 청소년 미혼모의 정의를 내리면서 자연스럽게 배경으로 들어간 것이 눈에 띤다.

논제에서 제시된 일반학교, 학습권 등의 정의도 내려야 한다. 만약 '대형마트의 판매품목을 제한해야 한다'라는 주제를 접했다면 '대형마트, 판매품목, 제한'의 개념과 범위를 정해주어야 한다.

용어의 정의는 일차적으로 사전적, 과학적 정의가 가장 보편적이고 편안하다. 하지만 배경과 연결을 시켜보면 역사적인 사회적인 접근을 통한 용어정의가 보다 설득력 있게 작용하는 경우가 많다. 영화 속에서 흑인의 '역사'를 통해서 흑인의 '정체성'을 새롭게 부각시키듯이 말이다.

용어 정의는 일종의 기싸움이다. 씨름으로 말하면 누가 상대방의 샅바를 잘 틀어쥐는가 하는 문제이고 농구에 비유하면 점프볼에서 누가 먼저 자기 팀으로 공을 가져오는가 하는 문제다. 그래서 흔히 용어 정의를 가볍게 사전적으로 생각하고 넘어가는 경우가 많지만 좋은 입론을 고민한다면 반드시 독창적인 용어 해석과 정의에도 힘을 많이 쏟아야 한다.

라) 기대효과

토론에서 논제가 주어졌을 때 문제제기를 하는 것이 현재 상황에 문제가 많다는 뜻이다. 그래서 도전적인 태도로 문제를 던진다. 그렇다면 문제를 제기해서 상황이 바뀐다면 무엇이 나아지는가? 이것이 바로 입론의 핵심이기도 하다.

예를 들어 '초·중·고에서 9시 등교를 실시해야 한다'라는 주제가 제시되었다고 하자. 아마도 용어정의를 한다면, 초중고, 9시, 등교의 개념을 정의해야 할 것이다. 초중고야 교육법에 나와 있는 것이고 9시는 표준화된 객관적인 시간을 따르므로 이론의 여지가 없을 터이나 등교는 사람마다 달리 해석할 여지가 있다. 학교의 정문 통과시간인지 교실에서 출석을 부르거나 조회를 하는 시간인지 사람마다 다르게 받아들일 수 있기 때문이다. 일단 용어정의까지 이루어졌다고 한다면 중요한 것은 9시 등교로 상황을 바꾸었을 때 무엇이 더 달라지고 상황이 좋아지는지에 대한 기대효과를 제시한다. 그것이 바로 문제를 제기하고 토론을 해야하는 핵심 이유이기 때문이다.

마) 핵심 근거 제시

토론은 논리의 싸움이다. 논리란 무엇인가? 주장에 대한 정확하고 깊이 있는 근거제시다. 잘 아는 대로 토론은 주장의 싸움이 아니라 '근거'의 싸움이다. 주장은 누구든지 할 수 있지만 상대방을 설득하는 힘은 근거에서 나온다. 토론의 입론에서는 주장하는 바의 논점을 토대로 그 근거를 잘 제시해야 한다.

대학생 정책토론의 경우 입론은 5, 6분. 교실에서 하는 수업의 보통 입론 시간은 3분 내외다. 그러려면 쟁점을 보통 2~4개 정도 잡아서 말하고 쟁점에 따른 근거로 통계, 인용할 내용도 2~4가지 정도가 적절하다.

토론이 입론에서부터 반박과 마지막까지 전체적으로 활발하게 이어지려면 입론의 내용이 풍부해야 한다, 입론부터 빈곤하고 초라하면 막상 상대측에서 반박할 여지와 근거도 사라지기 때문에 토론은 입론이 그만큼 중요하다.

드라마 〈송곳〉을 통해 유명해진 말이 있다.

'사람이 서는 데가 달라지면 풍경이 바뀐다'는 말이다. 우리는 다 다른 위치에 서서 세상을 살아간다. 지금, 자기가 선 곳에서 바라다보이는 풍경을 생생하게 전달하기, 그게 입론자의 역할이다.

5

반론
- 나비처럼 날아서 벌처럼 쏴라

나비처럼 날아서 벌처럼 쏘아라

다음 중 ( )안에 공통적으로 들어갈 말은 무엇일까?

- 선희는 말솜씨가 구첩하니 예상되는 (   )에 대한 답변 정도는 준비해 가는 게 좋을 거야.

- 그녀의 의견을 들은 후 그는 야릇한 미소를 보이며 야유조로 (   )을 제시했다.

- 뇌사를 사망으로 간주해야 한다는 주장에 종교계의 (   )이 만만치 않다.

- 그 과학자의 이론은 거의 완벽해서 (   )의 여지가 없었다.

- 그의 날카로운 (   )을 듣고 있으니 내 처지가 수통하였다.

- 이러한 (   )에 대해서는 후술할 것이다.

- 피의자는 검찰의 유죄 구형에 대해 당당하게 (   )했다.

- 논쟁의 중요 포인트는 (   )에 있다

〈다음 국어사전〉

그렇다, 정답은 반론이다. 공통적인 요소가 무엇인지 대략 짐작이 되지 않는가? '반론'이란 남의 의견에 대하여 '반대하거나 되받아 논의한다'는 뜻이다. 그럼 반론에서 꼭 다루어야 할 내용을 살펴보자.

"나비처럼 날아서 벌처럼 쏴라"

세계 최고의 권투선수로 둘째 가라면 서러워 할 무하마드 알리의 명언이다. 그는 링 위에서는 천재적인 복서였지만 링 밖에서 입담(토론^^)이라면 누구에게도 지지 않는 근성있는 승부사였다.

'떠버리'라 불릴만큼 입담이 좋아서 영국의 유로스포트는 알리의 어록을 정리해 발표한 적도 있다. 1974년 당대 최강의 복서 조지 포먼과 벌인 타이틀 전에 앞서 했던 발언이 알리 생애 최고의 발언으로 뽑혔다. '정글의 결투(Rumble in the jungle)'라는 이름이 붙은 이 대결. 절대 열세의 알리는 40연승의 무적 복서 포먼에게 다음 같은 말로 '묵직한 한 방'을 날렸다.

"나는 악어와도 레슬링을 해봤고 고래와 격투도 해봤다. 지난주에는 바위를 죽였고, 돌멩이에게 상처를 입혔고, 벽돌은 병원신세로 만들었다. 나는 너무나 사나워서 약도 아프게 할 수 있다."

대전 결과는 모두의 예상을 깨고 결과는 알리의 승. 세기의 명승부는 이렇게 사전에 말싸움으로 시작해서 기선을 제압한 알리가 자신의 기량을 유감없이 보여주며 끝났다. 무명의 알리가 첫번째 타이틀 도전이었던 소니 리스턴과의 경기를 앞두고 내뱉었던 '나비처럼 날아서 벌처럼 쏘겠다'는 유명한 말은 그를 '언어의 마술사'로 불리게 한 신호탄이었다. 그는 그 뒤로도 자신의 철학과 논리가 번뜩이는 주옥같은 말을 뱉어낸 언어의 승부사로 한 평생을 살았다.

반론에서 무하마드 알리 이야기를 길게 말한 이유는 '나비처럼 날아서 벌처럼 쏘라'는 말 속에 반론의 핵심이 잘 담겨 있어서다. 무슨 뜻인가? 같이 한 번 천천히 생각해보자.

우선 나비의 특성은 어떤가?

나비는 가볍다. 연약한 몸이지만 팔랑팔랑, 가볍게 날아다닌다. 가볍기 위해서는 어떻게 해야 할까? 유연하고 부드럽고 자유로워야 한다. 그러려면 자신을 비워야 한다. 인문학자 고미숙은 조선 후기 박지원이 지은 〈열하일기〉와 〈허생전〉 등을 아주 좋은 고전으로 꼽는데, 유연하면서도 날카로운 글쓰기로 당대 현실을 날카롭게 비판한 박지원을 나비에 비유한다.

토론에서 가벼움과 자유로움, 자신을 비움이란 어떤 의미일까?

한 단어로 말하면 순발력이다. 가볍게 날아올라 자유롭게 떠돌면서 어떤 상황에든지 대처할 수 있는 능력이다. 그러기 위한 첫 번째 조건은 얽매이지 않는 태도이다. 입론이 철저한 준비로 자신의 입장을 강하게 견지하면서 논거를 펼쳐나간다면 반론은 상대방이 어떤 입론이나 반론을 펼쳐올지 모르는 상태에서 역으로 공격을 펼쳐야 하기 때문에 내 마음 속에서 어떤 자료와 근거로 반박을 하리라 예상을 하면 안된다는 말이다. 최선을 다해 준비는 하되, 전혀 예측 못한 어떤 논거가 나올지 모르기 때문에 유연하게 자신을 비우고 역공할 준비를 하면서 결정타를 먹일 기회를 엿봐야 한다는 말이다.

다음, 벌의 특성은 무엇인가?

벌은 사람들이 다 무서워한다. 마치 〈죄와 벌〉의 벌이 여기서 나온 말이 아닐까 의심이 들 정도로 사람들을 공포로 몰아 넣는다. 벌이 한 마리만 나타나도 무서운데 떼로 몰려들면 감당할 수 없이 도망을 쳐야 한다. 몸은 작아도 벌에 한 방 쏘이면 정신을 못차릴 정도로 따끔하고 아프니까. 마치 주사를 맞는 것처럼 무서울 거다. 공격은 그렇게 아프게, 매섭고 차갑게 쏘아붙여야 한다.

토론에서 반론이란 한 마디로 나비와 벌의 조화를 이루는 논리적 공격이다. 그 구체적인 방법들은 무엇일까? 좋은 반론의 사례를 통해 반론의 핵심을 공부해보자.

우선 다음 토론 내용을 한 번 보자.

[논제 : 텍사스 주에 있는 대학에 흑인의 입학을 허가해야 한다]

입론에서 찬성측이 평등하게 입학권이 주어지지 않으면 흑인이 노예로 살던 시절과 다르지 않다는 주장을 펼친다.

반대 : 예 현재 흑인들이 노예처럼 차별을 받으면서 산다는 것을 인정합니다. 그것은 사실입니다. 너무 많은 백인들이 인종혐오라는 병으

로 고통을 받습니다. 그리고 인종차별 때문에 오늘 날 남부 백인대학에서 흑인들이 행복해지는 것은 불가능합니다. 그리고 누군가가 행복하지 않다면 그들이 적절한 교육을 받는다고 보기 어렵습니다. 네 언젠가는 흑인과 백인이 같이 캠퍼스를 걷게될 날이 오겠지요. 그리고 우리는 같은 교실을 사용할 것입니다. 하지만 슬프게도 그날이 오늘은 아닙니다.

찬성 : 제 상대편은 오늘이 백인과 유색인이 같은 대학을 가는 날이 아니라고 말합니다. 같은 캠퍼스를 사용하는 날이 아니라고요. 같은 교실을 걷는 날이 아니라고요.

좋아요, 그럼 그날이 언제 오는지 제게 말씀해 주시겠습니까? 내일이면 올까요? 다음 주면 올까요? 100년 안에? 결코??

아니요! 정의를 위한 시간은, 자유를 위한 시간은 그리고 평등을 위한 시간은 항상, 항상 바로 지금입니다! 바로 지금입니다.

반대 측의 주장에 대해 찬성 측이 멋지게 한 방을 먹인 순간이다. 반대측도 유연하게 인정할 것은 인정하면서 자신의 논거를 시간으로 살짝 바꿔치기 했지만 찬성측의 여학생은 잘 듣고 있다가 결정적인 공격을 퍼부었다. 여기서 핵심은 공격이 아니라, '잘 듣고 있다가'이다.

자신이 사전에 준비한 내용을 기다렸다가 차례로 말하는 것이 아니라 상대방의 논거의 핵심을 파악한 적절한 대응이 중요하다. 그런 점에서 반론의 시작은 경청의 자세다. 이 두 가지를 정리하면 다음과 같다.

가) 준비한 것을 말하지 않기

토론의 입론은 사전에 준비해 온 내용을 바탕으로 연설에 가깝게 자신의 생각과 근거를 펼쳐 보인다. 요즘에는 프리젠테이션을 활용하는 입론이 있을 만큼 사실, 입론의 핵심은 준비이다. 토론 실습 나가서 소감을 들어보면 백이면 백 시간이 부족하고 준비를 제대로 못해서 준비의 중요성을 깨달았다고 말한다. 하지만 반론은 반대다. 준비를 철저히 해야 하지만 역설적으로 준비해온 것을 버려야 한다. 준비해온 것을 버리라니까, 반론자는 준비를 안 해도 되고, 오히려 자기 입장이나 근거 자료 등을 버리라는 말로 오해하지는 마시라, 그 반대이다.

준비는 철저히 하되 토론에 들어가서는 기존의 자기가 가진 자료나 근거 생각 등을 버리고 오로지 상대방의 발언에만 집중을 해야 한다. 다시 말하면 반론은 내가 준비한 자료를 상대방에게 순서에 따라 제시하는 게 아니라, 천변만화할 가능성이 있는 상대방의 말의 핵심을 내가 잘 따라가야 한다.

나) 반론은 경청

토론은 입의 싸움이라고만 생각하지만 실제로는 눈의 싸움이고 귀의 싸움이다. 입이 가장 직접적인 매개체이긴 하지만 실은 도구에 불과하다. 상대를 읽고 듣는 힘이 없다면 허공에 헛소리나 질러대는 공허한 메아리의 토론에 불과하다. 그래서 '토론하면 경청, 경청'하고 노래를 부르는 거다.

아비요~* 쿵푸의 대명사 이소룡을 아시는지. 이소룡이 보여준 최고의 무술이 무엇인지 아는가? 그렇다. 바로 절권도이다. 반박의 기술을 설명하기 위해 운동 비유를 좀더 들자면, 무하마드 알리와 같은 철학적 깊이를 가졌으면서 절권도의 달인이기도 한 이소룡을 제시할 수 있다. 그가 창안한 무술의 이름 절권도의 뜻 자체가 상대방의 기술을 끊어서 공격한다는 뜻이 아닌가!

이소룡은 절권도를 발달시키기 위해 복싱, 무에타이, 태권도, 펜싱 등의 다양한 스포츠를 공부했다. 효과적인 반박을 위한 치밀한 연구를 한 셈이다. 이처럼 상대방의 말을 끊어서 날카롭게 공격하기 위해서는 순발력과 공격력을 갖추기 위한 다양한 논리적 수사법과 실전 감각이 중요하다.

다) 구체화

반론의 생명은 벌의 침처럼, 주사기의 바늘처럼 따갑고 날카로워야 한다. 물론 둔중한 망치로 때리듯이 강력할 수도 있는데, 그 정도 무기는 마지막 결정타를 날릴 때 사용하는 것이 좋겠다.

그런 점에서 반론은 매우 구체적이고 정확한 통계와 자료의 싸움이다.

어느 고등학생 토론 연습 자리에서 본 풍경

〈고령 사회의 복지〉를 주제로 원탁토론이 진행 중인데 한 학생이 스웨덴이 우리나라보다 복지가 잘 되어 있다고 했더니 반론하는 친구가 복지제도가 잘 갖추어진 스위스(19위), 스웨덴(21위)보다 우리나라(15위)가 지디피(GDP)가 높다고 주장을 했다. 여기서 근거를 말하지 않고 주장만 했더니 상대측 학생이 바로 자료를 찾아보더니 재반론을 펼친다. 우리나라가 스웨덴보다 지디피가 높은 것은 사실이지만 일인당 지디피는 스위스(4위)나 스웨덴(7위)이 우리나라(33위)보다 훨씬 높다고 말한다.

알고 보니 일인당 지디피(GDP)와 국민 전체 지디피(GDP)가 달랐던 거다.

구체적인 자료 없이 숫자와 통계 없이 상대방을 찔러대는 것은 끝이 무딘 창으로 다이아몬드로 만든 방패를 건드리기나 다름 없다. 스포츠에서 1초, 1점의 차이가 승패를 가르듯 토론에서는 1%의 통계적 차이가 논리의 승패를 가르는 기준이 된다. 어떤 주장이나 반박을 하려면 정말 자세하고 구체적인 통계와 자료가 필요하다.

라) 맷집

나는 때리기만 하고 맞지 않는다? 그런 토론은 세상에 없다. 참 거짓을 가리는 법정에서나 잘잘못을 가리는 청문회장이라면 일방적인 공격을 퍼붓는 검사나 야당의 목소리처럼 시종일관 큰 목소리로 상대방을 몰아붙일 수 있다. 하지만 토론은 법정이나 청문회장이 아니다. 잘못한 대상을 불러다놓고 일방적으로 공격을 퍼붓는 자리가 아니다. 내가 상대방을 공격한다면 자기도 동일한 논리에 의해서 맞을 수 있다는 각오를 해야 한다. 반론 자체가 잘 맞기 위한, 다시 말하면 재반론의 여지를 주는 준비이기도 하다. 그러면서 새로운 스텝을 밟아나가고 한 걸음 더 나아가 상대에게 더 구체적인 논리적 타격을 주기 위한 과정이다. 그기 위해서는 어떤 공격에도 맞설 논리 공부가 필요하다.

흔히 논리학 하면 좀 딱딱하고 고리타분한 학문으로 생각하지만 나를 재미있게 배울 수 있는 책들도 적지 않다. 토론 공부를 제대로 한다면 논리 공부도, 논리적 오류 공부도 한 번쯤은 제대로 해두면 큰 도움이 된다. 그래야 맞아도 아프지 않고 상대방의 공격의 핵심을 잘 파악한다.

마) 심리적 자신감과 유머

반박에서는 심리전이 중요하다. 입론도 약간의 긴장을 유발하지만 반론의 핵심은 순발력에 있기 때문에 그 부담은 입론보다 두세 배 이상이다. 여유가 필요하고 그러기 위해 자신을 비우는 용기가 필요하다. 토론에서 반박의 대가라 한다면 리더십 부분에서 언급한 링컨이 단연 압도적이다. 그는 상대방의 말을 들으면 바로 받아치는 탁월한 기술을 지녔는데, 그러면서도 웃음을 자아내니 상대방이 꼼짝을 못한다.

젊은 변호사 링컨이 하원의원으로 출마했을 때로 돌아간다. 정견발표회에서 상대 후보는 링컨이 신앙심이 별로 없는 사람이라고 비난하고 청중을 향해 소리쳤다.

"여러분, 천당에 가고 싶은 분들은 손을 들어보세요."

모두들 높이 손을 들었으나 링컨만은 손을 들지 않았다. 그러자 그 후보는 다그쳤다.

"미스터 링컨, 당신은 손을 들지 않았는데, 그럼 지옥으로 가고 싶다는 말이오?"

그러자 링컨은 빙긋이 웃으며 응수했다.

"천만에요. 나는 지금 천당도, 지옥도 가고 싶지 않소. 나는 국회로

가고 싶소!"

지금, 이 순간의 논점을 잃지 않는 여유가 이런 날카로운 반박을 불러온다.

링컨이 상원의원 선거에 입후보하여 더글러스 후보와 겨루게 되었을 때였다. 두 사람이 합동 선거 유세를 하던 날, 더글러스 후보가 링컨의 과거 경력을 문제삼아 그를 비방하기 시작했다.

"링컨 후보는 그가 전에 경영하던 상점에서 팔아서는 안 될 술을 팔았습니다. 이것은 분명히 법을 어긴 일이고, 이렇게 법을 어긴 사람이 상원의원에 당선된다면 이 나라의 법과 질서를 어떻게 바로잡을 수 있겠습니까? 그러므로 링컨은 상원의원이 되어서는 절대 안 될 사람입니다."

이 말을 들은 청중들은 술렁이기 시작했다. 모두들 이번에는 링컨이 더글러스 후보의 공격에 꼼짝없이 무릎을 꿇게 되었다고 생각하며 걱정스럽게 링컨을 바라보고 있었다. 그러나 링컨은 전혀 당황하거나 흥분하는 기색을 보이지 않고 이렇게 답변했다.

"예, 그렇습니다. 더글러스 후보가 말한 것은 사실입니다. 그러나 본인이 그 상점을 경영하던 당시 더글러스 후보는 저의 가게에서 가장 술을 많이 사 먹은 최고의 고객이었습니다. 그리고 확실한 사실은 저는 이미 술 파는 계산대에서 떠난 지가 오래되었지만 더글러스 후보는 여전히 그 상점의 충실한 고객으로 남아있다는 것입니다."

링컨이 재치있게 답변을 하여 더글러스의 공격을 피해가자 더글러스는 신속하게 화제를 돌려 다시 링컨을 공격했다.

"링컨은 말만 그럴 듯하게 하는, 두 얼굴을 가진 이중인격자입니다."

링컨은 이번에도 당황하지 않고 재치있게 받아쳤다.

"더글러스 후보가 저를 두고 두 얼굴을 가진 사나이로 몰아세우고 있습니다. 좋습니다! 그의 말이 사실이라면 여러분께서 잘 생각해 보시기 바랍니다. 만일 제가 두 얼굴을 가진 사나이라면, 오늘같이 중요한 날, 왜 제가 이렇게 못생긴 얼굴을 가지고 나왔겠습니까?"

더글러스는 그 때 링컨의 말을 들으며 등골에 식은땀이 맺혔노라고 실토했답니다.

이처럼 링컨은 상대방의 공격을 여유 있게, 웃음으로 받아치는 능력이 탁월하다. 그 바탕에 무엇이 있을지는 여러 가지 더 많은 생각이 필요하다.

이 밖에도 반론을 위한 요건들은 많다. 충실한 준비, 꾸준한 연습만이 자신감 있게 반론을 잘 할 수 있는 최선의 공부이다.

반론꺾기,
교차조사와 교차질의
- 나를 잊고 상대가 스스로를 부정하게 하라

일대일 격투기에서 이기는 법

교차조사 : 디베이트 입론 이후 상대팀이 짧은 질문을 통해 발언 내용을 반박하는 것. 교차 질의와 달리 질문자와 답변자가 구별되어 있다.

교차질의 : 퍼블릭 포럼 디베이트에서 입론 혹은 반박을 맡은 사람끼리 서로 짧은 질문을 통해 발언 내용을 확인하고 반박을 하는 것. 교차조사와 달리 서로 질문하고 답할 수 있다.

〈출처 : 한국 디베이트 신문〉

교차조사와 교차질의 이 둘의 차이는 무엇일까? 이렇게 용어상의 혼란을 느껴야 하는 이유는 또 무엇일까? 교차 심문, 교차 질문 등의 용어까지 가세하면 도대체 머리가 어질하고 정신이 없다. 이들은 과연 모두 다를까, 같을까? 이번에는 토론에서 가장 어렵다는 교차조사와 교차질의에 대해서 알아보자.

반론을 꺾는다는 말

"진리는 답에 있지 않고 질문에 있다."

이 책의 제1부 '토론은 용기, 지혜, 사랑의 공부'라는 부분에서 〈성균관 스캔들〉의 한 장면을 통해서 이미 말한 바 있다. 입론으로 시작한 토론은 반론을 거쳐 반론꺾기의 단계에 이른다. 반론꺾기는 용어의 의미가 그렇듯이 상대방의 반론을 꺾어서 다시 이쪽에서 공격한다는 말이다. '재반박'이라 할 수도 있는데 굳이 '반론꺾기'라는 용어를 사용한 것은 상대방의 논박을 다시 공격한다는 의미를 강하게 부여한 까닭이다. 이를 배구에 비유하자면 상대방이 강한 스파이크를 날렸을 때, 그 공을 받아서 다시 우리 편이 토스하고 상대방을 향해 공을 쳐 낸다는 의미도 있지만, 날아오는 공을 그대로 블로킹해서 그 자체를 무력화시킨다는 의미가 더 뚜렷하다.

어차피 토론에서 완벽한 논리를 세우기 어렵기 때문에 어느 정도의 공방을 예상해야 하고 인정할 것은 인정하면서 더 구체적인 깊은 논점이나 논거들을 통해 논리 싸움을 전개한다. 이때, 상대방의 날카로운 공격을 가볍게 피하면서도 이쪽에서 다시 공격할 기회가 주어지는 단계를 반론꺾기라 한다.

흔히 토론의 반론꺾기에는 '인정합니다, 그러나(yes but)'의 형태로 이루어지는 재반박 형태의 반론꺾기가 있고, 이미 규칙 속에서 상대방에게 날카로운 질문을 던져서 그 한계와 모순을 파헤치는 '교차조사'나 '교차질의' 형태의 반론꺾기도 있다.

우선 인정-부정(yes-but)의 형태부터 살펴보자.

역시 영화 더 그레이트 디베이터스의 한 장면이다. 앞에서 보았던 장면인데, 그 앞 부분에서부터 다시 살펴보자.

논제 : 텍사스 주에 있는 대학에 흑인의 입학을 허가해야 한다

찬성입론 : 미국의 역사 속에서 흑인들은 백인만큼이나 중요한 희생과 몫을 담당해왔습니다.

반대 : 현실의 변화는 주류의 저항을 받고 사회 갈등을 유발합니다. 그것은 바람직하지 않습니다. 두 보이스라는 흑인 박사조차 그런 주장을 한 바 있습니다.

찬성 : 그 흑인 박사도 하버드 출신 박사입니다.

반대 : 그 박사가 말했습니다. '불가능합니다! 백인 대학에서 흑인이 적절한 교육을 받는 것은 불가능합니다.'라고요.

찬성 : 미국의 저명한 흑인 학자들의 대부분은 아이비리그 교육의 산물입니다. 아시다시피 두 보이스 흑인 박사는 백인들의 저항을 잘 알고 있습니다. 하지만 그것이 흑인이 대학에 들어갈 수 없다는 근거가 되지 못합니다. 만약 누군가가 남부 지방이 준비되지 못한 것을 억지로라도 추구하지 않았다면 저는 아직도 쇠사슬에 묶여 노예로 살아가고 우리 측 토론자 역시 자산으로 운용되고 있을 것입니다.

반대 : 예 그것을 인정합니다. 그것은 사실입니다. 너무 많은 백인들이 인종혐오라는 병으로 고통을 받습니다. 그리고 인종차별 때문에 오

늘 날 남부 백인대학에서 흑인들이 행복해지는 것은 불가능합니다. 그리고 누군가가 행복하지 않다면 그들이 적절한 교육을 받는다고 보기 어렵습니다. 네 언젠가는 흑인과 백인이 같이 캠퍼스를 걷게될 날이 오겠지요. 그리고 우리는 같은 교실을 사용할 것입니다. <u>하지만 슬프게도 그날이 오늘은 아닙니다.</u>

(더 그레이트 디베이터스)

반대측의 주장을 보라. 어느 정도 상대 논거의 타당성을 인정한다. 아니 인정하는 척 한다. 그러나 그걸 수용할 수는 없으므로 다른 기준과 조건 등을 제시해서 주장의 한계를 짚어가며 반론을 다시 꺾는다.

밑줄친 부분을 보면 안다. 당신들이 말하는 인류의 평등성은 <u>인정하고 존중한다. '그러나'</u> 아직은 그 때가 오지 않았다. 이런 식의 인정과 부정 형태가 대표적인 사례다. 그에 비해 교차질의와 조사는 그 수준이 높아서 하루 아침에 체득하기 쉽지 않은 반론꺾기다. 지금부터는 그 둘의 의미와 방법 등을 자세히 살펴보려 한다.

교차조사와 교차질의

대립 토론 가운데 대표적인 토론으로 교차조사식 토론인 세다(CEDA) 토론과 최근에 한국사회에 도입되어 유행하는 퍼블릭 포럼 디베이트를 들 수 있다. 물론 대립토론의 고전인 링컨-더글러스 토론이나 세계 고등학생 대회에서 활용되는 의회식 토론 등 다양한 토론들이 여전히 존재한다.

상대방에게 질문을 던져서 논리적인 공방을 다투는 교차조사와 교차질의의 차이는 무엇일까? 이는 세다(CEDA - cross examination debate association)라는 이름의 교차조사식 토론과 교차질의를 하는 퍼블릭 포럼 디베이트(public forum debate)의 차이를 통해 설명할 수 있다.

먼저 1970년대 토론학회의 이름을 딴 교차조사식 토론은 입론을 하고 나면 상대방 토론자가 입론 내용에 대해서 질문을 던져 공격을 한다. 이를 교차조사라고 하는데, 이 말의 뜻은 '상대방에게 질문을 던져 시험보듯이 답을 요구하는 과정'이라는 말이다. 하나씩 단계적으로 질문을 던지면 입론측에서는 성실하게 꼬박꼬박 답을 해주어야 할 의무가 있다. 질문을 던지는 측에 온전하게 주도권이 주어진 셈이다. 심지어는 답을 듣다가 답이 너무 길다고 판단되면 질문 측에서 답을 중단시킬 권리도 있다. '그만!'하고 소리치는 것이 아니라 '거기까지만 듣겠습니다'하고 정중히 말이다.

반면에 '교차질의' 혹은 '교차질문'식 토론이라 할 수 있는 퍼블릭 포럼 디베이트는 한쪽이 일방적으로 질문하고 입론측이 답을 말하는 조사, 심문 방식이 아니다. 교차조사가 일방적인 공격과 수비의 형태로 이루어지는 토론방식이라면 교차질의는 양측이 서로 질문과 답을 주고받으며 역동적으로 논리적인 공격과 수비를 동시에 진행한다. 교차조사가 야구, 탁구처럼 공격측과 수비측이 나누어져 있는 경기라면 교차질의는 공수 구별이 잘 안 되는 태권도나, 펜싱, 복싱 경기처럼 훨씬 더 역동적인 토론 과정이다.

물론 시작할 때 어느 쪽이 먼저 공격을 한다가 정해져 있지만 일단 시작이 되고 나면 그 다음부터는 상대방에게 예의를 지키고 규칙을 벗어나지 않는 범위 내에서 찬반 누구든지 상대에 대해서 질문을 통한 공격을 하고 또 상대의 질문에 대해서 반격성 수비를 한다.

두 가지 풍경의 예를 들어보면 다음과 같다

우선 교차조사는 일종의 법정 심문이나 역사청문회 같은 모습이다.

앞에서 입론과 반론에서 다룬 '일반학교에서 미혼모의 학습권을 보장'해야한다는 취지의 입론을 듣고 난 뒤에 어떤 전개과정이 펼쳐지는지 보자.

교차조사
반대(질문) : 입론 잘 들었습니다. 지금부터 질문하겠습니다. 아까 헌법 31조 모든 국민은 능력에 따라 균등하게 교육받을 권리를 가진다고 하셨습니다. 맞습니까?

찬성(대답) : 예 그렇습니다.

반대(질문) : 여기서 말하는 균등의 의미가 무엇입니까.

찬성(대답) : 균등이란 평등의 다른 말입니다. 인간은 누구나 존엄과 자유의 권리를 가집니다. 더불어 차별받지 않고 누구나 교육 복지 등에서 평등하게 자기의 권리를 누려야 합니다. 평등의 의미는 1789년 프랑스 혁명...

반대(질문) : (정중하게 예의를 지키면서) 예, 거기까지만 듣겠습니다. 다음 질문하겠습니다. 청소년 미혼모와 미혼모가 아닌 일반 학생은 동등합니까?

찬성(대답) : 미혼모 여부를 따지면 같은 입장은 아닙니다. 하지만.

반대(질문) : 예, 됐습니다. 다음 질문입니다. 그럼 미혼모 학생이 학교에 나왔을 때 다른 학생들에게 끼치는 영향이 긍정적이라 하셨는데 맞습니까?

찬성(대답) : 예 그렇게 말했습니다.

이렇게 교차조사는 찬성이든 반대든 어느 한쪽이 상대의 입론이나 발언 내용을 토대로 질문을 하면 다른 한쪽은 성실하게, 의무적으로 답한다. 그리고 이 과정이 일정 시간 지나고 나면 다음에는 입장을 서로 바꾸어서 답을 하던 측이 공격적인 질문을 하고 질문을 하던 측은 수비의 입장이 되어 답만을 충실하게 말한다.

반면 교차 질의는 어느 한 쪽의 공격과 수비 역할이 정해져 있지 않으므로 양측 누구나 질문을 던지고 답을 하면서 토론을 전개한다.

교차 질의(교차 질문)

반대(질문) : 입론 잘 들었습니다. 지금부터 질문하겠습니다. 아까 헌법 31조 모든 국민은 능력에 따라 균등하게 교육받을 권리를 가진다고 하셨습니다. 맞습니까?

찬성(대답) : 예 그렇습니다.

반대(질문) : 여기서 말하는 균등의 의미가 무엇입니까.

찬성(대답) : 균등이란 평등의 다른 말입니다. 인간은 누구나 존엄과 자유의 권리를 가집니다. 더불어 차별받지 않고 누구나 교육 복지 등에서 평등하게 자기의 권리를 누려야 합니다. 이번에는 제가 질문하겠습니다.

(질문) 아까 반대측에서 교육의 기회균등 원리는 사회적 약자에게 적용되는 사항이라고 하셨습니다. 맞습니까?

반대(대답) : 예 그렇습니다.

찬성(질문) : 그러면 청소년 미혼모는 사회적 약자가 아닌가요?

반대(대답) : 사회적 약자라고 보기 어렵습니다. 자기의 성적결정권에 기반해 사랑을 나누고 임신과 출산을 한 주체를 약자라고 규정하기는 어렵다고 봅니다.

(질문) 만약 사회적 약자라면 충분히 보호를 받아야 하는데 청소년 미혼모가 우리 사회로부터 충분히 보호를 받는다고 생각하십니까?

찬성(대답) : 그렇지 않습니다. 그러니까 충분히 보호를 받아야 하고 그러므로 학교에서 미혼모의 학습권을 충분히 보장해주어야 한다고 주장합니다.

어떤가? 교차조사와 교차질의의 차이가 충분히 느껴지는지? 교차조사는 일문일답이라는 일방적인 공격과 수비의 형태를 띠고 교차질의는 양측이 공수의 입장이 고정되어 있지 않은 채 질문과 대답의 공방을 자유롭게 이어가는 토론절차다.

모쪼록 교차조사와 교차질의의 의미를 정확히 잘 파악하여 효과적이고 체계적으로 논리적 공방의 재미를 만끽하시길 바란다.

효과적인 반론꺾기 방법

자, 그럼 반론꺾기, 그 가운데서도 질문하고 대답하는 과정들을 어떻게 하면 원숙하게 잘 해나갈 수 있을까?

반론꺾기도 반론의 연장선상에 있기 때문에 효과적인 반론을 위한 공부 외에 추가로 교차조사나 교차질문에 해당하는 내용을 중심으로 말을 해보자.

일단 반론을 잘 하기 위해서는 내 자신이 기존에 가진 논거나 자료 등에 집착하지 않고 자신을 비우고, 정확한 반박을 위해 상대의 의견과 논거를 잘 듣는 경청의 자세가 필요하다. 근거의 바탕이 되는 쟁점을 잘 파악하며 우리 측 반박의 근거로 구체적인 자료, 통계를 활용하고 논리적 오류를 논파하며 어느 상황에서도 재반론의 여지가 있기 때문에 여유를 잃지 않고 유머를 구사할 정도의 자세가 필요하다.

교차조사나 교차질문은 거기서 한 단계 더 나아간다. 우선 질문자의 역량에 대해서 살펴보자.

최우선으로 생각할 요소는 '길게 질문하지 않기'다. 다시 말하면 질문을 위해서 내 입장과 근거들을 길게 설명할 필요가 없으니 간단하게 묻고자 하는 내용만 던진다. 초기 교차조사나 질의 과정에서 범하기 쉬운 잘못이 자기 입장이나 주장 근거 설명을 너무 길게 말한다는 것이다. 교차조사나 질문의 핵심은 상대가 대답하는 과정에서 오류가 있는 발언을 하도록 유도하거나 상대의 논리적 허점을 짚어내는 것이므로 내가 그것을 바로 지적하지 않고 상대가 스스로 말하도록 유도하는 게 중요하다. 그러므로 나의 발언은 가급적 짧고 간결하면서 상대방으로 하여금 말을 하도록 추궁한다. 물론 상대방의 말도 너무 길고 장황하다면 다 들어줄 이유가 없다. 토론의 문답은 그래서 짧게 질문하고 간결하게 대답하는 훈련이 지속적으로 필요하다.

이런 전제 하에 지켜야 할 상황들은 또 어떤 것들이 있는지 살펴보자.

1단계는 사실 확인 질문이다.

영화 〈더 그레이트 디베이터스〉에서는 교수가 오디션을 하는 장면에서, 입론을 하는 학생에게 '사실인가 추측인가?' 이렇게 날카로운 추궁이 매우 인상적이다. 보통은 입론이나 반론을 다 듣고 질문을 하기 때문에 '아까 이렇게 말씀하셨는데 맞습니까? 그게 사실입니까?' 이렇게 묻는다. 거기에 대해 긍정적인 대답을 하면 그 사실을 기반으로 해서 연결질문을 던진다. 이럴 때 던지는 질문은 상대방의 답변을 쉽게 예상할 수 있는 것이 좋으며(아마도 이런 대답을 할 것이다.) 가급적이면 예, 아니오로 대답하도록 질문을 구성하면 더 좋다.(그렇다고 상대에게 예, 아니오로만 대답하라는 강요는 좋은 태도가 아니다.)

2단계는 의미 파악이다. '그 말의 의미는 무엇입니까?' 하고 구체적인 확인 질문을 하면서 질문의 의도를 밝힌다. 앞의 예시를 기억하는가?

반대(질문) : 입론 잘 들었습니다. 지금부터 질문하겠습니다. 아까 헌법 31조 모든 국민은 능력에 따라 균등하게 교육받을 권리를 가진다고 하셨습니다. 맞습니까?

　찬성(대답) : 예 그렇습니다.

　반대(질문) : 여기서 말하는 균등의 의미가 무엇입니까.

　찬성(대답) : 균등이란 평등의 다른 말입니다. 인간은 누구나 존엄과 자유의 권리를 가집니다. 더불어 차별받지 않고 누구나 교육 복지 등에서 평등하게 자기의 권리를 누려야 합니다. 평등의 의미는 1789년 프랑스 혁명...

　이처럼 앞에서 사실 확인 질문을 했으면 이제부터는 본격적인 의미 탐색과 이를 둘러싼 문제제기 차원으로 질문을 발전시켜 나간다.

　3단계는 구체적인 설명을 요구하거나 뒷받침하는 자료의 정확한 제시를 요구한다. 그 다음에는 당연히 더 자세한 설명으로 통계나 예시 등을 요구한다. 단순한 질문 차원에서의 주장 확인이 아니라 얼마나 더 깊이 그 문제의 핵심에 접근했는지를 밝힌다.

　'그 말씀에 대해서 보다 구체적으로 설명해주십시오. 혹은 이를 뒷받침하는 증거자료를 제시해주십시오' 등으로 상대방을 한 걸음 더 압박한다.

　4단계로, 질문을 할 때는 쟁점별로 나누어서 한다. 상대방의 입론이나 주장의 논점이 2, 3가지가 되므로 질문의 방향과 흐름을 오락가락하면서 던지지 않고 일정한 궤도를 따라서 쟁점별로 나누어 한다. 첫째 쟁점의 근거에 대해서 사실과, 의미 탐색을 하고 어느 정도 문제제기에 대한 대답이 되었다 싶으면 다음 쟁점을 놓고 질문을 해야 서로가 논점일탈 없이 산만하지 않은 토론이 가능하다.

마지막으로 반론꺾기의 묘미는 질문을 통해서 상대방의 오류를 정확하게 짚는데 있으므로, 질문만 계속 던지지 않고 간간이 상대의 대답의 의미와 한계를 간단하게 지적하고 정리한다. 일차적으로는 질문, 대답에 초점이 맞추어지지만 가능하다면 이렇게 상대 대답의 오류와 한계 등을 지적함으로써 토론의 쟁점과 질문하는 의미가 어디에 있는지 짚어준다.

다음은 대답하는 쪽의 태도와 자세에 대해서 간단히 언급해보자.
대답은 공격을 당하는 측이므로 최대한 긴장하지 않고 자연스럽게 아는 대로 솔직히 대답한다. 물론 상대방이 의도를 가지고 질문을 하기 때문에 의도를 최대한 잘 파악한다.
주장을 펼 때도, 질문을 던질 때도 마찬가지지만 토론에서 대답을 할 때는 항상 두괄식으로 핵심을 먼저 말하고 그 뒤에 시간이 허락한다면 근거를 제시하고 보충 설명을 한다. 대답의 경우 질문 측에서 언제든지 대답을 중간에서 제지할 권리를 갖기 때문에 내가 하고자 하는 요점만을 먼저 말하고 그 다음에 설명을 덧붙이는 형태로 발언한다. 질문에 대해서 답을 하기가 어렵고 잘 모르는 내용이면 솔직하게 모른다고 말하고 다음에 정리되는 대로 답하겠다고 유보하는 태도도 바른 자세다.
그밖에 우리 측에서 주장하지 않는 주장과 근거를 가지고 상대방이 공격을 해온다면 우리 측에서 발언한 내용을 토대로 질문을 해달라고 정중하게 요청한다. 우리는 주장과 근거를 말하지 않았는데 상대측은 자기들이 조사해온 내용만을 토대로 질문하고 공격하는 경우가 간혹 있어서 그렇다. 반박과 질문은 기본적으로 입론과 주장 내용을 바탕으로 한다.

7

최종변론
- 끝이 좋으면 다 좋다

끝이 좋으면 다 좋다

토론을 매끄럽게 진행하기 위해서는 토론을 이끌어갈 형식이 정확하게 잡혀 있어야 합니다. 토론 진행 순서는 '모두(첫머리)발언-자유발언-최종발언'으로 하는 것이 좋습니다. 먼저 찬성과 반대측은 모두발언을 통해 각자의 주장을 펼칩니다. 여기서는 자신의 할 말을 다 꺼내놓는 것이 아니라 1분 정도로 청중에게 자신의 주장을 전달하는 것이 중요합니다. 각각의 모두발언이 끝나면 이어서 자유롭게 토론을 이어갑니다. 이때는 상대방에게 질문을 하기도 하고 자신의 주장과 근거를 이야기하면서 치열한 주장과 설득이 이어지도록 하는 것이 중요합니다.

마지막에서는 최종발언을 하면서 토론을 마무리 짓습니다. 최종발언에서는 모두발언에서 말한 내용을 반복하는 동어반복보다는 오늘의 토론을 정리하며 마무리 짓는 것이 좋습니다. 여기에 전문가의 명언이나 가벼운 일화 등을 넣어서 풍성한 이야기로 마무리를 지으면 더욱 전달력이 높아집니다.

서양 속담에 '끝이 좋으면 다 좋다'는 말이 있다. '시작은 미약하나 끝은 창대하리라'는 말도 식당에 가면 종종 볼 수 있는 표어다. 토론에서 시작과 중간도 다 중요하지만 마지막 최종발언의 중요성 또한 그에 못지 않다. 결국 모든 일은 시작이 있으면 끝이 있기 마련이고 마지막 마무리를 어떻게 매듭짓느냐에 따라 토론의 승패가 결정지어지는 경우도 적지 않으니까. 토론의 마지막 최종발언, 어떻게 풀어가야 하는지 그 방안을 살펴보자.

최종변론의 의미

한 판의 토론이 끝나는 순간 고요하던 장내는 비로소 숨소리가 들리고 여기저기서 탄성이 울려퍼진다. 뜨거운 기립박수 소리와 함께 청중들의 환호가 울려퍼지기도 한다. 정말 감동적인 명 연설같은 최종변론을 듣고 나면 청중들이 모두 일어나 박수로 화답하는 모습도, 드물기는 하지만 아주 낯선 풍경은 아니다.

영화 〈더 그레이트 디베이터스〉의 마지막 토론 장면은 정말 흥미진진하다. 흑인과 백인이 치열하게 싸워온 영화 전체 줄거리의 극적인 의미를 종합하는 측면에서도 그렇고, 〈시민 불복종은 정의를 향한 싸움의 도덕적 무기이다〉라는 논제를 둘러싼 팽팽한 논리 싸움도 한 치의 양보없이 칼과 방패의 싸움처럼 전개된다.

〈주제 : 시민 불복종은 정의를 향한 싸움의 도덕적 무기인가?〉

찬성 입론 : 하지만 불복종이 도덕적이었던 때가 있었나요?

저는 그것은 단어에 대한 사람의 정의에 의지한다고 봅니다. 단어. 1919년 인도에서 영국의 폭정에 항의하기 위해 암릿사르에 1만명의 사람이 모였습니다. 레지날드 다이어 장군은 마당에서 그들을 체포했고, 그의 병사들에게 10분간 군중들에게 발포할 것을 명령했습니다. 379명이 죽었죠. 남자, 여자, 아이들이 잔혹하게 총에 맞아 쓰러졌습니다. 다이어는 그들에게 도덕적 교훈을 가르쳤다고 말했습니다. 간디와 그의 추종자들은 폭력으로 응수하지 않고, 비협력의 조직화된 캠페인으로 응수했습니다. 정부의 건물들이 점령되고, 거리는 폭동을 거부하는 사람들에 의해 가로막혔습니다. 심지어는 경찰에게 얻어터지기도 했죠. 간디는 체포되었습니다. 하지만 영국은 곧 그를 풀어주도록 강제받았습니다. 간디는 그것을 '도덕적 승리'라 하였습니다. 도덕의 정의는 '다이어의 교훈'인가요? 아니면 '간디의 승리'인가요? 여러분이 선택하십시오.

반대 반론 : 1914년부터 1918년까지 세상은 항상 전쟁중이었습니다. 인류를 위해 그들을 희생해왔습니다. 생각해보십시오. 240명의 용감한 젊은이들이 4년간 매일 매 시간마다 4년의 긴 시간을 저승으로 내팽겨쳐졌습니다. 3만 5천 시간입니다. 8,281,000명의 희생자들이죠. 여기에는 암릿사르보다 더 끔찍한 학살이 벌어졌습니다. 그것에 대해 어느 것이 도덕적일 수 있을까요? 아무 것도 없습니다. 독일이 유럽을 노예화시키는 것을 막는 방법 밖에는요. 시민불복종은 그것이 비폭력적이기

때문에 도덕적이지 않습니다. 폭력적으로 나라를 위해 싸우는 것이 오히려 도덕적일 수 있습니다. 모두의 위대한 희생을 요구하는 것입니다. 삶 그자체이지요. 비폭력은 시민 불복종의 그 진실한 면모를 숨기는 가면입니다. 무정부 상태죠.

찬성 재반론 : 간디는 항상 상대편을 사랑하고 존경하는 행동을 해야 한다고 믿었죠. 그들이 하버드의 토론자일지라도요(청중 웃음). 간디는 또한 범법자들이 자신의 행동에 대해 법적인 결과를 받아들여야 한다고 믿었습니다. 그게 무정부상태처럼 보이십니까? 시민불복종은 우리가 두려워해야할 무엇인가가 아닙니다. 그것은 결국 미국의 개념입니다. 아시다시피 간디는 그 개념을 힌두교 경전에서 가져온 게 아닙니다. 헨리 데이빗 소로라는, 제가 믿기로는 하버드를 졸업하고 여기서 멀지 않은 곳에서 살았던 사람에게서 가져온 거죠.

반대 재반론 : 제 상대편이 한 가지는 옳습니다. 소로는 하버드를 졸업했죠. 그리고 우리들 대다수처럼 약간 독선적이었습니다(청중 웃음). 전에 그가 말했습니다. 이웃보다 정의로운 사람이 하나의 주류를 구성한다. 이상주의자 소로는 결코 몰랐습니다. 아돌프 히틀러가 그의 말에 동의할 것이라는 걸요. 민주주의의 아름다움과 부담은 다음과 같습니다. 주류의 지지 없이는 어떠한 아이디어도 전파되지 못한다. 하나의 주류가 아니라 대중이 그 시대의 도덕적 이슈를 결정합니다.

찬성 재반론 : 주류가 무엇이 옳고 그른지를 결정하지는 않습니다. 여러분의 양심이 하지요. 그래서 왜 우리 시민들이 그의 모든 양심을 유산에 넘겨주어야 합니까? 우리는 결코 주류의 학정에 무릎 꿇지 말아야 합니다.

반대 최종 결론 : 우리는 어떠한 권위에 복종하고 무시할지를 결정할 수 없습니다. 우리가 할 수 있다면 저는 결코 빨간 신호등에 멈추지 않을 겁니다. 제 아버지는 우리와 혼돈 사이에 계시는 그런 사람 중 한 분이셨죠. 경찰관이시죠. 저는 그 분의 파트너이고 가장 친한 친구가 직무 중에 총에 맞아 쓰러진 걸 기억합니다. 무엇보다 생생하게 저는 아버지 얼굴의 표정을 기억합니다. 어느 것도 법을 좀 먹는 것은 도덕적일 수 없습니다. 우리가 어떠한 이름을 그것에 부여한다고 해도요.(청중들 일어나 환호하며 기립 박수를 보낸다)

찬성 최종 변론 : (한 동안의 침묵, 그리고 오랜 고민 끝에 입을 떼듯이) 텍사스에서 그들은 흑인들에게 린치를 가합니다. 제 동료와 저는 한 남자가 목이 매달린 것을 봤습니다. 그리고 불질러졌죠. 린치를 가한 폭도들 쪽으로 차를 몰았죠. 우리는 자동차 바닥에 얼굴을 묻었습니다. 저는 제 동료를 봤습니다. 그들의 눈에서 공포를 보았습니다. 더 나쁜 것은 부끄러움이었습니다.

이 흑인의 범죄는 무엇이었을까요? 무엇 때문에 안개로 가득찬 어두운 숲에서 재판없이 매달려져야 하나요? 그는 도둑이었을까요? 살인자였을까요? 아니면 그냥 흑인? 소작농이었을까요? 설교사? 그의 아이들은 그를 기다릴까요? 거기에 단지 엎드려서 아무것도 안한 우리는 누구일까요? 그가 무엇을 했던간에 그 폭도들은 범죄자입니다. 하지만 법은 아무것도 안했습니다. 단지 남겨진 우리는 궁금해 합니다. 왜? 제 상대편은 말합니다. '법규를 좀먹는 것은 도덕적일 수 없다.'고요. 하지만 '짐 크로우 사우스'에서는 법규가 없습니다. 흑인이 주택 공급을 거부당

할 때도 학교와 병원에서 쫓겨날 때도 법규는 없으며 우리가 린치당할 때도 법은 없습니다. 성(聖) 어거스틴이 말했습니다. "공정하지 못한 법은 법이 아니다."라고요. 그 뜻은 저에게는 선택할 권리가 있다는 것입니다. 저항할 의무까지도요. 폭력 또는 시민 불복종 중에서…. 여러분은 제가 후자를 택할 것을 기원할 것입니다.

(더 그레이트 디베이터스)

반전에 반전을 거듭하던 흥미진진하던 토론 대결이 드디어 반대와 찬성의 마지막 최종변론으로 그 대미를 장식한다. 시민불복종은 정의를 향한 싸움에서 도덕적인 무기가 될 수 있는가, 없는가? 요즘 우리나라 상황으로 치자면 촛불집회와 비슷한 상황이다. 집회와 시위에 관한 법률이 보장되어 있지만 집회 주제와 상황에 따라서 법적인 테두리를 넘나드는 경우가 있다. 영화는 이때의 '위법성 처리를 어찌 해야 할까'의 문제를 다룬다.

그리고 더 근본적인 질문은 과연 이러한 시민 불복종이 정의롭고 도덕적인 정당성이 있는가 하는 문제다. 영화에서는 이 지점을 파고들어 날카로운 논쟁을 진행한다.

앞서 우리는 입론과 반론의 과정을 공부했다. 시민불복종을 간디의 사례와 연결하면서 비폭력으로 연결한 찬성측의 입론도 훌륭하고, 이에 맞서 2차 세계대전의 예시를 통해 폭력의 정당성을 옹호하는 반대측도 호락호락하지 않다. 토론은 급기야 주류 논쟁으로 치닫다가 반대측의 최종 변론에 와서 드디어 한 고비를 맞는다. 차분하게 연단에 올라선 반대 측 최종변론자는 법치를 내세우며 시민불복종의 법적 한계를 주장한다. 흔히 '법은 도덕의 최소한'이라 하지 않는가. 반대 측은 법을 지키지 않는 도덕은 그 어느 것도 진정한 의미의 도덕이 아니라고 강변한다. 법치적 관점에서 보면 법이 무너지면 그 사회나 국가를 유지하는 체제가 뿌리째 흔들릴 터이므로 시민불복종을 반대하는 측에서는 최선의 방어논리다.

마지막 찬성 측 토론자 상황이 녹록치 않은 듯 한 동안 고민한다. 한참 뜸을 들인 후에 비소로 시작된 최종 변론. 첫 마디는 놀랍게도 텍사스 주에서 횡행하는 불법적인 린치에 대한 고발이다. 우리가 흔히 집단폭행을 나타낼 때 쓰는 '린치'를 가한다는 말의 어원은 흑인 상인인 '린치'에게서 온 말이다. 흑인을 지배하던 노예주가 폭력으로 흑인들을 다스려 그들의 정신을 옴짝달싹 못하도록 장악한데서 비롯된 말이다. 상대가 법을 논한다면 우리도 법으로 당당히 맞서겠다는 결기가 느껴지는 도입부가 아닌가!

시민 불복종이 실정법을 어긴다고 주장하는데, 권력을 지닌 자들이야말로 법을 지키지 않아서 약자가 고통받는 현실을 강력한 논거로 제시한다. 잘 아는 이야기지만 시민불복종 개념을 주창한 헨리 데이빗 소로우는 인두세를 6년간 거부한 대가로 감옥 생활을 했다. 물론 친척이 보석금을 내줘서 하루 밖에 있지 않았지만 소로는 부정한 법에 저항하기를 멈추지 않은 사람이다.

소로가 감옥에 갇혀 있을 때 스승인 에머슨이 찾아와 '자네, 왜 거기 있나?' 하고 물었다. 소로는, '선생님은 왜 거기 계십니까?'라고 오히려 반문했다는 이야기가 전해진다.

이처럼 소로는 '시민의 불복종'이란 책에서 '정부가 침략 전쟁을 일

삼고 혹인 노예를 탄압하는 불의의 시대에 정의로운 시민이 갈 곳은 감옥 뿐이다'라고 썼다. 찬성측의 최종변론은 이러한 소로의 사상과 실천 경험을 바탕으로 해서 이루어진 명언이다.

세상의 어떤 논리보다 더 강력한 논거는 바로 현실 그 자체다. 그리고 이어지는 자신들의 삶에 대한 성찰. 그리고 부당한 법이 지배하여 현실은 불평등하다는 사실을 역설하고 마지막에 이르러 결정타를 먹인다. 바로 성 어거스틴에 대한 인용으로 율법으로만 기독교 전통에 사로잡힌 반대 측 백인들에게 따끔한 한 마디를 날리는 걸 잊지 않는다. 바로 '공정하지 못한 법은 법이 아니라는 말'이다.

앞서 '최종발언에서는 모두발언에서 말한 내용의 동어반복보다는 오늘의 토론을 정리하며 마무리 짓는 것이 좋다. 여기에 전문가의 명언이나 가벼운 일화 등을 넣어서 풍성한 이야기로 마무리를 지으면 더욱 전달력이 높아진다.'고 말했다. 찬성 측 토론자는 가벼운 일화(실은 가볍지 않은 일화)를 바탕으로 이야기를 풀어나간 뒤에 역사적으로 명망 있는 전문가의 명언을 활용함으로써 자신들의 주장을 청중들의 머릿속에 생생하게 각인시키는 데 성공한다.

엎치락뒤치락 반전을 거듭하던 토론이 막바지에 이르러 최종변론을 통해 멋진 대미를 장식하는 모습이다. 결국 이 토론은 전체 흐름도 좋았고, 삶과 연결된 의미 창출에도 성공했으며 번번이 반박을 거듭하는 반대 측의 논리에 대해서 찬성 측이 멋진 재반론을 펼침으로써, 그리고 누구보다도 마지막 토론자가 최종변론을 훌륭하게 완성함으로써 찬성 측의 승리로 마무리를 한다.

물론 토론은 최종변론 하나만으로 승패가 결정되지 않는다. 하지만 중반까지 불리하던 토론도 마지막 최종변론에서 결정적인 차이가 나서 승패결과가 뒤집어지는 경우도 적지 않다. 토론을 시작할 때는 초두(初頭)효과라 하여 누가 먼저 인상적인 흐름을 이끌어가느냐 하는 싸움이지만 최종변론은 역시 가장 가까이에서 핵심의 핵심을 어떻게 정리하느냐로 판정관들에게 가장 인상적인 의미를 던져주기 때문이다.

최종 변론 준비
가) 전체를 아우르는 능력

최종 변론은 입론과 달리 미리 준비를 하지 않는다. 입론부터 전개되는 과정을 잘 살피고 듣고 적으면서 마지막 자기 측의 논거를 강화해서 펼쳐낼 준비를 한다. 그래서 어느 한 부분에만 몰입해서 초점을 맞추었다가는 큰 줄기를 잃어버릴 염려가 있다. 흔히 하는 말로 '나무만 보고 숲은 못 보는 우를 범할 수 있다'는 것. 그런 점에서 최종변론은 마치 높은 하늘이나 넓은 바다와 같이 전체를 통째로 조망하는 시야가 우선이다. 하지만 그것이 다가 아니라 그러면서도 그 중에서 가장 중요한 핵심을 끄집어내 아주 섬세하고 구체적인 감각으로 주장을 펼쳐야 한다. 최종변론이 일견 가장 쉬워보이면서도 어려운 이유가 여기에 있다.

신경림 선생님이 쓰신 '장자를 빌려'라는 시를 보자.

설악산 대청봉에 올라
발 아래 구부리고 엎드린 작고 큰 산들이여
떨어져 나갈까 봐 잔뜩 겁을 집어먹고

언덕과 골짜기에 바짝 달라붙은 마을들이여

다만 무릎께까지라도 다가오고 싶어

안달이나서 몸살을 하는 바다를 내려다보니

온통 세상이 다 보이는 것 같고

또 세상살이 속속들이 다 알 것도 같다

그러나 속초에 내려와 하룻밤을 묵으며

중앙시장 바닥에서 다 늙은 함경도 아주머니들과

노령노래 안주해서 소주도 마시고

피난민 신세타령도 듣고

다음날엔 원통으로 와서 뒷골목엘 들어가

지린내 땀내도 맡고 악다구니도 듣고

싸구려 하숙에서 마늘장수와 실랑이도 하고

젊은 군인부부 사랑싸움질 소리에 잠도 설치고 보니

세상은 아무래도 산 위에서 보는 것과 같지만은 않다.

<u>지금 우리는 혹시 세상을</u>

<u>너무 멀리서만 보고 있는 것은 아닐까 아니면</u>

<u>너무 가까이서만 보고 있는 것은 아닐까</u>

　　마지막의 석 줄을 보면 우리의 시야가 멀게만 혹은 가까이만 보는 것에 대해서 새로운 각성을 촉구한다. 최종변론은 일차적으로는 멀리 전체를 아울러야 하고, 그러면서도 미세하게 핵심적인 쟁점들을 놓치지 않아야 한다.

나) 핵심 파악

가장 중요한 쟁점이 무엇인지, 상대방이 가장 중시하는 논거는 무엇인지 파악한다. 앞서 말했듯이 전체를 아우르는 조망 능력이 첫째라면 둘째는 그 가운데 가장 핵심이 무엇인지를 짚어내는 능력이 필요하다. 앞선 사례에서 시민불복종을 둘러싼 논쟁을 비폭력과 무정부주의로 출발했다. 그러다가 마지막에 반대측에서 법의 문제를 건드리니 찬성측에서도 법으로 대응해서 멋진 결론을 이끌어내지 않았는가.

이 영화 속에 등장하는 토론 방법은 처음 찬성 측 토론자가 입론한 뒤에 지속적인 반론의 과정을 펼쳐가는 고전식 토론이다. 오늘날 대부분의 토론처럼 최종변론이 따로 존재하지 않고 매 순간순간이 반론이면서 최종변론의 성격을 겸한다.

최근의 토론 경향은 찬성과 반대 각각 입론을 하고 입론 내용 속에 3가지 안팎의 기본적인 논점과 근거를 제시한다. 그러면 입론 근거에 따른 반박과 교차조사 혹은 교차질의가 이어지고 마지막에 이르러서 최종변론이라는 결론 정리 부분이 등장한다.

3가지 안팎의 논점 가운데 어디에 초점을 맞추어 최종변론을 할 것인가? 쉽지 않은 문제다. 3가지가 모두 무게감을 갖는 논거라면 어느 하나도 버리지 않고 각각 언급을 해야하고 그 가운데 하나가 다른 두 가지를 압도할만큼 중요한 논거라면 나머지는 약하게 그 하나는 매우 중요하게 강조해서 최종 변론을 펼친다. 그런 점에서 최종 변론자는 단순 요약 정리 차원에서 머무르지 않고 토론의 쟁점 가운데 옥석과 경중을 가릴 줄 아는 날카롭고 지혜로운 안목이 필요하다.

다) 표현상의 강조점과 부드러우면서도 강한 인상

내용상 핵심을 찾는 것도 중요하지만 거기에 한 가지 더 기술이 필요하다면 풍부한 표현능력이다. 일종의 수사법 활용능력이다. 수사법으로 뛰어난 몇 가지 사례 가운데 하나는 예시와 인용이고 하나는 대조법이다.

앞선 사례의 주인공은 두 가지를 다 적절하게 활용한 멋진 최종 변론을 펼쳐 보였다. 우선 대조법은 입론에서도 보여준 기법인데, 비폭력을 둘러싼 논쟁에서 간디의 사례와 폭력으로 유혈진압을 시도한 레지널 다이어 장군의 예를 들면서 청중들로 하여금 양자 중에 어느 쪽이 더 도덕적인지 스스로 판단하라는 고도의 수사적 전략을 사용했다.

이런 풍부한 예시와 인용능력은 깊고 오래된 독서력에서 나온다. 혹은 자료를 치밀하게 찾고 연구하는 과정에서 얻어진 오랜 노력의 산물이다. 최종변론에서도 마지막에 법에 의한 폭력과 진정한 의미의 시민불복종을 대조적으로 제시하면서 청자 스스로 선택을 유도하는 장면은 매우 고차원적인 수사적 변론이다.

인용에 대해서는 이미 말했다. 어느 토론이든지 주장만 가지고는 매우 딱딱한 느낌을 준다. 청중들은 강압적인 논리선택을 강요받기보다 부드럽게 설득당하기를 원한다. 같은 말이라도 '말은 맞는데 마음이 매우 불편하네' 이런 심정보다는 자기도 모르는 사이에 고개가 끄덕거려지는 부드러운 논리를 원한다. '내용은 칼같이 차가워도 형식은 꿀같이 부드럽고 달콤하게!' 이게 좋은 토론의 모습이다. 양자의 균형이 특히 필요하고 빛나는 대목이 최종변론이다.

논어 옹야편을 보면 공자의 다음 같은 말이 나온다.

子曰 質勝文則野 文勝質則史 文質 彬彬然後 君子
자왈 질승문즉야 문승질즉사 문질 빈빈연후 군자

좀 풀어서 말하자면 질승문즉야는 질이 문을 이기면 야만스러워진
다는 뜻이다. 반대로 문승질즉사는 문이 질을 이기면 사람이 딱딱해진
다는 말이다.

질(質)은 무엇이고 문(文)은 무얼 말하는가? 사람에 따라 해석이 다
양하지만 '질은 감성이고 문은 이성'이다. '질은 형식이고 문은 내용'이
다. '질은 그릇이고 문은 담긴 알맹이'다. 달리 번역하면 감성이 이성
을 짓누르면 사람들이 야만스러워지고 이성이 감성을 짓누르면 사람
이 굉장히 딱딱해진다는 말이다.

'문질빈빈연후 군자'는 형식과 내용이, 이성과 감성이 함께 균형 있
게 빛날 때 그런 사람을 우리는 군자라 할만하다는 뜻이다. 앞서 오바
마가 흑인으로 최초의 미국 대통령이 된 리더십을 이야기 했는데 바
로 문질빈빈의 모범적 사례가 아닐 수 없다. 링컨의 유머와 날카로운
분석력의 결합도 대표적인 문질빈빈이다.

미국 대선 토론에서 닉슨과 케네디가 토론을 할 때 닉슨은 연장자
의 권위를 빌려 고압적으로 상대를 대하고 케네디는 부드럽게 예봉을
피하면서 상대를 몰아붙였다. 결과는 당연히 케네디의 승리다. 나비처
럼 날아서 벌처럼 쏘는 알리의 힘도 여기에 기인한다.

지난 대선 텔레비전 방송 토론을 상기하자. 군소야당의 대표로 참

석한 이정희 후보는 박근혜 후보를 날카롭게 밀어붙였지만 국민들로부터 설득력 있는 공감대를 불러일으키는 데 실패했다. 박근혜 후보는 논리와 근거가 부족했지만 부드럽게 대처하고 차분하게 대응함으로써 큰 실점을 줄였다.

토론의 전반적 과정에서 쟁점은 구체적으로 수사는 화려하게 펼쳐 나가야 한다. 특히 최종변론의 경우 마지막으로 청중들에게 앞선 내용의 요약, 정리, 강조, 완결의 느낌 등을 한 번에 정리해줘야 하기 때문에 전체 주제를 압축할 수 있는 재미나고 강력한 명언이나 속담 등을 활용하면 토론에 훨씬 윤기가 나면서 청중들을 설득하는 힘을 발휘한다.

좋은 최종 변론 연습

이제 토론의 입론, 반론, 반론꺾기와 최종변론의 단계를 다 마쳤다. 앞의 과정과 마찬가지로 최종 변론 역시 연습과 준비가 최선의 공부다. 다시 한번 총정리를 해보자.

일차적으로 주제가 주어지면 핵심적인 논점에 대한 논제분석을 한다. 논제분석은 결국 주요 핵심 용어가 무엇인지를 찾아내고 그에 따른 개요서 작성을 용이하게 해준다. 개요서의 핵심이 용어정의, 논점분석 그리고 주장 근거 세우기 과정이니 그렇다.

그 다음에 입론서를 작성한다. 입론서에는 토론의 배경과 취지 등을 기반으로 선택된 입장의 바탕이 되는 관점과 그 관점에 따른 용어정의 그리고 핵심 근거들을 펼쳐나간다.

입론이 끝나면 반박과 반론꺾기가 이어진다. 자유롭고 허심탄회하게 잘 들으면서 기존의 내가 가진 논거와 주장을 비우고 상대방의 논리에 충실히 따라가면서 문제점이 무엇인지를 찾아낸다. 세상 어디에도 완벽한 이론과 논리는 없기 때문에 일차적으로는 현실을 기반으로, 그 다음은 논리와 논리의 연결고리 속에서 문제점이 무엇인지를 정리하면 좋다. 그리고 날카로운 질문을 던질 수 있도록 재구성하는 훈련이 필요하다.

여기까지 충실하게 잘 기록하면서 따라왔다면 최종변론의 준비는 어느 정도 마친 셈이다. 최종변론은 이런 과정의 종합이면서 마지막 새로운 창의성이 발휘되는 순간이다. 야구로 치자면 9회말, 축구의 마지막 인저리 타임, 체조로 하자면 마지막 착지 동작으로 가장 안정적으로 마무리를 하면서도 인상적인 느낌을 주어야 한다.

토론에서도 최종 변론은 전체를 아우르는 안목 속에서 가장 핵심적인 논점을 잡아내고, 그 의미를 압축적이고 기억에 남게 좋은 표현으로 전달해야 하는 역할이다.

인류의 역사상 멋지고 의미 있는 최종변론에는 어떤 사례들이 있을까?

앙드레 보나르 〈그리스인 이야기〉에 따르면 'BC399년 그리스 철학자 소크라테스는 501명의 시민법정에서 281:220의 표결로 유죄판결을 받았고, 사람을 죽인다고 해서 진실이 사라지지는 않는다'고 최후변론을 하고서 만장일치로 사형을 선고받았다.'고 나와 있다.

플라톤이 쓴 유명한 〈소크라테스의 변론〉은 진실을 추구하기 위해 자신의 목숨까지도 초개처럼 버린 소크라테스의 삶과 죽음이 장엄하게 소개되어 있다. 플라톤이 쓴 〈소크라테스의 변론〉이야말로 그 자체가 죽음을 앞둔 자의 진정한 최종 변론이 아닐까.

용기와 확신에 찬 변론으로 불멸의 이름을 남긴 쿠바의 최고권력자인 피델 카스트로는 바티스타 정권에 대항하다 붙잡혀 재판 받으면서 '역사가 나를 무죄로 하리라'라는 유명한 최후 변론을 남겼다. 이처럼 빛나는 최후진술은 당대 사람들 뿐만 아니라 후대에까지 영향을 끼쳐 카스트로의 말은 각국 반체제운동가들의 마음을 움직이는 명언으로 남는다.

토론과 기록
- 둔한 붓이 총명을 이긴다

녹취는 힘이 세다

김연수 소설 〈푸른색으로 우리가 쓸 수 있는 것〉에 이런 흥미로운 대목이 나온다. "발이 하는 말을 들은 적이 있냐?"라고 묻는 어느 소설가의 이야기다.

학기 초 첫 시간이면 으레 클래스에서 제일 장난꾸러기처럼 보이는 남학생을 불러 세워서는 네 발이 무슨 말을 하는지 얘기해 보라고 질문을 던졌습니다. 그러면 '발성을 냈습니다.'처럼 재치 있게 대답하는 녀석도 있었지만, 대개는 이게 도대체 무슨 소리냐는 듯 머뭇거렸지요

그러면 나는 그 학생의 신발과 양말을 모두 벗긴 뒤에 눈을 감으라고 말했어요.

나는 인질범이고 너와 나 사이에는 외나무다리 하나뿐이다.

우리는 지금 100층 높이의 건물 옥상에 서 있다. 바람이 심하게 부는데 난간 같은 건 없다. 조금만 발을 헛디디면 너는 죽는다. 그런데

내가 너에게 그 외나무다리를 건너오지 않으면 잡고 있는 인질을 죽이 겠다고 해서 너는 망설이는 참이다. 그렇다면 내가 누굴 인질로 잡고 있어야 너는 목숨을 무릅쓰고 그 다리를 건너오겠는가? 그런 뒤에 예 시를 하나하나 듭니다. 과 친구? 다들 아니라고 합니다. 애인? 반반 정 도죠. 형제나 자매? 이번에는 좀 많구요. 부모님? 더 많죠. 눈을 감은 학 생이 고개를 끄덕이면 외나무다리 위를 걸어오라고 말하고는 다시 질 문을 던졌습니다. 이제 네 발이 뭐라고 말하는지 얘기해 보거라. 그러 면 학생들은 힘을 내, 지금도 늦지 않았으니 다시 돌아가, 발 시려, 저 사람은 그만큼 너를 사랑하지 않아 등등. 내가 들은 대답 중에서 가장 그럴 듯한 것은 울음이었습니다. 그 학생은 울었습니다. 왜냐하면 그 학생 발은 그녀에게 목숨을 걸만한 사람이 하나도 없다고 말했기 때문 이죠. 삶을 이해하는 경우에도 마찬가지입니다. 눈, 귀, 코, 입만으로는 부족해요. 온몸을 모두 사용해야 합니다. 때로는 발이 어떤 상황을 더 잘 설명할 수도 있습니다.

〈김연수, 푸른색으로 우리가 쓸 수 있는 것〉

〈토론의 전사〉 1권에서 말한 바 있지만 토론은 '머리로만 하는 학 습'과 달리 '온몸으로 하는 공부'다. 두뇌 활용은 기본이고 손과 발까지 도 자유자재로 사용해야 한다. 과연 인간은 발로도 말을 하는 존재인 가. 손은 말을 어떻게 듣고 또 자기 말을 하는가. 이번에는 손으로 기 록한다는 것의 의미를 새겨보자. 기록이란 무엇인가?

인간이 무언가를 기록한다는 건 과거와 치열하게 대면하고 싸운다는 뜻이다. 우리는 때로 잊고 싶으나 잊히지 않는 기억 때문에 괴롭지만 반면 잊으면 안 되는데 불가피하게 혹은 고의적으로 잊혀져가는 과거 때문에 괴롭다. 전자는 상처고 후자는 욕망이다. 과거를 지우고 싶어 하는 우리들의 습관은 망각으로 상처를 대체하려 하고(이런 경우 주체는 대개 가해자다.) 과거를 애써 기억하려는 이는 기억으로 상처와 대결하려고 한다. (물론 피해자의 관점에서!)

우리는 왜 토론하는가? 새로운 미래를 만들기 위해서다. 이 말의 의미는 잘못된 과거를 성찰하고 변혁하기 위한 과정으로서 토론이 의미가 있다는 뜻이다. 그러므로 사관이 역사를 기록하듯 자신이 한 토론의 흔적을 남기는 것은 토론자들의 의무다.(물론 자율이 아닌 강제의 기록은 더 나쁘다.) 의미 있는 토론이란 한 개인에게 하나의 역사이기 때문이다. 과거를 잊지 않으려는 치열한 몸부림, 기록으로 자기 삶을 재구성하고 지옥 같은 과거를 개혁, 치유하려는 처절한 몸부림은 영화 〈메멘토〉를 통해 생생하게 나타난 바 있다.

이 영화는 우리 몸에 생체적으로 새겨진 기록이 얼마나 소중하고 유의미한가를 깨닫게 한다. 잊혀 가는 기억을 붙잡기 위해 몸을 종이 삼아 필사적으로 기록을 남기는 주인공의 삶은 모든 것을 쉽게 잊고 지워버리려는 우리의 무책임한 습관을 질타한다. (물론 '망각의 자유야말로 자유인의 정신'이라는 니체의 말도 소중하다!)

얼마 전만 해도 우리나라는 정권의 운명을 좌우할 만큼 중요한 기록을 둘러싼 치열한 싸움이 있었다. 18대 대통령 선거를 앞두고 엔엘엘(NLL) 논쟁이 벌어졌다. 여당 인사들이 야당 후보를 공격하기 위해 전직 대통령 발언을 문제 삼아 정쟁에 이용했다. 남북정상회담 대화록이 국가기록원에 없다는 사실을 중심에 두고 여야의 의원들이 나서면서 진실 게임이 진행되고 장외에서는 진중권과 변희재의 '사망유희' 토론이라는 희대의 토론 마당이 펼쳐졌다. 선거가 끝나고 한참 뒤, 엔엘엘(NLL) 언급은 진실이 아니었다.(윤상현) 증권가 찌라시를 보고 한 말이었다.(김무성) 등등 이 논쟁은 기도 막히고 코도 막히는 코미디로 끝났지만 이는 역사적인 발언에 대해 기록의 명확성을 확보하지 못하거나 비밀로 묻어둔 탓도 작지 않다. 기록이란 정보로 다시 태어나 이렇게 누군가에게는 가공할 무기가 되고, 그 정보를 모르는 다른 누군가에게는 치명적인 약점이 된다. 물론 가장 나쁜 건 있지도 않은 기록을 왜곡, 조작, 악용하는 것이다. 바로 '내 손에 공산당원의 명단이 있다'고 흔들어댄 맥카시의 빈 종이, 자살한 김기설 씨의 유서를 강기훈 씨가 대신 썼다면서 민주화 운동을 탄압한 유서 대필 조작, 출입국 서류를 조작하여 간첩을 만들어내려 한 서울시 공무원 간첩 조작 사건들처럼 말이다. 그러기에 기록은 늘 진실하게 소중하게 남겨둘 필요가 있다.

기록, 하면 무엇보다 적자생존(적는 자가 살아남는다.)이라는 농담이 떠오르지만, 고상한 한자성어로 '둔필승총(鈍筆勝聰)'이 있다. '느리고 둔한 기록이 총명한 기억력보다 낫다'는 뜻으로, 다산 정약용 선생께서 하신 말씀이다. 다산은 여유당전서라는 대작을 남긴 분답게 쓰기의 중요성을 강조하셨다. 인간의 기억력에는 한계가 있기 때문에 기록을 남겨두라는 학자적인 정신의 산물이다.

　내가 둔필승총이란 말을 접한 건 최근이다. 전국을 떠돌며 선생님들과 학생들에게 토론을 가르치고 또 배우지만 공무원들을 만나 토론 교육하는 경우는 매우 드물다. 여성 리더십 과정에 참여한 6급, 계장님들 60명에게 토론을 지도해달라는 부탁을 받았다. 교실 디베이트의 대가이신 황연성 선생님과 같이 기획하고 연수를 진행했는데, 선생님께서 첫날 여는 강의에서 제일 첫머리에 강조하며 가르쳐준 말이 둔필승총(鈍筆勝聰)이다.

　둔필승총. 공부가 짧고 아둔한 탓에 평생 처음 듣는 말이다. 이 정도 말을 몰랐다니 부끄럽기도 했지만 새로운 말을 배웠다는 기쁨에 그도 잠시. 공책에다 한번 한자로 써보기도 했다. 둔한 붓이 총명함을 이긴다. 그렇다. 아무리 총명한 사람도 우직하게 기록을 남기는 사람의 내공을 넘어서지 못한다. 그러므로 토론을 사랑하는 자라면 모름지기 수불석권(手不釋卷)뿐만 아니라 수불석필(手不釋筆)할 일이다.

　하긴 나도 토론 교육을 시작할 때 늘 쓰기를 강조하는 말을 덧붙인다.

　"우리는 흔히 토론을 말하기 · 듣기라고 생각하는데, 맞는 말이지만 쓰기 또한 그에 못지 않게 중요합니다. 그래서 토론을 할 때는 늘 그 형식에 맞는 기록지를 만들어서 정리하면서 토론하는 습관을 들여야 합니다.

　두 마음 토론이나 모서리 토론 같은 간단한 형식의 토론이든 본격 대립 토론이나 원탁 토론 같은 공식적인 형태의 토론이든 다 마찬가지

입니다. 이미 유행해서 상식이 되어버린 말, 적자생존 - 적는 자가 살아
남는다. 이 말들 다 아시잖아요. 시인 김남주는 감옥에서 담뱃갑에 못
으로 글을 썼고, 신영복 선생님도 감옥에서 사색한 내용을 빼곡한 기
록으로 남겨 한국 지성사에 한 장을 여셨습니다. 영화 〈메멘토〉의 주
인공은 몸에까지 글을 써서 기록을 남겨 치열하게 살아 정의를 실현합
니다. 토론은 입으로 하지만 동시에 손으로도 하는 겁니다."

그래서 토론을 할 때 아니 어딘가에 가서 강연을 들을 때도 손에서
펜을 놓지 않는 자세와 습관이 중요하다. 자 그럼 어떻게 기록하는 것
이 토론에 도움이 되는가? 토론에서 녹취하는 요령들을 살펴보자.

토론에서의 녹취는 무조건 적기보다 중요한 건 없다. 들리는 대로,
닥치는 대로 적는다. 중요한 단어를 중심으로, 개념과 의미를 생각하
면서 적는다면 더할 나위 없이 좋겠지만 그건 고수들의 기록법이다.
일단 가장 좋은 녹취 공부는 듣는 대로 모든 걸 적는 훈련이다. 그 다
음에 자기만의 요령과 방법도 터득한다.

토론 기록장을 활용하는 방법을 살펴보자. 색깔별 기록하기와 방사
형 기록하기를 소개한다.

토론 영상, KBS 〈토론의 달인 세상을 이끌다〉를 보면 세계 고등학
생 토론 대회에 참여한 민사고 백이원 양의 토론 기록법이 간단히 소
개되어 있다.

"플로시트라고 해서요, 토론의 흐름을 따라가며 이렇게 적는 거예요.

한 사람 한 사람 말할 때마다. 저는 웬만하면 팀별로 색깔을 바꿔서 쓰려고 하거든요."

　백이원 학생은 자기 팀과 상대 팀의 내용을 다른 색으로 기록하는데, 삼색 기록법은 자기주장과 근거는 검은색, 상대방 주장과 근거는 파란색, 반론과 질문은 빨간색 등으로 적어나간다. 마치 삼색 볼펜 초학습법의 필기법과 같다.

　삼색 볼펜 초학습법이란 삼색 볼펜으로 객관적으로 중요한 내용은 파란색 선으로, 객관적으로 최고로 중요한 내용은 빨간색 선으로, 주관적으로 중요한 내용은 초록색 선으로 그으면서 읽는 독서법을 학습에 적용한 것이다. 삼색 볼펜 방식은 간단하지만 이 방법을 충분히 습득하여 자유자재로 사용한다면 어떤 영역과 수준의 책이든 핵심과 줄거리를 파악하고 요약할 수 있다.

　사이토 다카시의 삼색 볼펜 초학습법은 주관과 객관이 교차하는 순간들을 인지하면서 기록을 하는 것인데, 토론에서는 그 과정이 자기와 상대의 논거 정리 구별로 활용되고 나아가 다른 한 가지 색깔은 재반론 정리나 혹은 제3의 방안, 대안 제시 등에 활용을 해도 좋다.

　보통 팀 토론을 할 경우는 두 가지 혹은 삼색 정도로 의견 정리가 되지만 원탁 토론의 경우에는 다양한 의견이 나온다. 이럴 때, 각 토론자의 위치와 특징과 개성을 살려서 기록하는 방법으로 방사형 기록법이 있다.

　방사형은 가운데 점을 찍고 인원수대로 면을 분할한 다음에 토론자의 이야기를 안에서부터 밖으로 적어나가는 방법이다. 점에서 가까운 부분부터 입론 다음 단계는 2차 발언인 반론 등의 순서로 적어나가고, 여기서도 색깔까지 구분해서 활용하면 다양한 의견의 차이를 한 눈에 알아볼 수 있다. 하브루타나 거꾸로 교실의 활동에 사용하는 써클맵 구조와 유사하다.

　토론을 잘 하는 사람들은 전문적인 기록자들, 예컨대 몇 년 동안 꾸준히 일기를 쓰시는 분들이나 기록에 관한 한 자신 있는 사람이었다. 나라를 위기에서 구한 이순신의 한산대첩이나 명량 해전이 난중일기와 무관할까? 우리는 흔히 '펜이 칼보다 강하다'고 한다. 칼로는 사람들의 몸만을 벨 수 있지만 말이나 글은 그 사람의 정신과 영혼까지도 베기 때문이다. 그런 점에서 보면 이순신의 위대함은 칼을 들어서 뿐만 아니라 붓을 들어서가 아닐까?

　옛날에는 기록이 사관의 몫이었지만 요즘은 기자의 몫으로 달라졌다. '모든 시민이 기자'라는 오마이뉴스의 모토도 있다. 그만큼 언론의 몫과 역할이 중요한 시기이다. 인터넷에서 지난 대선의 기록들을 검색하다가 1, 2, 3차 토론 전문을 기록한 글을 만났다. 경이로웠다. 누가, 왜, 어떤 목적으로 그런 지난한 작업을 했단 말인가. 그 설명을 간단히 들어보자.

　"18대 대통령 선거가 끝나고 박근혜 대통령이 2월 25일 취임했습니다. 미국 대통령 선거와 같은 해에 치르게 되니 비교가 됐는데, 특히 대통령 선거 TV토론회를 보면서 많은 차이점을 느꼈습니다. 미국 대통령 선거 TV토론회가 진행되는 동시에 주요 언론에서는 팩트 체크(Fact

Check) 팀을 동원해 발언의 사실 유무를 검토하고, 그 내용을 SNS를 통해 전파해서 누가 거짓말쟁이인지, 누가 준비를 많이 했는지 보여줬습니다. 대한민국의 대통령 선거 TV토론회는 복잡한 규칙과 제약으로 토론을 보는 재미가 덜할 뿐더러, 누가 진실을 말하고 거짓을 말하는지 아무도 알려주지 않았습니다. 발언의 진실 유무를 파악하는 것이 쉽지 않은 작업이라는 것은 알지만 아무도 이 작업을 하지 않는 것은 더 이상했습니다."

토론의 기록을 남기는 일이 왜 중요한가를 단적으로 보여주는 글이다. 숱한 유언비어와 혹세무민의 말들이 허망한 귀신처럼 떠도는 시대다. 한 개인의 사고의 역사를 담은 토론 기록도 중요한데 하물며 이런 역사적인 토론이 중요하지 않으랴!

인류 역사상 기록의 한 모범인 사기의 저자 사마천의 역사의식과 기록 정신을 살펴보는 것으로 토론 기록의 의미를 되살리고자 한다.

"제후들은 서로 다투어 나라를 넓히는 일에만 몰두해 역사를 기록하는 일은 명맥이 끊기게 됐다(諸侯相兼 史記放絶) …내가 태사령이 되었음에도 불구하고 이를 논평하여 기록하지 않음으로써 천하의 역사를 기록하는 일을 폐하고 말았구나(余爲太史而弗論載 廢天下之史文) … (사마천이) 소자가 불민하나 선조들이 정리해 놓은 옛날의 기록들을 논해 기록하도록 하겠습니다(小子不敏 請悉論先人所次舊聞)."

역사에 남을 기록을 정리한 사마천. 인간학의 고전 '사기(史記)'의 정신이 오롯하지 않은가.

토론뿐 아니라 모든 기록은 그 자체로 역사고 공부다. 이제 예닐 곱 권째 책을 쓰는 내게 누가 어떻게 그렇게 책을 쓸 수 있냐고 묻는다면 가장 먼저 기록의 힘, 메모의 정신을 말한다.

적은 자가 살아남고 적는 자가 이긴다. 자기 스스로를 이기기 위해 손에서 책과 펜을 놓지 않아야 한다.

9

토론의 판정

- 기준은 없다, 당신이 기준이다

완벽하게 공정한 판정은 없다

이런 기사를 보았다.

프로야구 심판 오심 삼진아웃제, 찬성 62.4%

뉴스와이어 | 입력 2013.06.18 13:28

(서울=뉴스와이어) 최근 프로야구 심판들의 오심이 문제가 되고 있는 가운데 오심이 잦은 심판들에게 삼진아웃제를 도입해야 한다는 의견에 대해 찬성한다는 의견이 더 높은 것으로 나타났다.

여론조사 전문기관 리얼미터(대표: 이택수)가 심판 오심에 대한 삼진아웃제에 대한 긴급 여론조사를 실시한 결과, '찬성한다'는 의견이 62.4%, '반대한다'는 의견이 11.6%로, 찬성 의견이 압도적으로 높게 나타났다.

연령별로는 40대의 71.5%가 찬성 의견(반대 12.0%)을 나타내 가장 높았고, 30대가 66.7%(반대 14.2%)로 뒤를 이었으며, 이어 50대가 62.4%, 20대가 57.6%, 60대 이상이 52.9% 순으로 나타났다.

지역별로는 부산/경남/울산 지역의 70.4%가 찬성 의견(반대 6.6%)을 나타내 가장 높았고, 대전/충청/세종과 경기/인천이 각각 66.7%, 66.5%로 뒤를 이었으며, 이어 대구/경북이 64.8% 순으로 나타났다. '오심 판정' 논란이 붉어진 넥센-엘지전에서의 서울 지역 경우에는 찬성 의견이 54.9%, 반대 의견이 20.9%로 다른 지역에 비해 찬성 의견이 상대적으로 낮은 것으로 나타났다.

이번 프로야구 심판 오심 삼진 아웃제 찬반 관련 조사는 6월 17일 전국 19세 이상 유권자 500명을 대상으로 휴대전화와 유선전화 RDD 자동응답 방식으로 조사했고, 지역별 인구비례에 따라 무작위 추출 후, 통계처리 과정에서 성, 연령, 지역별로 인구비례 가중치를 부여했으며, 표본오차는 95% 신뢰수준에서 ±4.4%p 였다.

출처 : 리얼미터/보도자료 통신사 뉴스와이어(www.newswire.co.kr) 배포

냉정한 프로들의 세계인 프로야구 경기에서 결정적인 오심으로 인한 문제 발생으로, 심판 오심 삼진 아웃제나 비디오 판독 도입에 대한 여론이 높다. 순간 순간 지나가는 활동을 판정하기가 그만큼 어렵다는 반증이다. 토론도 이와 같다. 해보면 알지만 토론의 심사나 평가도 무척 어렵다. 토론의 평가는 왜 어려운지, 그 이유와 극복 방안을 살펴보자.

판정은 왜 어려운가?

인간이란 근본적으로 불완전한 존재다. 너무 거창한 말이 아니냐고 할지 모르지만 인정해야 한다. 토론의 판정 시비는 이 부분에서부터 출발한다.

앞의 최종변론에서 제시한 영화 〈더 그레이트 디베이터스〉의 마지막 토론 장면을 놓고 토론 심사를 한다고 가정한다.('시민 불족종은 정의를 향한 싸움에서 도덕적 무기인가'에 대한 치열한 흑백 대결을 상기하자)

격렬한 토론이 끝나고 하버드 대학의 토론대회 사회자가 심사 결과를 발표한다. 긴장감이 넘치는 가운데 흑인들은 서로 손에 손을 잡고 하늘에 간절히 기도한다. 단지 토론의 승리만이 아니라 흑인들이 겪어온 아픈 역사의 정당성에 대한 평가이기에 더욱 그렇다.

만약 여러분이라면 어느 쪽에 승리의 손을 들어주겠는가? 입론과 최종 변론에서 발군의 실력을 보인 찬성 측인가, 찬성 측의 냉철한 논리에도 불구하고 또박또박 반박을 이어간 반대 측인가?

이렇게 치열한 토론이 끝난 뒤에 하버드와 와일리 대학의 토론에 대한 승패 결과가 발표된다. 과연 어느 쪽이 토론을 더 잘한 걸까? 토론 강의를 나가서 이 장면을 보여주고 같이 관람을 한 분들에게 판정 결과를 말해보라 한다.

영화의 내용으로 보아 흑인, 즉 찬성편이 주인공이다 보니 흑인의 승리로 판정하는 분이 많다. 하지만 판정 근거를 대보라고 했을 때, 찬성 측이 주인공이기 때문이다, 이렇게 말하지는 못한다. 논리적 타당성이 없기 때문이다. 그래서 생각해낸 판정 논거는 '흑인들의 발언이 진정성이 살아있다'는 것이다. 논리적인 판정은 아니지만, 흑인들이 고난의 역사 속을 살아왔고, 시민불복종이라는 정당한 권리 행사의 자유가 있음을 존중하는 의견이다. 거기에 찬성 측의 치밀한 논거를 더해 설명하는 해박하고 설득력 있는 해석도 곁들여진다면 금상첨화다.

반면 하버드의 승리에 손을 들어주는 분들도 적지 않다. 상대방의 논리에 충실하게 반박을 했고, 무엇보다 하버드생의 위신과 자존심이 있기 때문이다. 물론 이 부분은 무의식적으로만 표현되지 입 밖으로는 내뱉어지지 않는다. 왜냐하면 주인공이 승리했다는 것과 마찬가지로 백인이나 하버드의 승리는 권위에 호소하는 오류를 범하기 때문이다. 약간 우스운 논리지만, 토론의 장소가 하버드이고 심판관들이 다 백인이기 때문에 하버드가 이겼을 거라고 추측하는 분들도 있다. 토론 외의 '장외 요소'들을 고려한 셈인데, 놀랍게도 실제 토론 판정에서 이런 현상들을 종종 목격한다. 초·중등 토론대회 심사를 자주 가다 보면 토론 판정에 대한 불만과 시비 때문에 토론의 정신이나 토론대회의 취지가 왜곡, 훼손되고 결국 진흙탕같은 시비로 얼룩져 씁쓸함을 남기는 경우가 있다. 그 이유 중의 하나가 바로 이 토론 외적인 요소가 작용하기 때문이다. 프로 스포츠와 같은 승부조작이나 오심, 편파적인 판정 등이 토론에서도 얼마든지 나타난다는 말이다.

앞선 영화 속 토론의 승자는 당연히(!) '흑인' 측이다. 찬성 측이 아니라 흑인 측이라는 이유는 이렇다. 이 영화가 만들어지는 배경을 살펴보면 당연히 흑인의 승리로 끝날 수밖에 없다. 이 영화의 주인공이자 감독인 덴젤 워싱턴은 흑백차별이 심한 미국사회에 대해 쓴 소리를 하는 사람이고, 무엇보다 제작자가 흑인 여성인 오프라 윈프리이다. 흑인들의, 흑인들을 위한, 흑인들의 영화가 만들어졌으니 당연히 승자는 흑인이어야 한다. 더군다나 흑인들이 오랜 세월 억압과 차별 속에 고통을 받아 왔고 평등과 정의를 실현하려는 입장이기에 더더욱 그렇다.(반대로 권력자의 입장에서 현실을 왜곡시키고 강자의 논리로 상대를 억압하는 작품을 만들려한다면 그 의도에 맞는 판정 결과가 나올 것이다.)

이 말은 토론 판정의 권력 개입이 정당하다는 말이 아니다. 그만큼 토론의 판정이 토론 외적인 요소로부터 자유롭기 어렵다는 말이다.

다양한 심리적 실험 사례나 결과를 인용하지 않더라도, 인간은 논리 외에도 다양한 요소들에 의해서 의식적으로나 무의식적으로 영향을 받는 불완전한 존재이다. 그러므로 토론의 판정 상황을 만들 때에는 이 부분을 완충, 보완할 다양한 장치들이 필요하다. 어떤 것들이 있을까?

합리적인 판정을 위한 기반 다지기

〈토론의 전사〉로 알려진 이 글의 필자인 나도 판정은 솔직히 자신이 없다. 2000년 원탁 토론에 입문하여 토론을 배운 이래 수없이 많은 토론 판정을 해보았다. 하지만 판정에서 정말 자유롭고 원칙적이며 합리적이고 공정한 판정을 했는지에 대해서 아직도 자신이 없다. 정말 객관적이고 공정하며 누구나 승복할 좋은 판정이 너무 어렵다. 하나의 판정은 사실 판정관 자신의 주관이 강하게 개입하며, 그 밑바탕에 있는 토론의 철학, 세계관까지도 토론 판정에 영향을 미치기 때문이다. (그래서 성경에서 예수가 '다른 사람을 심판하지 말라!'고 했는지도 모른다.)

처음 판정을 경험할 때의 일이다.

우리는 정의의 여신 디케처럼 눈을 가릴 수가 없다. 정의의 칼을 들고 기계처럼 냉정하게 한 치의 오차 없이 규칙 위반 정도를 판가름하지 못한다. 더군다나 저울로 달아서 그 논리의 무게를 정확히 판정하기란 하늘의 별따기보다도 어렵다. 토론 능력이 꾸준한 준비와 연습의 결과로 성장하듯이 판정 또한 수많은 시행착오를 거치면서 조금씩 그 안목이 높아지고 기준이 더 고급스러워진다.

그럼 공정하고 객관적인 판정은 불가능한가? 아니다. 그래도 일반인들을 위한 토론 판정의 요건 몇 가지는 같이 논의해볼 가치가 있다.

가) 판정단 구성

무승부를 막기 위해 홀수로 배정한다. 일반적으로 대립토론의 경우 무승부면 찬성측의 패배로 결정한다. 불가피하게 짝수로 구성할 때는 그렇지만 가능하다면 홀수로 구성해서 승패가 동수가 나오지 않게 한다.

나) 판정단 토론

판정을 하기 위해 당연히 심사기준표를 보고 토론 내용을 기록해가면서 판정의 근거를 정리한다. 나중에 자신의 판정 근거를 제시하거나 공개하기 위해 심사위원들도 토론 내용을 반드시 기록한다.

토론을 마치고 나면 판정인들의 판정 토론을 진행한다. 일단 전체적으로 승패 결과를 확인한 뒤에 한 사람씩 자신의 판정 근거를 말한다. 논리성, 자료, 근거, 태도 등등 자신이 가장 중시하는 토론 요소에 따라 판정의 결과가 드러난다. 일방적이고 압도적인 차이를 보이는 토론이라면 대개 만장일치겠지만 양팀간에 격차가 별로 없이 팽팽한 경우에는 그야말로 난감하다. 예를 들어 입론과 최종변론은 찬성측이, 반론과 반론꺾기는 반대측이 뛰어나다든지, 논리적으로는 찬성 측이 약간의 우위를 점하는데 토론 태도에서 중대한 흠결을 보였다든지 하면 승부의 균형추를 어느 한쪽으로 잡기가 매우 어렵다.

그래서 토론자들에게 최대한의 승복과 공감을 확보하기 위해서는 판정인 전원이 자신의 판정에 오류는 없었는지 치열하고 세밀하게 성찰한다. 이 과정에서의 기준은 또 어떻게 정리해야 하는지, 그것도 쉬운 일이 아니다.

다) 기준을 먼저 명료하게

토론의 목적과 취지를 먼저 명료하게 제시한다. 대부분의 판정을 필요로 하는 토론대회는 논리적인 힘을 판정 기준으로 삼는다. 이럴 때는 규칙에 있어서 심대한 오류를 범하지만 않는다면 논리의 싸움에서 이긴 팀이 승자가 된다. 즉 논증 능력을 얼마나 잘 발휘했는가가 승부의 추를 결정한다.

논리의 승패를 가름하는 기준도 토론의 형식에 따른 판정을 계량화해서 합산하는 경우와 논리의 핵심 공방에 따른 판정 결과에 따르는 경우 등 다양하다.

반대 측은 입론을 하지 않고 찬성 측의 논리에 대해서 반박만 하는 고전적인 토론의 경우 입론에 대한 효과적 반박 여부에 초점을 맞춘다. 이 경우에도 입론의 근거들에 대해 다 반박을 잘하는가, 아니면 결정적인 쟁점이 되는 논거에 대한 공방에서 어느 쪽이 우위를 점하는가 다양하게 판정 결과가 나타난다. 한 가지 기준만으로 논리의 우열을 가리기가 쉽지 않다.

교차질문식 토론이나 퍼블릭 포럼 디베이트, 의회식 토론처럼 토론자들이 순서나 단계에 따라 역할 분담을 해서 토론을 하는 경우, 각각의 역할에 따른 판정을 해야지 논리의 흐름과 초점만 가지고 판정하기가 쉽지 않다. 각 입론자들 기록, 혹 교차조사나 교차질문을 하는 사람들끼리의 공방을 평가하고 마지막에 총 합산을 해야 하기 때문에 일정 부분은 찬성 측이, 일정 부분은 반대 측이 잘 했다면 평가가 어렵다. 이런 경우에도 판정인들끼리 자신들이 최종적으로 합산한 결과와 그 근거들에 대해서 공개하고 논의하면서 혹 이견이 있으면 반박하고 만약 서로의 관점과 안목에 따라 견해가 다르다면 그 부분까지를 공개해서 최종적인 결과를 알려준다.

라) 사전에 본인과 참관인의 판정 소감을 나누기

토론의 승패를 누구보다 잘 알고 있는 사람은 사실 토론자 본인이다. 최선을 다했지만 뭔가 밀렸다는 느낌, 아, 아쉬움이 남는다 하는 느낌이 있으면 상대방의 실력이 우리 팀보다는 조금 낮다는 생각을 누구나 한다.

그렇지만 대분분의 토론자들은, 눈으로 뚜렷하게 승패가 가려지는 경우가 아니라면 본인이 더 잘했다는 평가를 받고 싶어한다. 인지상정 아니겠는가. 그래서 심판관들의 판정 전에 토론자 본인들의 소감을 듣는 것은 매우 중요하다. 소감에서 판정까지를 읽어내기는 쉽지 않지만 어차피 판정의 과정 자체가 기계적으로 수치화할 수 없는 영역이라면 종합적인 판단의 근거들은 풍부할수록 좋다.

가능하다면 방청석의 여러 참관자들 소감도 같이 공유한다. 제3의 눈, 결국 통계를 통한 다양한 결과의 집적이 보다 객관적이고 공정한 결과를 가져올 수 있다면 참고의 요소들을 최대한 활용한다. 본인이나 방청석에서 나오는 소감이나 판정들이 심사위원이 간과하거나 실수로 놓친 부분들을 정확하게 꼬집어주는 경우도 간혹 있다. 물론 이들은 모두 참고사항이다. 판단은 결정적으로 심사위원 본인의 몫이고 그에 따른 근거와 책임들도 본인이 안고 간다. 그런 면에서 판정관들은 선수들 못지 않은 외로운 자리에서 토론과의 보이지 않는 또 다른 싸움을 하는 셈이다.

카프카의 유명한 소설 〈심판(소송)〉에서 보여지듯 누군가에 대한 심판은 늘 부조리성을 안고 있다. 그 한계를 인정하면서 최대한 많은 사람들이 공감할 합리적 판정 결과를 이끌어내기 위한 노력은 토론의 훈련만큼이나 치열하고 성실하게 이루어져야 한다.

마) 정확한 피드백

토론의 승패 결과도 중요하지만, 토론이 배움을 위한 한 과정이라 생각한다면 일단 토론자 본인도, 그리고 그 자리에 참가하는 사람도 함께 배움이 일어나도록 공동체적인 활동을 한다.

그 과정 중의 하나가 좋은 피드백이다. 피드백은 토론의 요소 자체를 판정관이 얼마나 잘 숙지하며 그 요소들은 판정에 얼마나 성실하게 잘 반영했나를 보여주는 잣대다.

입론에서는 용어정의와 핵심근거, 반론에서는 근거로서의 통계 자료의 깊이와 신빙성, 교차질의에서는 순발력과 날카로운 질문으로 상대방을 궁지에 몰아넣는 힘, 최종변론은 종합적 표현 감각, 그밖에 팀원 간의 협력 관계나 상대방에 대한 예절 태도 등도 피드백의 요소가 되기 때문에 이런 부분에서 아쉽고 부족한 부분을 잘 짚어주면 상대방이 결과에 훨씬 잘 승복한다.

좋은 판정 연습

판정 하나가 엄청난 파문을 가져오는 경우가 많다. 아카데믹한 토론에서야 커봐야 상이 걸린 정도고(이것도 장관상 정도면 맘이 달라지지만) 결국은 크고 작은 대회의 승패 정도이다. 하지만 역사나 사회 차원으로 판정의 문제가 넘어가면 누군가에게 한 평생의 상처가 되거나 심지어는 목숨을 잃는 경우도 허다하다.

〈인혁당 재건위 사건〉처럼 정치적인 문제가 되어 사법살인을 저지른 과거 정권의 문제점이나 혹은 판사의 오심으로 인해 판사를 찾아가 석궁으로 위협하려다가 다시 사회적인 이슈가 되었던 '부러진 화살'의 경우를 생각해보면 절대자의 권위를 가지고 판정을 한다는 게 얼마나 중한 책임감과 도덕성을 요구하는지 성찰하게 된다.

그런 점에서 토론의 판정을 가벼이 여기지 말고 토론자들 상호간에 성실한 피드백과 좋은 판정 연습을 꾸준히 하고, 또 다른 사람들이 토론할 때도 정말 냉정하고 객관적인 눈으로 판정하는 마음의 훈련, 논리적 절차탁마가 아름다운 판정 문화를 가져오는 지름길이다.

10

토론대회 시작부터 끝
- 사람이 우선이다. 준비부터 토론하라!

모델을 잘 따르면 실패는 없다

토론 공부를 꼭 대회로 연결시켜야만 할까? 답은 '그렇다'이면서 동시에 '아니다'이다(其然不然). 대회를 열어 배울만한 여러 가지 장점 때문에 '그렇다'이고, 반드시 대회가 없으면 안된다는게 아니기에 '아니다'이다. 여기서는 그렇다를 중심으로 말을 해보자.

토론 대회는 토론에 대한 관심을 고취시키고 토론 공부의 동기를 부여하며 전문적인 토론 경험을 공적인 자리에서 해본다는 점에서 긍정적이다. 반면 대회가 과열되어 경쟁의 흐름에 치우치면 승패에 집착하게 되고 공부의 본질을 잃고 상처를 받는다는 점에서 부정적이다. 두 가지 측면 가운데 어느 쪽을 잘 살리는가는 주최 측의 준비 역량과 참여자들의 마음가짐에 달렸다. 대회의 결과나 승패에 얽매이지 않고 '인간'이 토론 대회의 주체로서 배움의 과정이라는 걸 잊지 않는다면 토론 대회는 토론의 가치를 알리고 배워나가는 훌륭한 배움의 마당이다.

　내가 토론 대회를 처음 운영한 것은 2002년 가을이다. 원탁토론아카데미의 전신인 역사문화아카데미 원장직을 맡아 '전국 고등학생 원탁토론대회'를 2년 정도 진행했다. 이름은 '토론광장'이었지만 대회의 성격이 강했다. 그 해 가을에 처음 시행한 대회는 '국제 청소년 원탁토론광장'이라는 이름을 붙이기도 했는데 외국인 학생들이 직접 토론 대회에 참가한 건 아니고 최종 토론 때, 패널과 통역 정도로만 외국인이 함께 했다.

　당시 나는 나보다 앞서 다년간 토론 대회를 운영해오신 강치원 교수님의 노하우를 많이 전수받았다. 처음에는 어려움을 많이 겪었지만, 기획, 섭외, 홍보, 사회, 심사, 시상 등등 옆에서 보고 배운 바를 바탕으로 비슷하게 따라하다보니 어느 정도 대회의 큰 그림을 그려나가는 힘이 생겼다. 그 뒤로 서너 차례 전국 토론대회를 운영해보았으나 학교에 매인 몸으로 해마다 커다란 규모의 수준 높은 대회를 만들기가 어려웠다. 국회의장상과 장관상을 수여하는 큰 대회였기 때문에 많은 준비가 필요한데 지속적으로 운영하기가 버거웠다. 2004년 여름 대회를 마지막으로 전국 고등학생 토론대회는 막을 내렸다.

　내가 근무하는 영동일고는 2005년부터 교내 독서토론광장을 운영하여 2015년 현재 10년차를 맞이한다. 전국 토론대회 운영은 그만 두었지만 10년 가까이 교내 토론대회를 기획하고 운영했다.

　2008년에 서울시와 경기도 교육청에서 주최하는 '서울 고등학생 토론 대회'가 신설되었다. 제1회 대회의 기획위원 및 심사위원으로 활동하면서 틀을 잡았는데 3년 뒤 안타깝게도 진보교육감이 당선되면서 토론 대회의 맥이 끊겼다. 경쟁적인 토론교육이 바람직하지 못하다는 취지인데 나로서는 교육감이나 정책 담당자의 토론 마인드가 부족한 까닭이라 생각하며 아쉬움을 감출 수 없었다. 이들은 토론 대회의 순기능과 역기능 가운데 부정적인 면을 더 높이 본 것 같다. 교육청의 담당자가 바뀌면서 대회 운영의 어려움을 느낀 점도 한몫 했다. 대통령에 따라 교과서나 교육과정이 갈팡질팡하고 교육감의 교육 철학이나 의식에 따라 교육 정책과 활동이 수시로 바뀌는 나라가 아니던가.

그 뒤로 크고 작은 토론대회의 운영이나 심사에 참여해왔다. 2014년 가장 뜻깊은 토론 대회 경험은 5.18재단에서 시행하는 전국 고등학생 토론대회에서였다. 연초 대회 기획위원을 요청받았으나 서울에서 광주를 오가기가 쉽지 않아 고사했다가 결국 중간에 합류하였다. 그 중간중간에 내막과 사연까지는 잘 모르겠지만 대회 담당자가 느끼는 고충이 작지 않은 듯하여 작은 힘이나마 보태고자 중간에 합류했다. 하나의 대회가 기획되고 마칠 때까지 어떤 과정들이 벌어지나, 그 과정을 대회 소감문을 통해 나누어보자.

2014 광주 5.18 토론대회를 마치고

가. 기획 위원

5.18 토론 대회에 대한 마음은 오래 되었으나, 만남은 긴 시간을 필요로 했다. 2013년 첫 심사위원, 2014년엔 기획위원 위촉을 받았다. 서울과 광주를 오가는 일이 수월치 않았으나 인연의 부름을 외면하지

않아 이 자리에 이르렀다.

뒤늦게 내가 결합한 시기는 '공동체'로 명시된 대주제 안에 예선문에 대한 안내가 나간 상태. 남은 두 차례의 기획회의에서 토론의 방식과 소주제를 다듬는 일이 가장 큰 과제였다.

기획위원의 구성은 다양했다. 교수, 작가, 시민운동가 그리고 교사인 나. 기획위원들이 토론 대회에 대한 경험은 많지 않아서 전문적인 짜임새는 헐거웠지만 다양한 목소리를 모아가는 과정이 좋았다.

주제는 사회를 바라보는 인식이 깊은 정명섭 기획위원장님이 애써 주셔서 잘 만들어지고, 형식은 토론 자체에 대한 경험이 많은 내가 형식의 문제점을 토대로 새로운 변화를 추구하며 다듬어나갔다.

주제 논의는 공동체라는 큰 틀 안에 학생들의 삶의 문제를 담을 것과 4차에 걸친 토론 과정 속에서 단계적으로 인식을 심화해나가게 구성해보자는 기조를 세웠다.

주제의 사전 제시 여부, 키워드 방식과 문장 제시 방식 등 진행 방안에서도 다양한 논의가 이루어졌고, 토론의 논의 단계는 학생들이 가볍게 접할 수 있는 학교 문제, 공동체의 배타성, 마지막으로 경쟁과 협동의 공존 가능 공동체상으로 수위를 높여가자는 방향으로 의견이 모아졌다.

형식은 작년에 경험한 2인 1팀의 기조는 유지하되, 개인 원탁 토론을 두 번 넣은 것이 가장 달랐고, 3팀 라운드 방식 토론을 4팀으로 변경했다. 중간에 주도 토론을 넣어서 변화를 시도한 것도 새로운 점이다. 최종 토론도 이러한 변화를 많이 반영했는데 그 자세한 내용은 토론의 현장에서 설명한다.

4인 4색의 기획위원들은 예선 심사와 주제 도출, 형식 논의까지 서로의 의견을 경청하면서, 때로 가벼운 질문과 문제제기를 하면서 토론 대회 준비를 위한 과정을 무난히 마쳤다. 다양성의 아름다운 공동체화. 그것이 이번 토론 대회의 주제이자 목표가 아니었던가. 2014년, 5.18 토론대회, '잡은 손의 따스함'은 그렇게 시작되었다. 자 그럼 '레디, 고!'

나. 심사위원장

　마지막 기획 회의에서 심사 논의가 이루어지면서 내게 심사위원장의 역할이 주어졌다. 심사는 토론대회에서 가장 어렵고 골치 아픈 일이다. 쉽다면 쉽게 갈 수 있지만 일이 꼬이거나 문제제기가 들어오면 하염없이 귀찮은 일이다. 특히 작년 심사과정의 논의를 기억하면 더욱 그렇다. 사전 워크숍이 부재해서 중간에 기준을 놓고 설왕설래 어려움을 겪었다. 토론에서 가장 어려운 일이 주제 정하기와 심사하기인데.

　작년 기준안을 참고하지만 세상에 어느 토론 대회도 특별한 건 없다. 상식 선에서 크게 다른 심사기준은 없기 때문이다. 상식이란 무엇인가? 주제에 대한 내용이 충실하고 깊이가 있으며, 논리적으로 잘 풀어내고, 상대의 의견을 경청하되 이견이 있으면 명확하게 짚어 논의를 생산적으로 이끌어가는 것이다. 그 이상 더 좋은 기준안이 무엇이 있겠는가!

　시간은 흐르고 대회 날이 다가왔다. 심사위원은 총 19명으로 각계 각층의 다양한 분들이 모였다. 그 중에는 나와 같은 교사로 토론 대회나 교육에 경험이 많은 분들도 계시고, 기자나 방송국, 시민운동가 등 직접적으로 토론과는 다른 생소한 영역에 계신 분들도 계셨지만 관점과 평가의 다양성과 자율성을 두루 모아갈 수 있다는 점에서 대환영이다.

심사위원 워크숍은 각자의 기준과 안목을 나누는 것으로 진행했다. 앞서 제시한 기본적인 원칙 외에 심사위원 각자가 중시하는 토론 역량 기준점을 원탁식으로 돌아가며 이야기를 나누었다. 광주에서 진행하는 5.18 토론대회이니만큼 그 정신을 살려야한다는 게 조금 다른 점이다.

충실한 자료와 내용, 논리와 창의성, 상상력, 진정성, 공동체 정신, 역사 의식 등 다양한 기준들이 논의되었다. 공감대는 어느 정도 형성되었으나 이 기준들을 모두 수치화하고 계량화하지는 않았다. 각자의 역량에 맡기는 방안에 대한 우려의 목소리도 있었으나 그 정도면 충분하지 않겠나 하는 분위기다.

내가 준비해간 몇 개의 토론 동영상을 보면서 다시 의견을 정리했다.

오바마의 토론 능력의 기준점. 〈더 그레이트 디베이터스〉에 나오는 주인공들의 토론에 대한 열정과 진정성. 〈댄싱퀸〉의 유머러스한 토론 장면과 〈성균관 스캔들〉의 명장면까지. 결국 삶이 담긴 토론을 기대해보자. 그 과정에서 자기 논리와 주제의식을 얼마나 잘 펼쳐낼까 살펴보자. 심사 경험 여하에 따라 다른 반응이지만, 아이들의 토론을 상당히 기대하는 분들도 계셨고, 약간은 심드렁한 분위기 속에 올해는 …. 하고 담담해하는 분도 계셨다. 예선 원고를 심사차 미리 읽어본 나로서는 어느 정도 기대반 우려반의 심정이었는데 대회에서도 딱 그 정도 실력이 드러나지 않았나 싶다.

다. 토론의 현장

첫날 저녁 오재길 재단 이사장님 인사와 격려로 2박 3일의 긴 일정이 시작되었다. '광주 정신, 절대(pure) 공동체, 베스트 원(best one)이 되기보다 온리 원(only one)이 되라'는 말씀이 기억에 남는다.

5.18 국립묘역을 참배하고 온 학생들의 저녁 프로그램은 토론 강의. 토론의 의미와 취지, 자세 등을 가르치고 4명의 학생을 불러내어 원탁 토론 시범을 보여주었다. 짧은 시간이 아쉬웠는데, 다음에는 다른 어떤 이론보다 전원이 실습에 참여하는 강의 구성이 필요하다. 이미 토론 경험이 많은 학생이 30% 정도. 나머지 학생 가운데는 토론 경험이 전무한 학생도 있어 실습 교육이 절실하다. '토론 대회에서 교육을 하는가?'라고 문제제기할 수 있지만 5.18 대회는 교육을 겸한 마당으로 충분히 의미가 있다.

토론 강의를 마치고 야마가타 노래 공연을 볼까, 밖에 나가서 심사 위원 비공식 모임에 참여할까 고민하다 결국 밖으로. 몇몇 심사 위원들과 5.18 토론대회의 정체성과 의미에 대해서 이야기하다 한 시경 취침.

둘째 날 본격적인 토론 대회가 막을 열었다.

본선 1, 2차는 개인별 원탁토론. 대회 총 참가자는 24팀 48명. 한 모둠 8명 정도로 6개 모둠을 구성해서 진행했다. 심사위원은 모둠당 3명. 거기에 기록과 시간계측을 위한 자원봉사자가 2명씩 있어 토론의 진행을 돕는다.

1주제는 학교는 공동체인가, 2주제는 공동체

즉석에서 주제를 공개하는 방식이다보니 다소 당황해하는 친구들도 보인다. 모든 학생들이 예선에서 써낸 글의 수준보다 더 가볍고 단순한 주제임에도 불구하고 논제를 소화하는 능력이 차이가 컸다. 심사를 마치고 나온 위원들의 의견을 들어보니 모둠에 따라 현격한 차이가 느껴진다. 학생들 가운데 여러모로 토론 역량이 뛰어난 친구들도 있고 아예 한 수 배우겠다는 마음으로 와서 실제로 그렇게 배움을 일구어가는 학생들도 있었다. 원칙적으로 대회라는 게 배움만을 목표로 오는 것은 아닐진대 그렇다. 월드컵을 보면서 한국 축구 대표팀한테 일침을 가한 이영표의 말이 떠오른다. '월드컵은 경험하는 자리가 아니다.' 대회도 막연히 와서 어떻게 하는지 보고 배우겠다 이것만은 아니다. 배움이란 충분이 일상적으로 일어나는 결과이지만 오기 전에 좀 더 충실하게 준비해왔으면 좋았을 것을, 하는 아쉬움이 남는 친구들도 적지 않았다. 하지만 모두의 손을 따스하게 잡아주는 일, 그것이 이번 토론 대회의 취지이기에 어느 누구도 소외의 느낌을 받지 않는 것이 더 중요하다.

심사위원들의 토론 진행도 약간의 편차가 있었다. 다년간의 경험과 노하우가 이런 데서 빛을 발하는 법이다. 급작스럽게 논제를 받아들고 당황한 학생들이 차분한 마음을 갖고 토론에 임하도록 여유 있게 준비시간을 활용하는 분이 계시는가 하면 번개불에 콩 구워먹듯이 일사천리로 진행하는 분도 계셨다. 물론 하자는 없었지만 그렇게 스타일에 따른 진행의 차이도 느껴지는 시간이었다.

주제를 바로 제시하는 것에 대한 취지와 고민이 더 필요하다. 지난 해처럼 문장보다 키워드로 접근하는 것이 더 자유롭게 상상하는 토론을 이끌 것이라는 문제제기도 귀담아 들을만하다. 장단점은 있다. 작년과 올해 두 해를 다 겪어본 위원들이 지혜를 모아볼 일이다.

4팀 원탁 토론은 지난 해 3팀 원탁의 느슨함과 기계적인 발언 순서를 보강한 방안이었는데, 완벽하지는 않지만 전에 비해서 역동성과 상호공방이 좀더 유연하게 이어졌다는 느낌을 받았다. 주도토론을 최종 결선뿐만 아니라 이 과정에 넣은 것도 토론 취지나 방식 보강에 도움이 되었고. 공동체와 배타성을 다룬 주제도 어느 정도 다양한 의견을 끌어내면서 활발한 토론을 이끌어냈다.

토론 와중에 실력의 부족을 절감하고 중간 탈락을 선언한 팀도 있었다. 아쉽지만 용기 있는 행동이라 생각한다. 공동체지만 경쟁성을 안고 있는 대회의 성격도 무시할 수는 없다. 이 둘의 조화가 과연 마지막까지 잘 흘러갈 것인지.

3번의 본선 대회를 마쳤다. 이제 결선에 올라갈 팀은 순위의 종합에 의해서 이루어지고 학생들은 소셜 다이닝이라는 흥겨운 먹거리 축제와 장기 자랑의 시간 속에 빠져들었다. 대회의 요소는 최종 결승만 남긴 상태. 공동체의 힘과 재미를 만끽하는 시간이다.

대회 사흘째. 마지막 결승전이다. 4개 팀이 올랐다. 특목고, 자사고, 대안학교, 일반 학교. 미리 짜맞추듯 절묘한 조합이다. 과거 3개팀이 할 때는 일반고가 거의 오르지 못했는데 마치 와일드카드처럼 4팀에 포함되었다. 과연 결과는 어떻게 나올까?

조선대 공진성 교수님의 흥겹고 진지한 사회로 토론이 진행되었다.

결승 진출 결과를 토론 두 시간 전에 당사자들에게 알려주었다. 결승에 진출한 학생들의 마음이 바빠졌다. 주제도 새롭고 더 어려울 수도 있는 주제. 공동체에서 경쟁과 협동의 공존이 가능한가 하는 문제였는데 정작 문제는 네 팀의 의견이 모두 같고 근거도 큰 차이가 없다는 점이다. 뒤늦은 발견이지만 이미 쏜 화살은 날아가고 있었다.

사회자의 역량에 기대어 적절한 발문으로 토론이 활기차고, 예각화되면서 나아가기를 바랄 뿐이다.

예상대로 밋밋한 토론, 사회자가 어느 정도 개입을 유도하면서 쟁점을 만들어가려 했지만 주도 토론까지 갔음에도 불구하고 토의에 가까운 토론의 큰 틀을 벗어나지는 못했다. 그나마 중간에 방청석 토론이 다양한 청중들의 참여를 이끌어내고 활력을 불어넣은 정도.

두 가지 문제가 느껴진다. 갑작스런 결승진출 발표와 4차 토론의 주제가 준비없이 주어진다는 것. 미리 공지는 되지만 그것까지 미리 준비해오는 학생은 드물다. 그런 점에서 4차 결승의 주제는 3차 토론의 내용을 이어가는 정도가 가장 적절하지 않을까 하는 생각이다.

다른 하나는 학생들의 참여 태도인데, 전부는 아니지만 지난 밤의 열기가 너무 뜨거운 탓인지 고개를 숙이고 잠을 이기지 못하는 학생들이 곳곳에 눈에 띈다. 좀 더 세심하게 풀어갈 숙제다.

심사위원장으로 참여한 토론이 토론 부분 운영위원장의 역할을 겸한 느낌이다. 차라리 공식적으로는 그래야 하지 않나 싶기도 하고, 어쨌든 위상에 대한 조정의 필요를 느낀다. 뭐 이 정도도 적절하다 싶기도 하고.

결승전을 마치고 간단한 심사위원 회의가 있었다. 작년과 비교해

달라진 점과 나아진 점 혹은 그래도 아쉬운 점들에 대한 다양한 논의가 이어졌다. 귀담아 듣고 정리해서 내년을 기약할 일이다. 그리고 아쉬운 이별.

라. 5.18 그 이후

광주의 아픔도 어언 34년의 세월 따라 흘러왔다. 세월호 참사가 이어지고, 광주는 한국의 현실 속에서 다르게 변주되며 여전히 심장의 한 구석을 누르고 있다.

토론은 아이들에게 광주의 정신과 역사에 대한 깨달음을 줄 수 있을까? 건강한 경쟁을 하고 협동을 통해 만들어가는 공동체 사회에 대한 꿈을 현실화하는 공부가 될 수 있을까? 여전히 우리에게 남겨진 숙제다.

소통이 안 되는 사회, 질문을 막는 정치와 여전히 가만히 있기만을 강요하는 교육 현실 속에서 토론이 해야 할 몫은 여전히 크다. 민주주의 사회를 향해서 나아가는 열린 교육, 그 길이 토론에 있기 때문이다.

광주의 정신을 살려 민주주의를 건설해가는 길, 그건 5.18재단이나 광주 시민만의 몫은 아니다. 5.18의 희생이 우리에게 가져다준 역사적 의미를 가슴에 새기고 진정으로 상처를 치유하고 현실을 변화시켜갈 힘을 길러내는 일은 이 시대를 살아가는 모두에게 주어진 사명이다. 토론이 그 길을 더듬고 다듬어 나가는 하나의 지팡이 역할을 하리라 믿는다.

토론 대회에서의 토론은 끝났지만 삶에서의 토론은 끝나지 않았다. 아니 이제 시작이다. 5.18 토론 대회는 더욱 발전해나가야 하고 우리도 그렇다. 눈물이 마르지 않는 세월 속에서 광주는, 5.18은 계속 되고 있다.

대회 중간에 많은 일들이 있었고 대회에 대한 평가도 다양하게 이루어졌다. 그 평가의 일단은 뒤에 짧게 소개하기로 하고 앞의 글을 토대로 토론 대회의 운영과정을 단계적으로 살펴보자.

1) 기획팀을 꾸린다.

대회 운영의 책임자나 담당자가 가장 먼저 할 일은 기획팀을 챙기는 일이다. 어느 일이나 마찬가지지만 사람이 가장 중요하다. 주최 측의 설립이나 활동 취지에 공감하고 어울리면서 토론의 전문성을 갖춘 사람들을 기획위원으로 위촉한다.

학교라면 담당 부장선생님 책임 아래 전문 담당자와 협력할 교사들을 모으는 일이다. 핵심 기획 위원은 보통 3~5명 정도가 적절하다. 초반 기획과 구상 단계부터 너무 인원이 많으면 뼈대를 세우기가 어렵다.

역할은 주제 선정과 토론 방식 정하기, 홍보, 심사, 사진과 자료정리 등 여러 일들을 어떻게 운영해나갈지 큰 그림을 그리는 일이다.

서너 번의 기획회의에서 주제 다듬기와 방식을 확정하고 일정에 따라서 홍보를 진행한다. 예선 심사까지 마치고 심사위원 워크숍 준비를 하면 기획 위원들의 역할은 얼추 마무리된다.

2) 기획팀 주재 아래 토론의 주제와 방식을 정한다.

심사원칙과 기준을 정하고 심사위원단을 선정한다. 나중에 워크숍을 하겠지만 주제나 토론에 대한 전문성을 지닌 사람이 좋고 특정 성향의 사람들만 모으기보다 다양한 인적 구성을 고려한다. 예선 안내 자료를 배포하고 접수일에 맞추어 독후 에세이나 입론서 등이 들어오면 기획위원들이 1차 심사를 한다.

본선 참가자의 구성원에 맞추어 예선 통과자들을 정하고 두세 팀 정도의 여유를 둔다. 심사 기준은 주최 측이 먼저 제시한다. 5.18대회의 경우 영화나 책을 읽고 참가자 스스로 논제를 제시하는데 논제의 창의성과 그 근거에 초점을 맞춘다.

3) 대회 워크북 만들기

여건이 된다면 토론 전체의 진행 프로그램과 참가 구성원, 토론 주제와 방법 등이 상세히 담긴 워크북을 만들어 보급한다. 위에서 언급한 내용 외에 여는 말부터 시작해서 특강, 자료, 메모 공간 등을 더 둘수 있다.

4) 원활한 토론 진행

토론 사회자와 심사위원들이 토론을 잘 진행하고 평가하도록 지원한다. 경우에 따라 토론 사회와 심사를 겸하기도 하는데 가급적 사회와 심사는 구분한다.

사회자를 위해 토론의 흐름을 안내하는 글을 써준다. 물론 기계적으로 읽지 않고 그 내용을 참고해서 사회자 역할을 충실히 이행한다.

공정성 시비를 없애기 위해 사회자는 토론의 내용에 개입하지 않는다. 토론 자체의 형식이 무너질만한 상황이나 토론자들 상호간에 소통의 어려움이 느껴지는 상황이 발생한다면 최소한의 개입을 원칙으로 한다.

시간을 재는 시간 도우미 역시 별도로 있으면 좋고 정 부족하면 사회자나 심사위원 중에서 시간 도우미를 겸한다.

5) 심사위원 회의

각 모둠별 심사를 마치면 심사위원들은 모여서 심사 결과를 정리하고 토론 과정에 대한 간단한 평가를 한다. 자기 모둠의 토론 상황을 알리고 다른 모둠의 정황을 파악한다. 심사 결과지를 주관자에게 넘겨준다.

준결승이나 결승의 심사는 여러 사람이 공개적으로 시행하므로 다양한 관점에서 본 토론의 결과를 수합하고 심사위원단 자체의 토론 평가 토론을 진행한다.

6) 심사평 및 시상식

토론의 결과는 즉석에서 알려준다. 공정하게 평가된 토론의 결과를 전체 앞에서 발표한다. 토론자들이 부족한 점을 간단히 언급하고 토론의 준비부터 결승에 오르기까지 애쓴 점들을 치하한다. 특별히 토론 과정에서 나온 좋은 내용이나 훌륭한 자세와 능력들을 칭찬하고 토론을 통해 더 성장하도록 격려한다.

시상식은 자체적으로 준비한 계획에 따라서 낮은 단위의 상부터 차례대로 시상한다. 우수한 학생들에게 수상 소감을 말할 기회를 부여하는 것도 좋다.

한 번의 대회로 토론 실력이 쑥쑥 늘어나는 것은 아니지만 작으나마 변화의 싹이 튼다면 토론 대회 참여는 그 자체로 엄청난 성과다. 최선을 다해 결과적으로 좋은 상을 받는다면 그건 본인의 복이지만 대회의 진정한 승자들은 토론을 통해 성장하는 사람들이다. 그건 토론의 수상과 전혀 상관없으며 이기거나 지는 승패의 문제를 떠난 자기발견과 성찰, 변화의지의 문제다.

링컨과 오바마도 학교나 정치권에서 수많은 토론의 경험을 통해서 성장했다. 약육강식의 무한경쟁 체제에서 합리적이고 공정한 지성의 대결은 좋은 교육의 장이다. 구더기 무서워서 장을 담그지 않아야 하는 게 아니라, 구더기가 들끓어도 장맛이 구수한 장인의 토론대회 운영 능력이 필요한 시대다.

토론의 전사 1, 2, 3으로 이어지는 여행길에서

〈토론의 전사〉를 처음 시작한 해가 2009년, 어느 덧 2016년이니 어언 8년의 세월이 흘렀다.

2012년에 출간한 〈토론의 전사〉 1, 2권이 토론을 이해하고 학교에서 학생들과 토론수업을 하는 데 도움이 된다는 말을 들을 때마다 뿌듯했지만 아쉬움도 많았다. 입론에서 최종변론에 이르는 토론의 전 과정이나 각기 다른 교실 상황에서의 적용 방법에 대한 내용을 담지 못해서다.

이번에 〈토론의 전사〉 3권은 토론 수업을 시도하다가 벽에 부딪힌 분들에게 도움되는 내용을 담고 싶었다. 용기 부족이나 운영의 묘를 찾지 못하는 분들, 그리고 대회식 대립 토론 운영에 어려움을 느끼는 분들에게 작은 도움이 되기를 바란다.

이 책의 대부분 원고는 2013년에 쓴 글들인데 출판사를 찾지 못해 떠돌다가 이제야 세상에 얼굴을 내민다. 이 책이 나오기까지 함께 한 모든 손길에 감사한다.

나에게 그렇게 토론의 길을 오래 걷는 이유와 힘을 묻는 사람이 있다. 〈토론의 전사 1, 2권〉 책날개에서 소개한 〈애린〉의 힘이라 대답한다.

아직도 바람은 서쪽에서 불고 아직도 우리는 그 바람결에 따라 우줄우줄 춤추는 허수아비 신세, 허나 뼈대마저 없으랴. 그 바람결에 뼈대가 울부짖는 소리, 그것이 애린인 것을.

만해의 〈님〉을 김지하는 〈애린〉이라 불렀다.

시대의 어둠이 깊다. 민주주의가 조종을 고한다. 토론의 힘으로 민주주의를 회복하고 정의를 실현하는 데 기여하기를 간절히 바란다. 〈토론의 전사〉가 작은 씨앗이 된다면 더할 나위 없이 좋겠다.

2016년 2월 토론의 길에서

토론의 전사3 - 토론, 교실에서 꽃피우다

초판 1쇄 2016년 2월 5일 발행
초판 2쇄 2016년 10월 10일 발행
초판 3쇄 2021년 5월 1일 발행

지은이 ㅣ 유동걸

펴낸이 ㅣ 유덕열

펴낸곳 ㅣ 한결하늘

출판등록 ㅣ 제2015-000012호

주소 ㅣ 경기도 안산시 단원구 선삼로4길 11 (101호)

전화 ㅣ (031) 8044-2869 **팩스** ㅣ (031) 8084-2860

이메일 ㅣ ydyull@hanmail.net

ISBN 979-11-955457-2-8 04370

이 도서의 국립중앙도서관 출판예정도서목록(CIP)은 서지정보유통지원시스템 홈페이지
(http://seoji.nl.go.kr)와 국가자료공동목록시스템(http://www.nl.go.kr/kolisnet)에서
이용하실 수 있습니다.(CIP제어번호: CIP2016003272)